U0940403

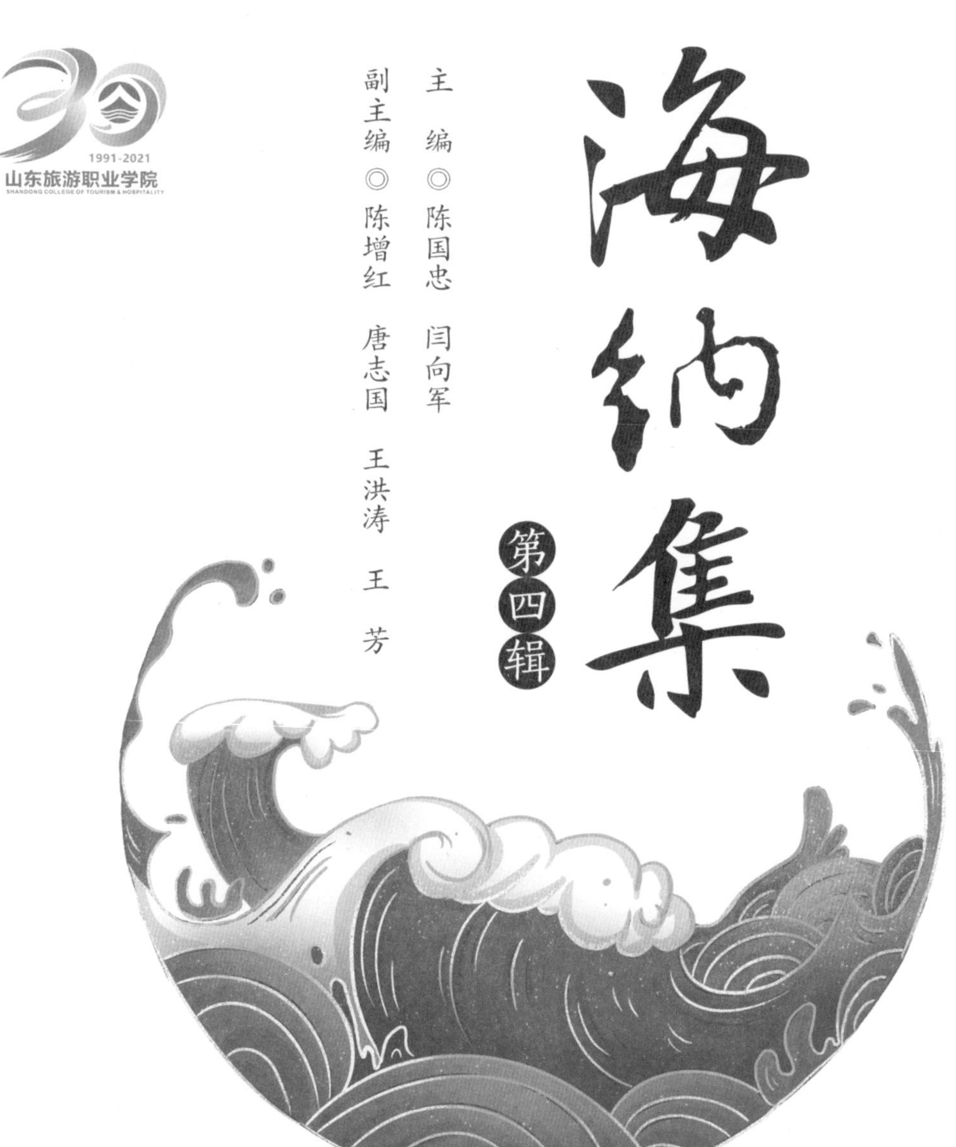

海纳集

第四辑

主　编◎陈国忠　闫向军

副主编◎陈增红　唐志国　王洪涛　王　芳

中国旅游出版社

前言

2021年，喜逢中国共产党建党100周年，山东旅游职业学院亦迎来建校30周年的喜庆日子。30年来，一代又一代的山旅人，不忘初心，砥砺前行，为山东旅游职业学院和旅游业的繁荣与发展筚路蓝缕、披荆斩棘。

当前，旅游业的发展日新月异，培养高素质的旅游实用人才日益迫切。在此新形势下，总结学院30年来艰苦奋斗历程和成功的办学经验，尤其是名校建设和优质校建设以来取得的创新性成果，坚持以专业建设为着力点，以师资队伍建设为关键，以体制机制建设为保障，大力推进专业建设和教学改革，不断提高专业人才培养质量，为服务区域经济建设，推动文旅融合发展，贡献新的力量。为此，我们决定出版一本反映我院教职工教科研水平的纪念性文集，作为山旅发展历程的见证。本书秉承“海纳百川，有容乃大”的主题思想，集中展示我院教职工在教育教学改革研究、文旅产业融合发展研究等领域公开发表的论文，以及近年来荣获省级以上优秀奖项的教科研成果。全书分三大篇：第一篇梳理我院教育教学改革研究特色；第二篇突出我院文旅产业融合发展研究；第三篇集中展现我院优秀教科研成果。

本书由于选取的专业门类较多、风格不一、文章格式难求统一，难免出现疏漏之处，恳请各位读者不吝赐教。

编　者

2021年9月

目录

教育教学改革研究篇

文旅产业融合发展研究篇

优秀教科研成果篇

教育教学改革研究篇

产教融合视域下高职酒店管理专业人才培养实践探索

魏　凯　刘正华

摘　要： 随着我国旅游业规模的不断扩大，旅游人才需求数量和质量都面临新的挑战。目前，高职院校旅游校企合作、产教融合虽然已经取得了丰硕的成果，但也面临诸多困境。本文从高职院校旅游校企合作、产教融合的背景与困境分析入手，剖析困境成因，提出新型“校企贯通、产教一体”人才培养模式，并对山东旅游职业学院酒店管理专业在这方面的实践探索进行了总结，以期对旅游职业教育产教融合之路提供新的发展思路。

关键词： 产教融合　酒店管理人才培养　探索

为适应旅游产业发展需求，近年来，职业院校越来越重视走“产教融合、校企合作”之路，以达到人才培养与行业需求相匹配。产教融合是指职业学校根据所设专业，把产业与教学密切结合，二者相互支持、相互促进，把学校办成集人才培养、科学研究、科技服务为一体的产业性经营实体，形成学校与企业浑然一体的办学模式。可以说，产教融合是职业教育的本质特色，也是职业教育与其他教育的最大区别。党的十八大提出，要“加快发展现代职业教育”，十八届三中全会强调，要“加快现代职业教育体系建设，深化产教融合、校企合作，培养高素质劳

本文为教育部“职业院校酒店管理专业学生顶岗实习标准制定”项目（编号：2014DGSX074）的阶段性成果，国家旅游局全国旅游职业教育教学指导委员会立项课题：“校企贯通、产教一体”的旅游校企合作创新机制研究——以酒店管理专业为例（编号：LZW201403）阶段性成果，发表于《中国成人教育》2015 年第 11 期。

动者和技能型人才”。李克强总理也在2014年2月26日主持召开的国务院常务会议上指出，要“充分调动社会力量，吸引更多资源向职业教育汇聚，加快发展与技术进步和生产方式变革以及社会公共服务相适应、产教深度融合的现代职业教育”。2014年6月，全国职业教育工作会议在北京召开，《国务院关于加快发展现代职业教育的决定》和《现代职业教育体系建设规划（2014—2020）》也一并出台。这一举措预示着我国职业教育发展进入了一个崭新的时代，也将推动校企合作、产教融合进入一个更精深发展的阶段。

一、目前高职院校旅游产教融合与人才培养的现状与困境

旅游高职院校作为我国旅游人才培养的重要基地，“校企合作、产教融合”的方式可以说是在职业教育发展过程中应运而生的一种“双赢”模式。目前，校企合作的方式已经多样化，主要有学生顶岗实习、共建专业、冠名班式、企业制学院式、订单式培养等形式。随着旅游校企合作的不断深入，这些校企合作的方式在旅游职业院校教育的发展进程中起到了重要的促进作用，也取得了丰硕的实践成果。

然而，我们也不得不承认，现有的合作模式与我们理想中的“校企深度融合、人才培养无缝对接”仍有较大差距，人才供给与需求并未真正匹配。以2012年和2013年为例，全国旅游高职院校在校生人数有34.5万左右，整体就业率均在90%以上，从数量上看，旅游院校与旅游企业间似乎已经达到了人才供需的完美匹配。然而，笔者在研究中通过对北京、上海、济南、青岛、广州等地多家使用高职院校实习生的酒店管理人员访谈得知，企业人力资源部的压力依然很大，这种压力不仅仅来源于数量，更多的是人才供给与需求的质量不匹配。

为何近年来高职院校旅游、酒店专业一直致力于深化教学改革，促进校企合作，推动产教融合，而企业却并不太“买账”呢？究其原因，笔者认为有以下几点：

（一）"叶公好龙"式的观念，影响校企合作、产教融合参与度

一方面，受传统教育观念的影响，很多高职院校的教师虽然口中喊着"校企融合"的号子，心中却存着"多一事不如少一事"的心思。对于产教融合所带来的教学以及管理方面的变革，心存抵触。譬如，产教融合必然会突出实践教学环节，从而对师资提出更高的要求，这可能会让一些缺乏行业经验的教师知难而退。另一方面，企业也很难真正重视校企合作、产教融合，往往认为这种合作就是企业出钱助学、建实训设施，学校出实习生或毕业生到企业工作，并不愿过多参与学校的教学环节。

（二）"学校为主，企业配合"式的浅度融合，导致人才培养与需求的巨大缝隙

目前，我国职业院校校企合作普遍是"学校为主，企业配合"的传统模式。融合的方式往往局限于企业根据学校的要求，提供必要的资金、物质或场所支持，建立校内外实训基地。至于人才培养目标、计划、方式、实施基本全由学校包揽。很多院校的所谓企业教师一年难得给学生上几次课，沦为应付上级检查评估的"名单上的老师"。这种低层次、表面化的融合最终导致人才培养与需求的不匹配。一方面，院校很难把握企业需要什么样的人才以及如何培养企业需要的人才，校内的模拟和操作与企业实战存在差距和缝隙；另一方面企业也不能体会院校人才培养的难处，不清楚学生到底在学校学会了什么，往往会在实习生入店后进行一系列重复性、低水平培训。

（三）"角色不变，利益不同"的定位，造成双方利益冲突

不可否认，学校和企业由于社会属性不同、角色不同，利益点自然不同。然而，在深度产教融合的过程中，校企双方就需要调整自己的角色定位。比如，企业人员要从管理者角色转变为实习生导师、培训师，而学校教师要从教师角色转变为企业咨询师。但是，目前校企双方都固守自己的利益，企业追求经济价值，院校追求社会价值。企业使用实习生往往出于降低劳动力成本的考虑，对来店实习的学生缺乏重视，实习

生沦为最基本的“劳动力”，从事着酒店最脏、最累、最重的劳动。对于院校而言，学生实习很多时候背离了人才培养的初衷，学生们在实习中没有明确的学习任务，校企之间缺乏有效衔接机制，学生在又苦又累的工作环境中逐渐丧失了行业兴趣，甚至最终黯然离开了自己所学专业。

（四）“单向作用，散点合作”的运作模式，难以形成长期有效成果

现如今我国大多数职业院校在与企业合作、融合过程中，缺乏系统的、通盘的考虑，没有长期的运作机制。往往是院校“单向作用”，企业“被动接招”。对于院校提出的一些要求，企业多数是看人情、看收益而动。而且，双方的合作与融合往往是就事论事，而事件与事件之间缺乏联系和统筹考虑，难以形成长期的、有效的成果。一旦合作中由于种种原因出现摩擦或冲突，由于缺乏必要的协调和融合机制去解决，就会影响深度融合，甚至可能导致长期意向变成短期合作。

比如，在调查研究中，我们发现一些院校的所谓“订单班”华而不实，除了最初的校园推介、开班仪式之外，后续的人才培养依然多数靠学校，企业指派的培训人员所授课程很多时候缺乏足够的设计，带有随意性，效果欠佳。

二、对策:“校企贯通、产教一体”人才培养模式的提出

在旅游职业教育校企合作、产教融合面临现实困境的背景下，山东旅游职业学院开始了与广州南沙大酒店的新型校企合作、产教融合之路。这种新路子被称为“校企贯通、产教一体”。它的主要思路是将人才培养分为校内和企业两个阶段，将学生在两个阶段需要学习的知识、掌握的技能和培养的素质统一起来，实现校企双方的贯通。既保证了企业对人才需求质量的要求，又保证了院校对人才培养质量的要求。主要做法是根据企业岗位工作任务需求，罗列学生进入职场所需的所有知识、技能、能力、素质，然后再分配到校内和企业这两个不同阶段中。校内学习内容与原有课程内容对接，企业学习内容与顶岗实习对接。在原有的学生顶岗实习基础上，将企业员工培训要点和学生学校学习要点进行全

方位“有效贯通”，让企业了解学生进入企业之前学会了什么，也让学校了解学生进入企业之后学会了什么，避免培训的重复和不统一。同时，建立一种符合企业岗位需要和院校人才培养需要的“一体式”学生顶岗实习标准，让学生的实习获得校企双方师资的有效指导与监控，真正做到有的放矢。这种“校企贯通、产教一体”新机制，可以有效地将静态的、平面的学校教育与立体的、动态的企业实战结合在一起，实现三种角色的自然转换，即教师转换为企业咨询师，企业管理者转换为培训师，学生转换为职业人。新模式的主要优势在于：

第一，学生在校学习和在酒店实习的全过程得到了有效监管。

第二，大大节约了校企双方的培训成本，更有效地进行了衔接和融合。

第三，建立了院校师资队伍建设和企业培训师培养的有效机制。

第四，有利于院校最终达到人才培养优质目标，也有利于企业达到人力资源的优化使用和管理，实现双赢。

三、实践与探索

山东旅游职业学院在酒店管理专业“校企贯通、产教一体”的人才培养模式中，与合作企业广州南沙大酒店进行了一系列的实践探索，笔者对这些实践探索进行了如下的总结和归纳：

（一）创建校企贯通的培训要点数据库

2014 年年初，经过几个月的反复沟通、修正，在参考了国内多家旅游高职院校的人才培养方案、课程设计内容之后，山东旅游职业学院与广州南沙大酒店共同合作，开发了“校企贯通培训要点数据库”（见图 1）。该数据库贯穿企业学习要点和校内学习要点，覆盖所有实习岗位。通过这一数据库的建设，实习生在企业实习不再是简单劳动力，而是按照循序渐进的原则掌握各类培训要点。以中餐宴会培训要点为例，实习生入店的第 1 至第 3 个月，学习普通宴会的知识，共 10 个要点；第 4 至第 6 个月，学习商务宴的知识，共计 16 个要点；第 7 到第 9 个月，学习婚宴的知识，共计 19 个要点；第 10 到第 12 个月，学习谢师宴知识，共计 24 个要点。

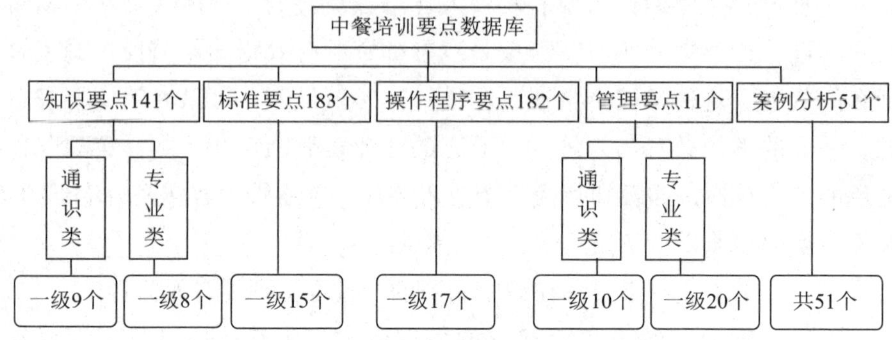

图 1　中餐培训要点数据库

（二）专业课程内容与培训数据库无缝衔接

继开发“校企贯通培训要点数据库”之后，山东旅游职业学院又尝试将要点中的内容与课程内容进行对接。首先，我们选取了酒店管理专业“餐饮管理”课程试点，将中餐培训要点数据库中校内学习要点与之进行对接，并逐步开发适用的新型餐饮类教材和学生自学所用的微课程视频。到目前为止，这种校内试点比较成功，学生觉得学习的内容更贴近行业了，教师也觉得讲的内容更鲜活了，教学资源更丰富了。

（三）突破创新学生实习管理模式

校内试点取得初步成功之后，我们的实践探索又瞄准了企业实习这一环节。2014 年 5 月，山东旅游职业学院共派遣 14 名实习生到广州南沙大酒店，开展研究性实习与培训。2014 年 8 月共有 3 名同学通过笔试、实操、面试三个环节的考核晋升为见习主管。以往的学生实习，企业如何培训学生是院校难以监管的一环。培训多数只停留在入职培训上，抑或是简单的理论与技能培训。有些酒店为学生做了简单的培训记录或考评，有些酒店根本没有任何培训记录档案。而这种新型的实习让学生不仅拥有了更多到管理岗位见习的机会，还拥有了校企贯通的完整的学习培训记录和成绩考核，绝非传统模式实习可比。为了更好保证学生在实习期间的学习成效，广州南沙大酒店开发了 LANDOW 这一在线软件，用于为学生完整记录培训学习档案，学校老师可以获得一个账户名和密码，在校即可登录系统监控实习生培训进展和考评成绩。

（四）促进完成专业教师复合型角色转换

目前，我国高职院校教师不仅面临着严峻的科研压力和繁重的教学压力，还面临着作为职业院校教师特殊的“专业压力”。这种“专业压力”指的是教师们在行业企业中的从业经验、业务水平和管理能力。过去，高职院校在师资培养中往往通过教师企业顶岗或挂职的方式来培养、提高教师这方面的素养。现在，山东旅游职业学院酒店管理专业的教师通过深度参与校企合作、产教融合的项目，也获得了提升自己专业水平的机会。这种新型的融合方式使高职院校的师资培养获得了新的路径，教师们不仅提高了专业水平，还获得了发展科研的机会，大大促进了教师向企业咨询师的角色转换。

（五）以未来职业人为主体，构建新型专业教材体系

在这种新型产教融合之路的探索过程中，我们还发现，目前高职院校使用的教材不仅内容滞后于企业发展现状，设计思路也缺乏创新，这些教材基本是将读者设定为在校学习的专业学生，这就导致教材的框架体系模式化，内容理论性强，带有较大的局限性。为了更好地完成校企贯通，帮助学生更快、更顺利地完成从学生到职业人的转变，山东旅游职业学院酒店管理的专业教学团队正在与广州南沙大酒店合作，构建新型专业教材体系。这种新型的教材体系特点包括：第一，教材读者定位准。教材将读者定位为未来的职业人，克服了单一的“学校学生”定位带来的局限性。第二，教材内容体系新。教材打破固有的章节构架，从企业岗位和工作任务需求出发，内容编排设计贴合企业运行与管理规律，有利于校企贯通衔接。第三，教材延展性强。以往的教材编写多是“就事论事”型的专业知识讲述，缺乏延伸，新教材更注重对学生作为职业人应具备的能力、素质、知识技能等方面的全面整合，更有利于学生未

来的职业生涯发展。

【参考文献】

[1] 袁银枝．高职教育校企合作的困境及其突破［J］．襄樊职业技术学院学报，2007，6（1）：33–36.

[2] 贺伟，李艳文．市场经济背景下高职产教融合育人模式的统整研究［J］．现代教育管理，2014（8）：75–80.

[3] 仲吉昊．旅游高职院校校企合作问题与对策研究——以桂林旅游高等专科学校为例［D］．桂林：广西师范大学，2014（6）.

[4] 张栋科，吴婷婷．产教结合视阈下渝东南高职旅游人才培养模式研究［J］．职教论坛，2014（20）.

高职院校学生心理问题分析与应对策略研究

宋继东　宋晓燕

摘　要：随着高职教育在我国的迅速发展，教育实践过程中越来越多的问题开始浮出水面，本文对高职学生普遍存在的心理方面问题进行具体分析，对解决学生心理问题的相关策略进行深入探究，并提出了相应的解决策略，为各高职院校的人才塑造与培养提供了一些有益的参考。

关键词：高职　心理　问题　对策

进入21世纪以来，高职教育在我国发展迅速，取得了令人瞩目的成就。相对于普通高等教育来讲，高职教育强调高等教育理论与生产实践相结合，重视学生专业技能与职业素养的塑造，努力培养面向生产、服务和管理第一线的应用型人才，得到了社会的广泛认可与肯定。但通过对多所高职院校的在校生与毕业生进行调研分析可以发现，由于高职院校一般起点较低、管理制度不尽完善，很多高职学生存在着程度不同的心理问题，并已严重影响到高职院校的成才率。本文对高职学生的普遍心理问题展开分析，并有针对性地就其解决策略提出一些浅见。

一、高职院校学生一般心理问题浅析

高职院校学生构成比较复杂，主要是参加高考和对口高职考试的学生，年龄一般在20岁左右，而部分院校招收的“三加二高职”，即中专、

本文受2012山东省高校人文社会科学研究计划项目“高等职业院校学生心理压力调查与心理调节对策研究”（项目编号：J12WH107）资助，发表于《中国成人教育》2013年第15期。

大专连读的学生也占有一定比例，年龄一般在15~20岁。从年龄上看，高职学生正处于青年初期，生理上处于青春期阶段，心理起伏比较大，很容易产生心理困惑。从生源上看，一般高职院校，尤其民办高职院校招生分数线偏低，很多高考后半段考分的学生考入高职院校，这也决定了他们的心理问题多发、易发而且日益复杂，这的确应当引起高职教育工作者的足够重视。

（一）学习心理方面的问题

在高职教育阶段，学生不仅要学习大量的理论知识，更要注重实践能力的提高。高职学生的大量时间是在各种形式的学习中度过的，其身心的发育与发展也正是在学习过程中不断实现的，在此过程中表现出的学习心理问题非常普遍与突出，具体表现在：

1. 学习目标不明确

由于高职学生在高中或初中阶段一般学习热情不高，对未来发展缺少规划，在高考选择高职院校时往往比较随意，进入学校后对自己的职业前景感到迷茫，造成学习态度不够认真，得过且过。

2. 学习方法僵化，效率较低

高职教育与高中阶段教育不同，也与普通高等教育有所区别，不仅强调专业理论知识的学习，更要将大量的实习实践科目融入学习的全过程中，很多高职学生还是沿用高中阶段的学习方法，虽然努力但总是达不到预想的效果，造成学习效率低下，进而影响了学习热情。

3. 学习的认知能力水平不高

从心理学角度看，一个人的认知能力决定着其情感倾向与行为能力。不少高职学生对学习本身缺少正确的认识，片面强调学习的“实用性”，追求学业的“短、平、快”，难以对自己的学习目标、学习过程与学习习惯形成全面认知，不能对学习中遇到的困难进行合理归因，这就容易出现厌学情绪，进而在行为上对学习产生抵触与排斥。

（二）情感心理方面的问题

从心理学上讲，情绪情感相对于认知能力而言，是人的心理过程的更高一级的属性。高职学生处于青春期阶段，内心世界丰富多彩，而又复杂多变，表现在：

1. 情绪不稳定，自控能力较差

高职学生年龄上正处于少年期向青年初期的过渡阶段，情绪上往往具有明显的“两级性”，当境遇发生变化时，容易因稍微的刺激而出现高强度的兴奋、激动或极端的悲观、愤怒等情绪。同时容易出现偏激的行为方式，自控能力不强。

2. 归属感不强，社会性情感冷漠

高职学生在中学阶段往往学习成绩不理想，不受老师与同学关注，归属感较低。尤其在多次遭遇到考试、感情等挫折时容易产生一种习惯性的退缩反应，进入高职后，不少学生表现出对人、对事的漠不关心、置身事外，社会性情感冷漠。

（三）个性心理方面的问题

个性，也称人格，是个体在一定的社会背景下，通过社会交往形成和发展起来的带有一定倾向性的、稳定的心理特征的总和，决定了一个人基本的精神面貌。高职学生受中学时期的影响，往往将自己定义为“失败者”。这种心态使他们难以拥有健康的个性和良好的精神面貌。

1. 缺少独立意识，社会适应能力不强

高职学生很多是独生子女，在家庭中受到众多长辈的过分关爱，由于学习成绩不甚理想，更对家庭与家长形成了较强的依赖性，进入高职后往往缺乏独立意识，不能很好地适应高职集体生活。

2. 不思进取，缺少理想与追求

理想与追求是青年人最可宝贵的精神财富，不少高职学生由于一直抱有“失败者”的心态，总认为自己是被淘汰的、没有什么希望的人。表现在学习与生活中，就会缺乏进取心、缺乏事业心，精神萎靡，得过且过。

3. 不良性格特征较多存在

性格是个性的重要属性，也是个性外在的、最具可塑性的要素，直接影响着个体的发展。从目前高职学生个性塑造的现实情况看，依赖、怯懦、暴躁、神经质、攻击性等不良的性格倾向较多存在。一些高职学生性格偏激、思想狭隘，并且通过言行举止相互影响，甚至引发集体的“非良性群体效应”，必须引起关注。

（四）自我心理方面的问题

自我心理，主要表现为自我意识，即个人对自己的身心、行为以及自己与他人、自己与社会之间关系的评价与判断。很多高职学生自我意识不合理，自我评价不恰当，造成现实自我与理想自我之间的矛盾比较突出。

1. 自卑心理较严重

自卑心理简单讲就是看轻自己，对自己的能力做出与实际不符的偏低评价。没有人愿意看轻自己或承认自己“自卑”，但不少高职学生由于中学阶段的失落经历，会不自觉地认为自己学习不好、能力不行，久而久之形成了自我贬低的心理。进入高职后一些稍加努力就可达到的目标，也往往自认为无能为力，最怕此时再听到老师或同学的不满与责备，很容易出现破罐破摔甚至自暴自弃的消极表现。

2. 自我中心意识过强

一些高职学生对家庭过于依赖，而在家庭生活中又长期以自我为中心，父母的关爱使其自我中心意识过强。进入高职学校在集体学习与生活过程中，老师与同学不会特别照顾自己，更不会过多地迁就自己，现实自我与理想自我差距较大，会产生较严重的失落感，难以在短时间内实现自我意识的转变，进而影响到高职阶段的学习与生活。

（五）择业心理方面的问题

高职院校一般以就业为导向，培养实用性、应用型人才，就业形势相对普通高等院校而言具有优势。但高职学生面对择业就业总是缺少必要的心理准备，面临抉择时往往兴奋与紧张、盼望与忧虑并存，内心矛盾重重。

1. 择业过程中的紧张焦虑心理

现在高职院校普遍采用的是“双向选择、自主择业”的就业制度，为学生的实习与就业提供了大量的机会，但很多高职学生由于在校专业成绩不理想，实践能力较差，担心不能被用人单位选中；同时又觉得自己只是“高职”学历，跟本科没法比，在择业时缺乏自信，产生精神紧张、内心焦虑等心理，更加影响了就业面试时的表现。

2. 择业过程中的从众心理

从众心理是在社会或群体的压力下个人放弃自己的意见而采取顺从行为的心理倾向。一些高职毕业生在求职时，缺乏独立的见解，不从自己的实际情况做出切合实际的选择，而是人云亦云，见别人都往大城市、大单位挤，自己也跟着凑热闹；或者为了高待遇，纷纷挤向社会评价高的职业，结果更加失去了自己的位置。

二、解决高职学生心理问题的基本策略研究

（一）高职院校应积极开设心理健康教育课程，并应逐步将其设为必修课加以强化

开设大学生心理健康教育课程，不是只将其列入教学计划之中作为备选，而是要真正落实到教学实践过程中去，通过系统的课堂讲授与心理实践训练，向学生传输相关知识，以帮助学生认识自我、塑造自我，增强心理保健意识。目前，很多高职院校只是在部分班级开设了“大学生心理健康教育”等选修课，或在“大学生职业生涯规划”等课程中加入了心理学相关内容，没有保证心理健康教育的覆盖面，很多学生没有机会接触到必要的心理学知识，更谈不上对自己的学习与生活产生指导作用。因此，高职院校应充分重视，将心理健康教育相关的选修课设为必修，加强师资建设，灵活运用多种教学方式，提高学生的学习热情，使高职学生的心理健康教育落到实处。

（二）高职院校应广泛开展心理咨询活动，面对面地解决学生的心理问题，甚至是心理障碍

高职院校应通过与学生的交流、探讨，对学生施加心理影响，改变

其在学习与生活中产生的一些不良认知、情感和行为，增强其对高职生活的适应能力，从而促进其生理、心理健康发展。目前，国内很多高职院校还没有设立专门的心理咨询室，没有从事心理咨询的专业人员，没有相关的心理知识体系，不能很好地适应工作的需要。还有部分院校的心理咨询工作人员，作为心理咨询师的同时承担其他很多行政工作，或干脆是学校职能处室的人员兼职做一下心理辅导与咨询工作，这就会让学生感觉不够专业，对心理咨询的老师失去信任，有时反而产生了相反效果，这都是高职院校亟须解决的问题。

（三）高职院校应加大宣传力度，积极营造有利于学生心理健康的校园环境

心理咨询在我国起步较晚，还有相当多的人对其不了解，甚至认为接受心理咨询是病态的、令人羞于启齿的事。鉴于此，高职院校应就心理咨询的目的、程序、内容等广泛宣传，打消学生的顾虑，积极引导学生关注自身心理健康，参与心理咨询活动，提高自身心理素质。同时，高职院校应加强校风、学风和班风建设。坚持依法治校，严明班级纪律，优化人际关系，增强凝聚力，提高荣誉感，促进学生身心健康。有条件的高职院校应通过院报或学院网站，广泛开辟与学生心理相关的宣传园地、心理测试、情感世界、社交技巧、理论研究等栏目，宣传、普及心理健康知识、尽早、尽快解决学生出现的心理问题。

（四）高职院校应不断完善学生心理健康教育的保障机制

没有切实有效的保障机制，各种策略只能是无源之水。目前，很多高职院校领导虽然将心理健康教育列入教学计划，但只是为了达到评估标准，或完成上级要求而被动强调心理咨询工作，尚没有真正关注、重视学生心理问题，导致学生心理健康的相关问题越积越多，有些甚至难以化解，延伸为学生个性心理障碍，或演变为群体心理现象，对学生个人与学校均带来了严重的负面影响。因此，高职院校应围绕学生心理健康教育有计划地加大投入，努力完善各项保障机制，使心理健康教育真正落到实处，收到实效。

综上所述，近年来我国高职教育虽蓬勃发展，但我们必须重视在发展的过程中不断出现的新问题。为保证高职院校良好的教学效果，保证学生较高的成才率，必须了解高职学生的普遍心理，重视学生心理健康教育，将解决学生心理问题的策略落到实处。

【参考文献】

[1] 马燕丽．高职院校学生心理危机预防和干预的策略 [J]. 和田师范专科学校学报，2010，29（2）.

[2] 马学果，魏平，戴卫银．高职院校心理危机预防与干预策略探析 [J]. 现代企业教育，2010（16）.

[3] 朱和慧，郝金魁．高职学生心理危机成因分析及干预策略 [J]. 天津职业院校联合学报，2009，11（3）.

“一带一路”倡议下高等教育国际化人才培养模式研究

——以山东旅游职业学院为例

胡　萍

摘　要:“一带一路”倡议下高等教育国际化面临机遇和挑战，我国高等职业教育国际化发展要紧密结合国家对外开放战略部署及“一带一路”架构。本文基于山东旅游职业学院国际化人才培养实践，探索通过国际化校校合作、校企合作、国际化课程改革实践等培养国际化人才模式，为“一带一路”倡议下高等教育国际化人才培养模式与路径提供理论与实践参考，推动我国高职院校国际化人才培养模式向深层次、宽领域、高水平的可持续发展方向前进。

关键词:“一带一路”　高职教育　国际化人才

一、引言

教育部发布《推进共建“一带一路”教育行动》，提出建立“一带一路”教育共同体，发挥教育在共建“一带一路”中的基础性与先导性作用，十九大报告继续肯定“一带一路”国际合作。“一带一路”教育共同体的建设，是一个多层次的教育合作体系的构建，教育是“一带一路”国际合作的重要组成部分，“一带一路”与高等教育国际化将是未来相当

本文系 2018 年度山东省旅游职业教育专业建设指导委员会一般课题“‘一带一路’倡议下高等教育国际化转型研究——以山东旅游职业学院国际化项目研究为例”研究成果，发表于《科学与技术》2019 年第 36 期。

长时间内的前沿热点。近年来聚焦“一带一路”区域合作、教育策略与教育路径等研究已经在高校展开。积极推进我国高职教育国际化进程，培养高职教育国际化人才，是当前各高职院校必须研究的重要课题，也是高职院校适应国际高职教育事业发展的必然选择，更是深化我国高职院校改革的发展需要。“一带一路”倡议下培养国际化人才，需要构建多层次的教育合作体系，对高等教育基本功能提出了更高要求的新挑战。

二、高等教育国际化

高等教育国际化是一个国家的高等教育以本土现有教育资源为基础，向国际学习、借鉴动态过程，主要目的是把跨地域、跨民族、跨文化的全球性先进教育观念融入本土的高等职业教育的教学、科研以及服务诸功能中来，提升本国高等院校的办学水平。国际化人才是具备全球视野与思维模式，掌握专业内一定的国际化知识，熟悉所从事行业的国际通用惯例，能胜任国际企业的工作，可进行外语交流与沟通，具备获得职业领域国际资格能力的人才。国际化人才培养模式构成要素主要包含以下三个方面：国际化教育理念、国际化人才培养目标、国际化人才培养措施。我国高等职业教育国际化发展需要紧密结合国家对外开放战略部署及“一带一路”架构，东亚、南亚、中亚、西亚及其他国家或地区的文化语言国情，以及我国区域开放重点和特点、国家和区域层面制定的具体发展规划，带动各区域高等职业教育的发展，形成区域特色职业教育国际化格局和联盟，支持相关职业院校拓展深化国际合作。

三、国际化人才培养路径

山东旅游职业学院始终坚持国际化办学理念，根据旅游行业和职业教育发展规律，开展多层次国际化交流与合作，使学院国际化办学水平处在国内同类院校的前列，并取得了显著的成绩，形成了较为鲜明的国际化办学特色，逐步形成了全方位、多层次、宽领域的国际化办学大格局。与“一带一路”多个国家或地区的院校建立了稳定的合作关系，互派访问教师，开展各种形式的双向交流合作项目。互派交流生，学分互认，促进了留学生双向交流，培养了具有国际视野的专业化人才。

（一）深化外语教学改革，提高职业核心素养

“一带一路”倡议下教育国际化加深了对外语类专业教育教学的影响，外语高等教育改革势在必行，加快外语高等教育的学科转型。深化外语教学改革，结合“一带一路”倡议背景与国际化人才需求，完善国际化课程体系与国际化人才培养目标，提高跨文化交际能力。培养跨文化交际能力以服务为宗旨、以就业为导向、采用工学结合、坚持能力为本，将语言学习与职业技能培养有机融合。教学内容与教学过程体现职业性、实践性与应用性。改革教学模式提高学习外语的兴趣，培养多语种沟通能力，开设双语专业课程，提高外语专业小语种交流能力。职业素养贯穿国际化人才培养过程始终，反映旅游业对人才要求以及学生未来的职业发展要求，在真实工作情景下提升职业素养，运用情境教学法、案例分析、项目教学法等培养学生热爱祖国、爱岗敬业、吃苦耐劳、诚实守信的职业素养，提高沟通能力、团队合作能力、学习能力、问题处理能力、创新能力、跨文化交际能力和国际化就业能力等。

（二）课程设置国际化，创新中蒙教育合作模式

建立国际化专业合作项目。学院与蒙古国财经大学合作，建立完善职业化、模块化、国际化课程体系，满足“一带一路”区域发展需求，具有国际竞争力的同时，服务本土化经济与社会发展。积极参与国际化教育教学活动，融合区域经济发展和当前国际社会热点问题并及时更新。将“一带一路”自然资源、历史文化资源以及社会政治、历史、文化、风俗、禁忌等知识融入课堂教学，有助于学生在“一带一路”沿线国家和地区开展旅游业务，体现职业性与国际化。饭店管理专业合作项目包括在中国的一年理论学习和一年实践以及在蒙古国的两年学习，将中蒙文化融入国际化人才培养体系，蒙古国历史文化遗产、中国特色政治经济发展成为国际化课程资源的重要组成部分。建立健全留学生管理与服务制度，持续提升留学生管理能力。教学方法采用小班教学，安排小组

讨论、实践课程等多样化教学方式，强调培养学生跨文化交际能力。加强就业教育，组织学生在国内北上广国际品牌酒店实习，提供就业指导。

（三）国际化校企合作，共建资源共享平台

学院与国际一流企业合作大力拓展海外实习基地，加强海外实习。通过多种形式，先后与“一带一路”沿线国家和地区的国际化企业建立了稳定的实习合作关系，选派优秀学生前往海外实习基地。海外实习有效衔接专业知识与专业技能，实习岗位与专业技能、职业素养相衔接，增强跨文化交际的敏感性、识别力、理解力以及外语交际能力，拓宽国际视野，在国际环境下体验职业成长与发展。充分利用信息技术及移动互联网技术，为师生吸收前沿科研学术成果、接受多元文化创造条件。积极探索与国外高校、国际企业等机构合作，共建共享资源平台。通过资源共享，对优质教育资源通过消化吸收，有机融入自身的办学体系，改革和提升自身的人才培养机制和水平，达到与国际先进水平的教育发展目标和人才培养目标。

四、结束语

山东旅游职业学院顺应“一带一路”发展机遇，做好顶层设计，符合旅游业和职业教育规律，积极参与教育国际化实践，努力探索和尝试教育国际化广阔发展空间和可能性，教育国际化特色愈加显著，在“一带一路”倡议背景下高等教育国际化方面赢得先机。发挥学院专业特色资源，引进国际职业教育资源，建设完善专业化国际化的课程体系，提升教师国际化视野和开发国际化课程的能力。国际校企合作拓展海外实习基地，加强对学生国际化职业能力的培养。国际校际合作开展师生双向交流，交流与合作的领域不断扩大。加强国际化系统管理，培养熟悉教育国际化规律的人才队伍。今后还需要加强定量分析系统深入研究，客观揭示“一带一路”倡议背景下高职教育领域的具体实践路径，依照高职教育发展的新要求，将国际化办学模式落实在院校具体的人才培养模式上，以实现高职院校可持续发展；依照国际行业需求，培养具有国

际竞争力的通用型技术人才，为地方经济的平稳快速发展提供内在动力，从而为高等教育国际化提供更为全面可操作性的对策。

【参考文献】

[1] 霍建国."一带一路"战略构想意义深远[J].中国外资，2014(10).

[2] 李晶，杜燕锋."一带一路"与高等教育研究态势分析——基于中国知网(CNKI)文献的计量分析[J].集美大学学报，2018(3).

[3] 刘悠然."一带一路"发展战略与我国高等教育[J].广东经济，2017(5).

混合式教学模式在双语教学中的应用研究初探

纪 亮

摘 要：在经过一段时间的双语教学实践过程后发现，双语教学在帮助学生掌握专业知识的同时，还能丰富学生学科专业知识的学习，提高学生外语表达能力，增加学生的国际化意识和对不同文化的理解。双语教学对于教师来说，也是更新教育观念和知识结构、不断探索提升和创造新的教学模式和方法（如混合式教学方法）的过程，有助于教师自我发展。但在双语教学过程中也遇到了一些困难和问题，需要在今后的教学中寻求适合的方法去解决，以帮助更多同学能够适应双语教学，掌握更多的专业知识和技能，以适应未来飞速发展的社会要求，同时满足行业对高素质人才的需求。本文对双语教学实践过程中发现的一些问题，以及 SPOC 平台在双语教学中的应用进行了初步研究探讨。

关键词：混合式教学模式　SPOC 平台运用　双语教学

在科技迅猛发展、经济全球化的今天。人们生活、工作、学习、娱乐和交际的思维方式都在发生着巨大的变化。当今人才不仅要具备坚实的学科基础知识、人文精神，更需要具备国际视野、国际意识和跨文化沟通能力。现代教育的国际融合已是大势所趋，双语教学也是适应这种趋势的必然产物，以便为培养未来复合型人才打下坚实基础。实施双语教学是为了提高学生的英语水平以及相关学科专业水平。通过拓宽学生英语学习渠道，改善外语学习环境，有效提高每位学生的英语水平，培

发表于《中国教育导刊》2018 年第 S1 期。

养其外语思维能力、双语能力以及多元文化能力，同时促进学生相关专业学科的学习，培养其综合素质。

“双语教学”根据《朗文应用语言词典》中的解释，指在学校里使用第二语言或者外语进行的专业学科的教学。双语教学的主要任务包括：使学生学习学科知识，同时强化学生的英语语言能力，锻炼其英语思维能力；增进其国际意识，培养学生对多元文化的理解。因此，双语教学除了对教师提出更高的要求，如教学专业素养、中英文双语言水平、对课堂上课节奏的把控、教学方法的运用等，还对学生的理解掌握程度提出了更高的要求。

一、双语教学过程中碰到的问题总结

第一，学生的专业基础英语水平参差不齐，对教学效果会产生较大影响。教师如果将太多时间放在学生基础专业英语讲解上，那么专业知识的学习、讲解和讨论的深度会由于课堂时间的限制受到影响。对于专业英语基础水平相对较弱的学生，没有充足的基础学习，对专业知识的理解又会受到影响；对于英语基础较好的学生，专业英语讲解过多，又会导致课程内容较浅的问题。因此要在适应每位学生的专业英语水平基础上进行专业知识学习难度较大。

第二，对于要求学生在课前的预习内容，学生的预习情况教师很难在上课前完全了解与掌握。因此，对授课的难易程度的把控难度较大，很难完全根据学生的学习情况对每位学生都做到因材施教。

第三，双语教学中学生需要学习掌握专业课基础知识、理论概念、专业英语知识以及英文的专业知识理论的讲解和案例讨论等方面的内容，相对于用一门语言学习专业课程，学生的学习和教师的教学过程中所要涵盖的学习内容和教学量也相对更大一些。因此，增大了学生学习和教师教学的难度。

第四，从课堂教学的效果来看，学生对课堂话题讨论、案例讨论的热情比较高，参与度较高，课堂气氛也比较活跃。这既提高了学生的表达能力，又锻炼了学生的批判性思维，加深了学生对课堂内容的理解，收到的教学效果也较好。对于一些需要记忆的基础知识以及一些知识点，如需要学生掌握的专业中英文词汇、概念和理论，学生虽然了解其作为课堂学习内容基础的重要性，但课堂上一方面如果老师花时间重复地讲述这部分内容，占据课堂很多对专业问题分析和讨论的时间，学生会感到课程内容比较枯燥，渐渐失去学习兴趣，影响学生学习效果和课堂教学效果。另一方面对于基础知识掌握不是特别扎实和暂时还没有养成课前预习习惯的同学，基础词汇和概念等内容如果不重复强调，之后需要更深入的话题讨论，案例分析中又会出现题目内容理解分析问题，遇到比较多困难。这也使上课的老师在课程教学内容设计时左右为难。

二、混合式双语教学的实际应用

针对双语教学过程中学生和老师碰到的一些问题，笔者运用混合式教学方式——一种线上线下相结合的新双语教学模式来解决双语教学过程中碰到的一些问题，具体方法如下：

双语教学中基础单词、基础理论知识利用网上微慕课、微课和微视频教学让学生在上课前进行自主学习和预习，并运用 SPOC 平台将适合学生的内容放到 SPOC 平台上让学生进行学习，学生根据自己的水平和适合的学习方式进行有效的学习，如可以反复观看或者快进放慢等。SPOT 平台可以完整记录学生的学习预习，提供学生的学习行为和学习结果的统计，并且进行数据分析，教师能够清楚地看到学生的学习情况，将学生的学习情况进行清晰的数据量化。教师可以很快掌握每个学生的学习进度、程度，如学生看了多少视频、习题做得怎么样、讨论区发言的情况，根据学生的学习程度真正将因材施教做到有量化数据依据，同时以此作为学生课程学习成绩评分的参考。

在双语课堂教学内容设计上，教师要树立以学生发展为本的理念，充分考虑不同学生个体发展的独特和差异性，尊重学生的人格与个性发展的同时，考虑到不同层面上学生的需求，让学生能较好地运用两种语言进行学科学习，从而在更广阔的学科领域中、更丰富的语言层面上拓宽外语学习的范围，达到学科知识增长与英语水平提高的平衡和双赢。

教学组织过程中教师要更加注重改变学生学习方法，更加重视与指导学生进行预习、提前阅读、查阅资料、小组讨论、组织交流和主题陈述等主动的、合作性的学习，重视学生学习中的主动建构，教师的任务是调动学生原有的知识、经验和他们认知结构中已有的英语语言资料，在他们的新旧知识之间建立有意义的联系，帮助他们借助这些知识、经验和语言材料去获取新信息、学得新知识，发展和提高他们的能力。教学内容上以专题项目教学，每节课进行一个主题讨论。首先，教师先把专题提前布置给学生，让学生自己预习教材，上网查询相关资料，每人准备一份研究报告，并提出研究的重点。其次，教师在课堂上组织学生进行小组讨论，全班交流，信息分享。

通过这个过程使学生预习了解重点内容，自己上网找来更多相关资料（包括英文和中文资料），进行知识的融会选编；小组讨论和全班交流时，学生的英语表达会越来越流畅和主动，并且不管是学科知识还是英语信息量都变得更广。双语教学可以促进教和学方式的改变，这种教与学方式的改变也是施行双语教学的重要意义之一。

双语教学并不是单一局限于语言学习的范畴，也不是一项简单的课程形态，课堂教授内容也不是以教给学生几个专业性英语词汇作为最终目标，更重要的是教给他们用英语的思维建构起一种学科性的知识体系和锻炼学生多方位的思维的能力。很长时间以来，我们的专业学科教学主要以母语（汉语）作为教学语言，由此学生建立起来的是以母语为背景的知识结构、理解方式和思维体系。双语的学科教学开创了以双语（以中英双语为主）作为教学语言的授课和学习方式。双语教学不是作为一门单独的课程进行教学，它作为一种教学方式贯穿于学科之中，实现外语与相关学科的整合，最终实现一种教学系统的构建。在我国牢固的本土语言的背景下，运用双语进行一定的学科内容的教学，对于学生的专业学习、教师的发展和教学改革都有很大的益处。

在以后的教学过程中将具体对双语教学采用混合式教育技术（Blending Learning）、网络学习（SPOC）平台这种新的双语教学模式与传统教学方式设定对照班级，依据建构主义学习理论对学生的学习效果、学习感受以及认知体验等方面运用定性和定量的研究方法，进行更加深入的比较分析研究，得出更确切和深入的结论。

【参考文献】

[1] 彭玲，彭慧．高校双语教学理论探讨及对教学实践的启示［J］．高等教育研究学报，2009，32（3）：75.

[2] 吴平．五年来的双语教学研究综述［J］．中国大学教学，2007.

[3] 希尔伯特·迈尔．课堂教学方法［M］．上海：华东师范大学出版社，2011.

[4] 黄安余．双语教学评价研究［M］．北京：中央编译出版社，2011.

[5] 欧卫红．双语教学论［M］．北京：北京大学出版社，2009.

[6] 王斌华．双语教学的回眸与前瞻 2008［M］．上海：上海教育出版社，2008.

[7] 郑金洲．教学方法应用指导［M］．上海：华东师范大学出版社，2006.

[8] 王灿，张莉．混合式教学模式初探［J］．当代职业教育，2015（9）.

[9] 黎家厚．关于“Blended Learning”的定义和翻译［EB/OL］. http://www.zbedu.net/jeast/000618.html.

[10] 许成来．职业院校混合式教学模式创新研究 2010［J］．辽宁省交通高等专科学校学报，2017（1）.

课堂干预对学生主观幸福感影响的实证研究

李新泰

摘　要：本文采用个案研究和实验研究相结合的方法，利用牛津幸福感问卷作为调查工具，以班级学生前测和后测的主观幸福感值变化作为判断依据。研究结果表明，不同班级、不同专业同学的主观幸福感值变化有差异，结果证实了课堂干预措施的有效性，最后提出教师应主动加强对学生的了解来改进课堂教学。

关键词：课堂教学　干预　主观幸福感　实证研究

一、引言和文献综述

在我国持续改革开放几十年后，人民群众的物质财富逐渐得到积累，生活水平也逐渐提高，而在近几年人民群众对精神生活的追求逐渐凸显，其中表现最为集中的就是诸多媒体对群众幸福感的报道。

当前大学生作为典型的社会群体在学习文化知识的同时也会追求幸福感，尤其是在笔者执教的山东旅游职业学院，“我们的天职是创造幸福”是学院的校训，在这种社会大环境和校园小环境的共同影响下，进一步关注学生的幸福感就显得很有意义。教师通过课堂教学来传授知识，教师是否可以在授课的同时来提高学生的幸福感，或者说课堂授课与学生幸福感是否存在某种逻辑关系？

本文为山东旅游职业学院2012年度校级科研课题“积极课堂对学生幸福感影响的实证研究”成果，发表于《职业技术教育》2013年第34期。

通过文献检索可知，国内外有若干对主观幸福感的研究，对于大学生群体的研究也有，综合这些文献主要有幸福感影响因素研究、幸福感测量研究等。李儒林等对大学生时间管理倾向与主观幸福感进行相关分析后发现，时间管理倾向与总体主观幸福感、生活满意度和积极情感存在显著的正相关关系；郭玉琴从大学生幸福感角度出发，分析教学与学生幸福感二者之间的相关性，研究结果发现教师教学能够影响学生幸福感；郑莉君研究了大学生主观幸福感总体现状，结果表明样本高校大学生主观幸福感在年级、专业、健康状况、经济状况维度有差异；周彦余研究了心理健康课对大学生主观幸福感的影响，结果显示采用体验式教学法的心理健康课程对提升大学生主观幸福感有着显著提升作用。

西方对幸福感测量最初采用单维量表，不过在使用的过程中发现，单维量表的信息含量相对较少，而且容易受个体在测评时心境的影响，于是学者们进一步开发测量技术，希望能通过多维量表来更准确、细致、全面地测评幸福感。以苗元江为代表的国内学者自己编制综合幸福问卷（MHQ），分为心理幸福感和主观幸福感两大维度，心理幸福感包括健康关注、生命活力、自我价值、人格成长、友好关系和利他行为，而主观幸福感包括生活满意、正性情感和负性情感。Argyle 发展了牛津主观幸福感问卷（Oxford Happiness Inventory，OHI），该问卷是在 Beck 抑郁问卷的基础发展起来的，包括 29 个项目，采取 1~3 分的计分方式，主要测量总体幸福感，最后将各题得分相加即为幸福感的总分，经过实测研究，其内部一致性系数为 0.90，7 周后的重测信度为 0.78，结构效度也不错，是近年来使用较多的一个主观幸福感测评量表。

美国学者 Kennon 持续观察在校大学生四年时间幸福感的变化，数据显示目标明确的学生其适应性、积极态度、幸福感会高于目标不明确者。Joanna Mitchell 等利用网络干预措施研究对幸福感的影响作用，在为期 3 个月的对比试验后发现，积极心理干预对被测群体有明显作用，可以不同程度地提高其幸福感，但是不同量表所体现的程度并不一致。英国医学专业研究人员 Alex Wood 等从医学的角度总结了积极心理对人群的影响作用，并提倡在更宽广的范围运用积极心理。Kristin Neff 等验证了积极心理与个人性格间的关系。土耳其学者 Sevgi Guney 对试验人群积极心理的稳定性和可靠性进行了验证，结果证明积极心理干预可在临床和正常人群间使用。

综上所述，国内外有若干文章是利用牛津主观幸福感问卷作为研究工具对研究对象展开调查的，施俊琦等还曾深入展开过对该工具的效度和信度检验。

二、研究设计

（一）研究方法

依据英国作家登斯库姆的著作，研究方法的选择会直接影响研究结果的可信性，所以研究设计应该既有科学性又符合实际情况。

首先，本研究属于个案研究。个案研究是重点研究一个或者少数几个特殊现象的实例，对在特殊情况下的事件、关系、经历或者过程进行深度研究。在课堂情境下对学生进行干预，明显有符合个案研究的特点，尤其是笔者本人授课班级数量有限，可以就某些问题进行深入探讨。

其次，本研究是实验研究，可以考察具体因素和观察目标间的关系。这种方法是自然科学研究的基本策略，也是开展社会研究的良好策略。根据 Jennifer Smith-Merry、陈煜等对于定量实验研究方法的介绍，常用定量方法有四种，简单“前—后”对比分析法、“投射—实施后”对比分析法、“有—无”对比分析法和“控制对象—实验对象”对比分析法，各种方法有其适应程度和范围。在教学过程中展开研究必须有伦理保证作为前提，因为每个学生是实实在在的个体，对于可能违反伦理的事情必须在研究设计之初就要明确并审慎对待。伦理保证的核心内容是要确保研究内容、研究流程不对学生产生负面影响，在可能涉及学生隐私等敏感话题时要注意回避或者确保安全等。综合上述，简单“前—后”对比分析法适合本研究，该方法是将干预执行前后的两种情况进行对比。

（二）研究工具

本研究采用牛津主观幸福感问卷（Oxford Happiness Inventory,

OHI），该问卷共包括 29 个项目，采取 1~3 分的计分方式，主要测量总体幸福感，最后将各题得分相加即为幸福感的总分。

（三）干预方案

本研究是在课堂授课过程中进行干预，在讲授课本理论知识的同时也补充其他内容，其中理论知识重点阐述概念含义和实际运用，并将松散知识逻辑化，充分利用案例来解释抽象概念，PPT 课件力求艺术美感，补充职业规划、幸福与积极心理、“杏坛游”讨论，课程采取弹性考核、采用新投影仪等，以及在课堂与同学们讨论人生哲理，这样的课堂设置目的在于提高同学们的学习动力和学习效果。

（四）研究对象

本研究随堂进行，2012 年春季学期对本学院饭店管理系饭店管理专业和会展专业学生讲述消费者行为学课程，涉及三个年级 8 个班约 360 人，分别是 11H8、11H9、10X1、10X2、10H9、10H10、09X1、09X2。2012 年秋季学期两个班级分别是 11HR 和 11HC，合计约 100 人，依据 2012 年春季学期和秋季学期课程的安排，对每个班级的主观幸福感分别安排两次调查。

三、研究结果

调查共分春季学期和秋季学期两个阶段，共涉及 10 个班，具体调查结果如表 1 和表 2 所示，其中，调查结果是用被调查班级参加人数的算术平均值得出的。其中，由于 2010 级饭店管理专业同学要到外地实习，所以 10H9 和 10H10 两个班的同学没能参加第二次调查。

从表 1、表 2 可以看出，两个会展专业合堂的同学幸福感有明显提升，其提升幅度均超过 8%，其他各班的升高或者降低的幅度均在 ± 2.5% 以内，也就是说除去会展专业学生幸福感明显提升，饭店专业、人力资源专业、连锁经营专业学生的幸福感无明显变化。

表1　2012 年春季测量班级的幸福感结果

	班级名称	前测幸福感值，2012–02–23/24		后测幸福感值，2012–04–19/20	
		参加人数	得分	参加人数	得分
1	11H8	40	46.85	35	45.57
2	11H9	32	48.60	29	48.14
3	09X1 + 09X2	34	44.73	16	51.31 ↑
4	10X1 + 10X2	67	47.38	67	51.22 ↑
5	10H9	36	41.78	—	—
6	10H10	33	44.67	—	—

表2　2012 年秋季测量班级的幸福感结果

	班级名称	前测幸福感值，2012–09–20		后测幸福感值，2012–11–22	
		参加人数	得分	参加人数	得分
1	11HR	45	44.87	46	44.50
2	11HC	32	47.41	34	46.35

在所有完成的测量中，每个班级的测量成绩基本呈现正态分布，以 11HR 班级后测结果为例，共有 46 人参加测量，最低分为 27 分，最高分为 64 分，其算术平均值为 44.50，其他班级的测量分布也是类似情况，正态分布的结果表明该测量问卷的质量还是可靠的。

四、讨论与分析

（一）对研究结果的进一步解释

从表 1 和表 2 可以看出，2009 年级会展专业合堂、2010 年级会展专业合堂同学们幸福感有明显提升，其提升幅度分别超过 12% 和 8%；而其他 2011 年级各班幸福感变化幅度均在 ±2.5% 以内，也就是说除去会展专业学生幸福感明显提升外，2011 年级饭店专业、人力资源专业、连锁经营专业学生的主观幸福感无明显变化。对于这种不同班级主观幸福感变化的差异，可能的解释有两种，分列如下：

假设解释 A：可能是随着年级的升高，班级同学理解老师课程的程度越来越高，而理解透彻老师的讲课会激发同学们对学习、对社会的态度，这种态度的转变可能会提高其幸福感。

假设解释 B：可能是专业不同所导致的班级同学幸福感有明显差异，会展专业的综合课程背景需要同学有发散性思维，其他饭店专业同学综合课程背景需要同学有聚拢性思维，而课堂的讲述多是发散性思维，所以可能是会展专业课堂教师和同学的思维方式十分相近，从而更容易提升同学的幸福感。

对于这两种解释本研究尚不能肯定，要想明确则需进一步研究，不过根据以往文献资料的记载，不同年级、不同专业的主观幸福感测量值是存在差异的。郑莉君的研究结果就表明，不同年级、不同专业同学的幸福感测度有明显差异。

对于这两种假设解释的进一步讨论，其意义则很明显，如果假设解释 A 成立，那么，学校、教师、同学、家长则会皆大欢喜，这个结果表明随着年龄增长学生的主观幸福感明显增加，而再进一步讨论，这种随年级升高幸福感升高是不是山东旅游职业学院的特有环境导致？这些问题需进一步研究，本文不涉及这些内容。如果假设解释 B 成立，那么其研究结果所包含的教育管理意义就十分突出，目前山东旅游职业学院已经开设十几个专业，其他专业的同学对于某些共同课程的感受是否也不一样？是否存在某些教学风格适合某些专业学生的情况存在？这样的推论如果成立，那么学院是否应该将合适风格的教师匹配合适专业的班级？这些问题也需进一步地细致研究，本文不再讨论，这些讨论为未来研究指明了方向。

（二）干预措施的有效性

笔者作为课堂教学改革的设计者和实践者，采用了合作性教学作为干预措施。合作性教学是国外大学所采用的一种教学方法，其基于学生特点来传授知识，把传授书本知识作为教学的基本目标，把提高学生课堂愉悦感和积极性作为最高目标，充分调动班级同学的积极性。这种寓教于乐的方式也是对因材施教的实践。课堂教师不仅是主讲者，更是教学活动的主持者、指导者。作为主讲者要充分把握书本内容，将核心的知识点用简练的语言表述清楚；作为主持者要留出课堂时间让学生参与交流和讨论，使学生从单纯的被动听课转变为主动思考；作为指导者的教师需要关注学生个体的参与情况，对学生的表现有针对性地提出建议。

这样的课堂设计可以提高学生的课堂积极性，有利于培养学生提出问题、分析问题、解决问题的能力。这种教学方式已受到各班学生的普遍欢迎，也形成了良好的课堂氛围。

五、结论和建议

对样本班级课堂教学进行改革的干预研究表明，不同年级、不同专业班级同学的主观幸福感变化存在差异，这也证明了这种干预措施的有效性，笔者作为课堂教学改革的设计者和实践者，对这种以提高学生积极性为导向的合作性课堂教学改革感受颇深，对下一步如何更好进行课堂教学也有了深刻的理解和把握。

就本研究能够给出的最深刻建议就是加强教师与学生的沟通。要想出色完成教学任务，需要教师主动与班级同学进行心灵沟通，并把握学生的真正需求。教师与学生的心灵沟通是成功教育的基础，达到心灵沟通就需要教师在教学的同时，研究把握学生的心理特点，在沟通中学会运用心理辅导技巧，这样可以提高教学效果。因为传统的教学已经造成了教师与学生间的矛盾和误解，并造成了一定的心理距离，这种距离会直接影响教学目标和教学质量。

随着我国高等教育规模的快速发展，尤其是近年许多城市的新校区大多建设在郊区，而老师需要往返于市区与校区，使得教师和学生课下交流的时间越来越少，在这种情形下就需要教师充分利用课堂了解学生的各种信息，专业课教师不但要完成课堂教学任务，也有义务培养学生素质。管理学生不仅是辅导员的工作，专业课老师也应主动尽责。如果每位专业课教师都能通过细心的课堂教学去打动学生的心灵，那么大学校园才算得上是真正的校园，这应该是每位教师追求的崇高境界。因此，建议教师发挥合作性教学的作用，建立良好的课堂氛围，在传授知识的同时，加强与同学的心灵沟通。

【参考文献】

[1] 李儒林，胡春梅，等，大学生时间管理倾向与主观幸福感的相关性[J].中国临床康复，2006，10（46）：67–69.

[2] 郭玉琴.大学生幸福感与教师课堂教学关系研究[J].信阳师范学院学报（哲学社会科学版），2010，30（5）：84–86.

[3] 郑莉君，韩丹.大学生主观幸福感的影响因素[J].中国组织工程研究与临床康复，2007，11（39）：7872–7875.

[4] 周彦余.心理健康课对大学生主观幸福感的研究[J].新课程学习，2011（8）：177–178.

[5] 苗元江.心理学视野中的幸福[D].南京：南京师范大学，2003.

[6] Kennon M Sheldon. Assessing the sustainability of goal–based changes in adjustment over a four–year period [J]. Journal of Research in Personality，2008（4）：223–229.

[7] Joanna Mitchell，Rosanna Stanimirovic. A randomized controlled trial of a self–guided internet intervention promoting well–being [J]. Computers in Human Behavior，2009（25）：749–760.

[8] Alex M Wood，Nicholas Tarrier. Positive clinical psychology：A new vision and strategy for integrated research and practice [J]. Clinical Psychology Review，2010（30）：819–829.

[9] Kristin D Neff，Stephanie S Rude. An examination of self–compassion in relation to positive psychological functioning and personality traits [J]. Journal of Research in Personality，2007（41）：908–916.

[10] Sevgi Guney. The positive psychotherapy inventory（PPTI）：Reliability and validity study in turkish population [J]. Procedia–Social and Behavioral Sciences，2011（29）：81 – 86.

[11] 施俊琦，王垒，邓卫，中学生牛津幸福感问卷的信效度检验[J].中国心理卫生杂志，2005，19（11）：727–730.

[12] 登斯库姆.怎样做好一项研究——小规模社会研究指南[M].3版.陶保平，译.上海：上海教育出版社，2011.

[13] Jennifer Smith–Merry，James Gillespie，Stephen R Leeder. A pathway to a stronger

research culture in health policy [J] . Australia and New Zealand Health Policy, 2007 (4) : 19.

[14] 陈煜，刘金宝，欧阳静 . 政策评价在卫生领域的研究综述 [J] . 卫生软科学，2008，22 (5) : 353–356.

以能力为本的旅游英语信息化教学改革初探

刘　峰

摘　要： 教育部提出的教育信息化改革思路给我国教育现代化指明了方向。在实践层面，国内外许多知名高校都借助线上教育平台，建成并开放了许多课程的网络学习资源，而高职教育信息化还处于观望阶段。本文从旅游英语专业以能力为本位的人才培养模式出发，对以中国旅游教育五星联盟为依托的旅游英语信息化教学改革在知识呈现、课堂内外、考核评价等方面进行了初步探讨，旨在改变旅游英语专业建设中的被动局面，培养学生的自主学习和运用英语开展岗位工作的综合能力，促进该专业的可持续发展。

关键词： 能力本位　旅游英语　信息化教学

旅游英语专业的定位是培养具有良好英语交流能力的涉外旅游人才，尽管其定位与学生及旅游企业的需求相一致，但是近年来，该专业的招生和就业均呈萎缩态势，发展跌入了一个低谷，究其原因是教学模式与学生的学情不符，教学改革迫在眉睫。

一、信息化教学改革的机遇

2012 年 3 月，教育部颁布了《教育信息化十年发展规划（2011—2020 年）》，明确提出要充分发挥现代信息技术优势，通过信息技术与

发表于《中国成人教育》2014 年第 14 期。

教育的全面深度融合，鼓励学生利用信息手段主动学习、自主学习、合作学习；增强学生在网络环境下提出问题、分析问题和解决问题的能力，培养具有国际竞争力的创新人才。

目前 Coursera、Udacity、edX 已将全球顶尖学校的课程放到网络上，同时提供作业、讨论及考试等互动方式供各界人士在线学习；2013 年 4 月 18 日，果壳网的大规模在线开放平台 MOOC（Massive Open Online Course）社区也向学习者开放，并提供了课程讨论、笔记分享、感想交流等空间；2013 年 7 月初，国内四所交通大学联合台湾新竹交大联合推出了基于 MOOC 平台的 ewant.org 核心课程；高等院校信息化教学呈现出蓬勃发展的态势，但是职业教育层面的信息化教学改革还处于尝试阶段，由各方传递的信号我们不难推断出信息化教学是一个必然趋势，旅游英语的信息化教学改革面临着前所未有的机遇。

二、以能力为本的旅游职业教育

我国旅游职业教育起步较晚，到现在只有二三十年的时间，加之旅游活动的国际化特点，因此需要借鉴国外成熟的旅游职业教育人才培养模式，构建具有我国特色的旅游职业教育框架。

美国、加拿大倡导的 CBE（Competency-Based Education）模式，即以能力为本位的教育模式，是一种以能力为基础的教育，所有的教学活动都围绕培养具备目标职业所需的能力、敬业精神和服务意识的人才，已经得到了 30 多个国家和地区的认可和推广；澳大利亚的 TAFE（Technical and Further Education）人才培养模式也是以能力为本位，以就业为导向，注重向学生传授实用的知识和技能，依照旅游行业组织制定的职业能力标准和国家统一的证书制度，联合行业企业展开教学和评价，重视对学生实际工作能力的培养；英国的学徒制、德国的双元制、日本的产学研合作模式虽然各有特色，但都以培养学生的职业能力为根本任务，强调理论与实践、教材与实际操作的结合。我国的旅游职业教育虽然经历过很多改革尝试，但以学科知识构建为本的教学理念依然指导着旅游职业教育实践。职业院校学生基础差，欠缺学习能力和自控能力，对英语和专业课的学科体系不感兴趣，学习动力和学习效果都不理想，我们应该学习世界成熟经验，以培养学生的能力为本，展开卓有成效的改革。

通过对用人单位和学生的深入调研，我们将旅游英语专业学生所需的能力主要概括为：英语交际能力、旅游一线服务与基层能力、沟通协作能力、分析问题和解决问题的能力、自主学习能力和自控能力等。

三、探讨以能力为本的旅游英语信息化教学改革

（一）知识构建与呈现方式

根据皮亚杰（J. Piaget）和科恩伯格（O. Kernberg）等人的建构主义学说，学生是学习的主体，学习不是由教师将知识简单传授给学生，而是学生对所学知识的主动探索、发现及建构的过程，主张学习者在一定的情境下，借助同学间的合作、协作、交流、学习和老师的引导，增进学生对知识的构建和理解，教师只是帮助者和促进者。

由全国主要旅游职业院校合作成立的“全国旅游教育五星联盟”，本着资源共享、合作共赢的原则，在教学、管理等方面已经展开了全方位的合作，这为教学资源的共建共享和旅游英语核心课程的信息化教学改革提供了优越的条件。我们可以利用信息技术建设起校校通宽带，由行业企业和教育专家合作组成专业委员会，按照具体工作岗位需要确定从事涉外旅游行业所学具备的能力，进行总结和归纳；根据旅游英语专业人才培养目标和适用教材，结合教学规律将教学任务层层分解成各自独立的模块，并按英语的难度设定分层次、差异化的教学任务；通过大量的网络教研，进行课程资源的开发和深度融合，最后选拔优秀教师进行授课录像，结合精品课程建设的成果，将所有的教学资源分类整合，放在共享的课程网站上供各校师生学习交流。

职业教育课程除了理论教学外，还有大量的实践课时，这就要求教师创新教育内容，促进信息技术与专业课程的融合，增加实训、项目教学、案例分析等网络资源，建设仿真实训基地以加强实践教学。

（二）课内与课外教学的互补与融合

在信息化教学环境下，课堂是英语语言和旅游服务活动的实践和训练场所，教学要以学习者为中心，将学生按英语水平进行分组，学习各自级别的课堂授课录像及学习任务，开展分层次的个性化的网络课程学习。教师的角色为辅助者和促进者，将分解好的工作任务及各教学模块进行启发式、探究式、讨论式和参与式教学，模拟工作环境，通过各种英语口语操练展开课堂教学活动。

信息化教学对学生的课外学习要求很高，他们要通过校际网络展开协作和讨论，养成自主学习的习惯和能力，进行知识的消化和拓展，完成在线学习学时和任务，并通过沟通协作的方式完成小组任务，激发学生使用信息技术学习的意愿，逐渐培养他们主动运用信息技术发现、分析和解决问题的能力。

（三）标准化的考核与评价

为保证信息化教学的质量，各校都应遵循统一的评价标准和体系，所以评价标准在教学改革之前就要细化并设计好，可以借鉴托业考试及国外成熟的岗位评价标准，结合各自实际，通过大量的研讨，制定符合国际行业惯例的各校统一科学的分级评价标准。旅游英语考核应采用过程性评价和终结性评价相结合的方式，过程性评价主要是培养学生的自主学习习惯、督促学生按时完成课外学时和作业以及课堂上的小组模拟工作任务，终结性考核主要是对学生成绩达标的权威性客观评价。

（四）教学质量的保障与落实

信息化教学改革面临的问题主要就是网络内容的多样性，学生在网络资源的甄选过程中表现出的自控能力差等问题，这要通过锁定指定网站等方式，净化信息化教学中学生课内外学习环境，同时要求学生在线完成规定的学时和具体任务，并在过程性评价中达到一定的成绩以后，才可以参加终结性考试，考试合格后根据各自的等级拿到该门课程的相应学分。

信息化旅游英语教学改革对于学生学习能力和职场工作能力的全面提升具有很大的促进作用，我们借助旅游教育五星联盟的平台，充分利用信息技术来支撑起优质数字教育资源的共享，必将全面提高学生英语交际能力、旅游一线工作能力、沟通协作能力、分析问题和解决问题的能力、自主学习能力和自控能力，保证旅游英语专业的健康发展。但是信息化教学改革也要未雨绸缪，营造健康的网络学习环境，帮助学生养成良好上网习惯和学习自控力。

【参考文献】

[1] 教育部．教育信息化十年发展规划（2011—2020年）[EB/OL]. https://wenku.baidu.com/view/8593e2eb9b6648d7c1c746d7.html.

[2] 狄保荣，王晨光，杨秀冬，等．国际化背景下旅游职业教育发展模式研究[M]．济南：山东人民出版社，2011.

[3] 欧阳建平，张建佳．大学英语自主性学习能力综合培养模式框架探索[J]．外语学刊，2009（4）：116-118.

[4] 魏凤云，王金超．高校旅游英语课程教学改革探析[J]．长春师范学院学报（自然科学版），2008（12）：164-167.

[5] 刘杰英，廖晓敏．基于工作过程的导游英语课程改革[J]．教育与职业，2009（5）：108-110.

以高职校园文化为载体的大学生思想政治教育实效性研究

刘　晴

摘　要：新形势对高职人才培养和思想政治教育实效性提出新的要求。高职校园文化与大学生思想政治教育实效性的内在互动关系，使其成为增强大学生思想政治教育实效性的重要载体和有效途径。高职教育要以健康向上的校园环境、丰富的校园文化活动、完善的校园制度文化、先进的职教理念为载体，促进大学生思想政治教育的实效性，培养现代社会全面发展的高端职业人。

关键词：高职校园文化　思想政治教育　实效性

校园文化作为高校思想政治教育的重要载体，是促进大学生全面发展、塑造大学生健全人格的重要外因。教育部、共青团中央在《关于加强和改进高等学校校园文化建设的意见》中指出："努力建设体现社会主义特点、时代特征和学校特色的校园文化，不断满足大学生日益增长的精神文化需求，为培养社会主义合格建设者和可靠接班人提供强大的精神动力。"高职院校要克服实用性办学带来的极端功利性弊端，切实提高思想政治教育的实效性，为大学生的健康成长提供精神动力，必须充分合理有效地利用高职校园文化这笔丰富的校园思想政治教育资源。

本文系山东省高校人文社会科学研究计划（思想政治教育专题研究）项目（项目编号：J12SW57），发表于《中国成人教育》2013 年第 18 期。

一、高职院校提高大学生思想政治教育实效性的价值分析

（一）社会转型期对大学生思想政治教育实效性提出严峻考验

当前，我国社会正经历从传统型社会向现代型社会的转型期。在这个时期，社会经济生活的变化、社会转型的加快、多元化价值观念的影响和外来各种社会思潮冲击着大学生的生活方式和价值选择，使大学生思想政治教育面临许多实实在在的压力和挑战。一方面，价值选择多样化带来的思想混乱，网络等大众传播渠道对难辨真假的信息的传播，各种不良社会现象强大的示范作用，易使思想活跃、接受外来信息快的大学生产生困惑，甚至出现言行偏激等种种令人担心的精神问题。

另一方面，在市场经济环境下，追求高度的物质富有成为人们生活的主流，虚荣和奢侈在一定程度上占据了人们的心灵世界，物质主义的泛滥带来人的精神的荒芜。在物质世界的巨大诱惑和社会竞争压力下，大学生出现了不同程度的理想信念模糊、价值取向扭曲、诚信意识淡薄、社会责任感缺乏等问题。这些都对大学生思想政治教育提出了严峻的考验。思想政治教育能否对大学生真正起到价值引导、提升心灵、呵护成长的作用，关键在于寻找最佳教育途径，拓展思想政治教育的空间和渠道，有效利用各种教育载体增强大学生思想政治教育的实效性。

（二）全面建成小康社会、实现民族复兴的中国梦，对高职院校大学生思想政治教育实效性提出更高的新要求

当前，实现全面建成小康社会、建成富强民主文明和谐的社会主义现代化国家、实现中华民族伟大复兴的中国梦已成为全民的奋斗目标。全面建成小康社会、实现民族复兴的重任，需要众多高素质劳动者和一大批专业技术精湛、思想素质过硬的创新人才，以推动经济社会全面协调可持续发展。以培养高素质技能专门人才为教育目标的高等职业教育，在这一历史发展过程中承担着无法回避的重任和使命。

面对社会发展对职业教育人才的需求和期望，高等职业教育既要根据经济社会发展对技能技术、管理服务人才的需要，面向市场积极构建

以就业为导向、以服务为宗旨的发展模式；更需要克服高职教育中人文精神缺失、工具实用主义泛滥、功利性思想严重的教育缺陷，承担起引领社会文化、培育人文精神、促进人全面和谐发展的重任。因此，高职教育在全面建成小康社会、实现中国梦的历史任务中，不单纯是培养掌握专业技能、懂服务管理、会工作的“劳动工具”，更要培养学生正确的价值判断、理性思考和可持续发展的能力，这些都对高职人才培养和大学生思想政治教育提出更高的新要求。

（三）高职院校大学生基础文明素养相对薄弱，更需要探索创新教育途径和方法，切实提高思想政治教育的实效性

随着高等教育大众化的发展，在“招生”变为“找生”的严峻形势下，高职教育面临着前所未有的生存压力和挑战。许多高职教育为了迎合市场的“需要”，在能力本位的办学理念指导下，为实现短期功利性的教育目标，把所有注意力都集中在对“技能人”的塑造上，而忽视了对和谐发展的“完整人”的培养，这给高职院校的思想政治教育带来极大被动和阻力，使思想政治教育呈现低效乏力的状况，尤其是在基础文明素养方面表现相对薄弱。

大学生基础文明素养是与大学生日常行为密切相关的行为和规范，是大学生校园公德、文明礼仪等意识和行为的集中表现，也是大学生健康道德品质和良好个人行为习惯、修养的重要表现，高职院校大学生基础文明素养薄弱主要表现为酗酒滋事、夜不归宿、公共场所吸烟、上课睡觉、逃课、抄袭作业、考试作弊、宿舍卫生差、在桌椅墙面上乱刻乱画等各种不文明的行为。笔者在调查中发现，有 51% 的学生对抄袭作业、考试作弊现象认为“偶尔为之也无妨”或“自己不做就行，别人无所谓”；有 29% 的学生在上课时，会向课桌抽屉里乱扔果皮纸屑。这些现象的存在说明高职大学生的基础文明素养方面存在着不容乐观的问题。面对社会发展对高职教育人才的要求和高职思想政治教育低效的现实矛盾，高职思想政治教育必须创新教育方法。教育实践证明，合理利用高职校园文化资源是改变思想政治教育被动局面、提高其实效性的有效方法。

二、高职校园文化与大学生思想政治教育实效性的互动关系

校园文化是一种特殊的社会文化，是一所学校在长期的教育、学习和生活中，以校园为空间，以全体师生参与为主体，以创造浓厚的人文氛围为基础，以提高学生思想道德素质、人文素质、身心素质、专业技能素质为目标所形成一系列的价值观念、办学理念、行为规范的总和。高职校园文化与思想政治教育彼此相互影响、相互促进、相互强化，共同创造健康向上的育人环境，成为高职教育加强思想政治教育的重要载体和有效途径。

（一）高职校园文化是提高大学生思想政治教育实效性的重要载体

高职教育是服务于经济和社会发展需要的产物，把学生能学得一技之长、提高职业能力作为核心价值追求，注重学生专业技能的强化和训练，以便学生毕业后能胜任相关工作，强调职业性和实用性。以实用为本的高职教育一切围绕市场运行，市场需要什么就学什么，带有明确的实用主义、功利主义倾向。在以实用性、功利性、针对性为特点的市场法则下，被视为“无用”的思想政治教育常常被当作“多余”的点缀，经历着“说起来重要，学起来没劲，做起来全忘”的悲喜剧。另外，高职学生升学分数低，学习处于中下游水平，学习动力不足，对于抽象枯燥乏味的理论说教“听不懂”或干脆“不去听”。笔者调查中发现，有近一半的学生对当前的思想政治理论授课的针对性和实效性不满意。尽管这样，他们不否定思想政治教育的重要性，甚至怀有期待，有 61% 的学生希望“通过适当的形式和方法”加强思想政治教育；而对“你比较喜欢的大学生思想政治教育方式”，多达 77.4% 的学生选择“校园文化活动，人文环境渗透”。

校园文化作为高职校园管理的重要组成部分，本身承载着思想政治教育的任务，它以耳濡目染、潜移默化的独特方式作用于师生。具有一定思想的大学生，既是校园文化的享有者和受益者，更是校园文化的承载者、创造者，充分利用校园文化的育人功能将思想政治教育融于校园

文化建设的方方面面，把抽象的思想政治教育变成看得见、摸得着的具体制度、活动、行为。学生们置身于优美的校园环境，通过参加丰富多彩的校园文化活动，感受和谐文明的校园人文氛围，自觉地约束行为、崇尚文明、提升思想素质，达到思想政治教育“润物无声”的效果。所以，高职校园文化是对大学生进行思想政治教育不可缺少的重要载体。

（二）思想政治教育为高职校园文化建设提供价值引导和思想保证

校园文化中有积极的因素，也有消极的因素。思维活跃、个性鲜明的大学生看问题往往带有主观偏见、情绪波动大、盲从心理严重、易混淆是非。在高职校园中，作为校园文化主体的高职学生，在高考中受到挫伤，自我认同感差，且知识参差不齐、价值观念偏向自我、行为上缺少自我约束力，更容易产生消极的情绪和堕落的行为。不可否定，在高职校园中享乐主义、实用主义、拜金主义等庸俗浅薄的文化严重腐蚀了大学生的思想，扭曲了大学生的价值观和人格。如何对学生进行正确的价值引导，帮助学生树立正确的世界观、人生观、价值观，确保校园文化的健康发展方向，就成为高职管理者和思想政治教育工作者面临的艰巨任务。

综上所述，高职教育弱化思想政治教育，会降低大学生明是非、辨善恶的判断能力，使高职校园文化中的各种消极因素乘虚而入，使辛辛苦苦取得的教育成果付之东流。同样，忽视校园文化的建设，思想政治教育也会因失去这个有效载体而成为空洞、乏味的抽象教育，因不能够对大学生当下实实在在的现实生活施加影响，而成为飘浮在空中无根基的虚无教育。因此，把校园文化建设与大学生思想政治教育结合起来，既保证了高职校园文化的健康发展方向，又增强了思想政治教育的实效性。

三、以高职校园文化为载体，构建高职思想政治教育新模式

思想政治教育要以高职校园文化为载体，积极构建高职思想政治教

育新模式，切实加强大学生思想政治教育的实效性。

第一，以健康向上的校园环境为载体，促进高职思想政治教育的实效性。校园环境主要是指校园的总体规划设计、教学办公设施、行政后勤服务设备、文体活动中心以及校园绿化美化、周边环境等，是校园文化存在和发展的基础，高雅健康、优美的校园环境蕴含着对真善美的追求，为大学生成长成才提供了沃土和良好环境。古人云："蓬生麻中，不扶而直；白沙在涅，与之俱黑。"在思想政治教育中，环境熏陶对育人工作发挥着重要作用，具有春风化雨、润物无声的独特效果。高职院校由于建校时间短，从总体布局到细微景观都洋溢着时代气息：错落有致的校园建筑、舒心宜人的校园绿化、和谐健康的校园人文精神、先进优良的教学实训设备、便利的校园生活条件，使处于其中的师生心情舒畅地学习和生活，不仅有利于学生的身心健康，还通过外部环境熏陶促使学生思想进步，有利于大学生思想政治教育工作的开展。

高职校园中，为突出职教特色而精心设计的校园景观，如发人深省的名人警句、文化墙等创设了生动的教育情景。思想政治教育合理利用这些教育资源，引导学生从具体的环境出发，在亲身参与、感受、体验过程中获取思想认知，建构学生的思想道德品质，把思想政治教育抽象的规范量化为有形有情的熏陶，使学生的思想境界在不知不觉中得到升华。

第二，以丰富的校园文化活动为载体，增强高职思想政治教育的实效性。校园文化活动是校园中最活跃、开展最广泛、影响最持久的文化活动，它以学生为主体，以校园环境为依托，以校园制度文化做保障，是对大学生进行思想政治教育、科技创新实践、艺术情感熏陶、身心素质锻炼的重要方式。校园文化活动以其丰富多彩的内容、寓教于乐的形式吸引广大学生参与，已成为育人的重要手段，尤其是在思想政治教育方面，学生在活动参与、体验、熏染中，思想感情得到了熏陶、精神生活得到了充实、道德境界得到了升华，产生其他思想政治教育方式不可替代的作用。

首先，高职院校因其职业性、实用性的高职特色，更适宜通过各种校园活动锻炼能力、增长才干、提高兴趣。高职学生由于知识层次低，对抽象的理论不感兴趣，但精力充沛、思想活跃、爱好广泛，有强烈的展示自我并得到肯定的愿望。形式多样、富有吸引力的校园文化活动不仅可以使学生的个性得到展示、能力得到锻炼、精神上得到愉悦，满足学生多样化、个性化的需求，而且在参与校园活动过程中，学生在思想观念、行为方式、价值取向等方面对校园文化活动倡导的思想产生认同，从而达到完善其知识结构、塑造其品质的教育目的。

其次，社会志愿服务是实施素质教育、增强思想政治教育实效性的有效途径，也是深受高职学生喜爱的思想政治教育方式。“道德准则，只有当它们被学生自己追求、获得和亲身体验过的时候，只有当它们变成学生独立的个人信念的时候，才能真正成为学生的精神财富。”在志愿服务中，大学生将青春热情以及在校园中所学各种专业知识无私地奉献于社会，将校园文明风尚展示于社会，在更高的道德水平上提高了思想政治素养。

第三，以完善的校园制度文化为载体，保障高职思想政治教育的实效性。校园制度是学校各项工作得以正常有序进行的重要保证，建立完善的校园制度，保障各项校园文化活动有条不紊地进行，可以有效地发挥校园文化的思想政治教育功能。高职院校学生基础文明薄弱，更有必要加强校园制度文化建设。因为，校园制度文化是在国家教育法规的指导下制定的，体现着社会对高职教育的要求和期待，对生活在校园中学生的思想和行为起着强制性的规范作用，能够强化、培养学生的日常行为和责任感。同时，在相关制度中渗透着价值观念、素质要求、作风态度、目标追求等精神文化方面的内容，本身也是思想政治教育的内容。

高职教育是以服务为宗旨的职业教育，校园制度文化是在日常管理中逐步形成的规章制度，除了规范学生的思想和行为，在思想政治教育和职业教育中还具有明确的导向功能。制度文化规定学生什么可以做，什么不可以做，应该怎样做，引导大学生从具体事情抓起，从一言一行做起，培养良好文明行为和职业素养。通过校园制度文化，提升学生的文明素养，为学生的健康成长和未来职业创造条件，保障学校的办学方向和良好的校园氛围，使整个校园充满生机和活力。

第四，以先进的职教理念为载体，丰富发展高职思想政治教育的时代内涵，培养全面发展的高端职业人。伴随着我国经济高速发展成长起来的职业教育，在发展过程中形成了富有时代特征、职教特色的办学理念，提出诸如校企合作、工学结合，以服务为宗旨、以就业为导向、以能力培养为核心的先进职教理念和人才培养模式，其高尚的服务精神、实用的能力本位、优秀的职业素养蕴含着丰富的思想政治教育的内容，是高职院校培育校园精神的根基和核心，它丰富了思想政治教育的时代内涵，并与时俱进、创新发展，为现代化建设培养技术精湛、高素质的社会主义建设者。

先进的职教理念不仅重视"授人一技之长"的培训，更重视与不断变化的现实世界相衔接，具备较好的职业变更的适应能力。正如联合国教科文组织所指出的那样，职业教育就是要帮助年轻人进行全面素质教育和能力的准备，以使他们获得更好的工作、更高的生产率，从而不断提高生活质量。职业教育的使命绝不仅是谋得一份职业、追求自身利益的狭隘教育，而是把职业教育的先进理念与思想政治教育的先进思想相结合，促进人的心灵的丰盈和健全，从而培养人格健全、具有强烈社会责任感、全面发展的高端职业人。

【参考文献】

[1] 金文斌.高校校园文化与大学生思想政治教育关系探析[J].教育与职业，2009(11).

[2] 胡锦涛.在全国加强和改进大学生思想政治教育工作会议上的讲话[N].新华日报，2005-01-18.

[3] 教育部，共青团中央.关于加强和改进高等学校校园文化建设的意见[EB/OL].http://www.moe.gov.cn/jyb_xxgk/gk_gbgg/moe_0/moe_495/moe_512/tnull_6653.html.

[4] 苏霍姆林斯基.给教师的建议[M].北京：教育科学出版社，1984.

“一带一路”背景下旅游外语人才文化自信培养策略

李盈慧

摘　要：“一带一路”倡议的建设和发展对国际化外语人才提出了更高的标准，除了具备扎实的语言素质和能力之外，还要具备跨文化交际意识，提升人文素养，坚定文化自信，传承基于爱国主义的中华民族精神和以改革开放为核心的中国时代精神，这样才能在“一带一路”建设和交流中讲好中国故事、展示好中国形象。作为学校、教师、学生三方要共同努力，从提升教师和学生文化自信意识，改进课程体系设置、转变外语教学方式以及利用课外校园环境、网络文化熏陶等方面来培养国际化外语人才的文化自信。

关键词：一带一路　外语人才　文化自信

党的十八大以来，习近平总书记多次强调文化自信的重要性，一个国家的文化自信体现着这个国家的综合实力和精神文明的凝聚力，提高中国文化软实力，继承中华民族博大精深的优秀传统文化，保持中华民族的认同感和自豪感离不开文化自信。大学生是传承和创新中华优秀传统文化的中坚力量，提升大学生文化自信对国家未来发展意义重大。

一、国内外对大学生文化自信研究的现状

国外学者很少直接论及文化自信，主要是对文化价值以及文化认同

发表于 2020 年（首届）青少年素质教育实践创新论坛。

的重要性进行的相关论述。“软实力”的概念是由约瑟夫·奈在其著作《软实力》里首次提出的，并提出文化是软实力中最具基础地位的因素。在《文化认同与全球性过程》一书中，乔纳森·弗里德曼阐述了不同的民族是怎样塑造自身的文化认同的。国外学者对文化价值和文化认同重要性的研究体现了文化的重要性，说明文化在社会稳定、国家发展以及民族团结中承担的重要作用，也为国内的文化自信的研究提供了可借鉴的经验。

近些年国内对“大学生文化自信”的研究和关注度与日俱增，主要包含以下两点：对于大学生文化自信研究的角度多样，主要涉及对中华传统文化的继承、思想政治教育的改革以及新媒体的运用等各方面；再者对文化自信的特征、意义以及大学生缺乏文化自信的原因进行了比较丰富的研究。但是当前对大学生文化自信的研究也有些不足之处：首先，与时代结合不够密切。“一带一路”建设和发展赋予了大学生新的要求和使命，提升大学生文化自信应与新时代的要求相结合。第二，实证性研究相对缺乏，故很难提出有针对性的具体实效措施。第三，系统性有待加强，深入系统的研究分析比较欠缺。本文立足于“一带一路”时代背景，分析增强国际化外语人才文化自信的意义，探索从学校、教师、学生等方面提升国际化外语人才文化自信的具体策略。

二、提升国际化外语人才文化自信的意义

习近平总书记多次提到要推进国际传播能力建设，讲好中国故事，传播好中国声音，向世界展现真实、立体、全面的中国，提高国家文化软实力和中华文化的影响力。外语专业的大学生在文化交流中占有一定的语言优势，是对外传播中华优秀文化、讲好中国故事的中坚力量。在当代多元文化的时代背景下，外语专业的大学生必须树立文化上的自觉，充分了解自身传统文化和国家历史，主动提升文化自信，树立文化自强，传承与创新中国文化。

“一带一路”倡议下，我国与沿线的欧亚非许多国家开展了多方面、多领域的合作，需要许多高水平的国际化外语专业人才来应对诸如文化

交流、翻译服务、问题处理等工作，他们在与来自不同国家人员的接触过程中，随时面临各种文化的碰撞，对国际化外语人才提出了历史新挑战。除了具备扎实的语言素质之外，还要增强对自身民族文化传统的认识，充分了解社会主义核心价值观，坚定文化自信。文化自信有助于引领沟通，文化自信也有助于提升政治互信，促进经济发展，提升国家文化软实力，构建话语主动权。但是我们发现，一些院校对外语专业人才培养中缺少对学生的文化自信教育，忽略了学生文化素养的形成和中华优秀文化的浸润，因而，他们对以社会主义核心价值观为核心的中国当代文化没有正确充分的认识，无法有效地在国际合作交流中传播中国声音和中国文化。所以，作为培养国际化外语人才的高校，应当根据“一带一路”倡议下不同国家合作交流发展的需要，提高国际化外语人才的文化自信，不断增加中华民族传统文化知识的积淀，帮助其坚定中国特色社会主义的共同理想，传承以改革开放为核心的时代精神和基于爱国主义的民族精神，讲好中国故事，展示好中国形象。

三、“一带一路”倡议下培养国际化外语人才文化自信的途径

要提升国际化外语人才的文化自信，需要学校和教师以及学生的共同努力，从提升教师和学生文化自信意识，改进课程体系设置、转变外语教学方式以及利用课外校园环境、网络资源熏陶等方面来实现。

（一）学校方面

1. 革新课程设置

“一带一路”建设沿线国家众多，文化差异较大，要实现国家间的有效沟通，我们需要熟知自身文化，也要了解周边国家文化。外语专业学生应加强对母语文化的学习，对自身优秀文化产生认同感，形成文化自觉意识，才能成为优秀的国际化外语人才。因而，国际化外语人才的培养要配合国家“一带一路”倡议对人才需求的标准，培养精通外语、熟悉中国传统文化、了解周边国家文化的复合型国际化外语专业人才。所

以，为提升外语专业人才文化素养，培养国际化外语人才的文化自信，学校应在外语专业课程之外增设中国传统文化课程及“一带一路”国家和地区的社会文化综合课程，将中华优秀传统文化课程与外语专业课程融合到一起，让学生吸收民族文化的精髓，在对外服务和交流中有底气地宣传中华文化。同时，“一带一路”周边国家和地区的历史、文化、礼节、风俗、禁忌等知识也应通过合适的途径如选修课、讲座等方式传达给学生，学生了解和学习这些国家和民族的社会文化知识，掌握不同国家的语言方式和风土人情，不仅对坚定自身文化自信有帮助，对以后工作中与沿线国家和地区开展业务合作也有重要意义。

2. 开展课外实践活动

学校要结合自身优势和特点，增强中国特色社会主义文化教育，以校园“第二课堂”为载体，营造浓厚的校园氛围培育学生对社会主义核心价值观的理想信念和对中华传统文化主流意识的认同感，定期开展校园文化自信教育活动，通过一些健康向上、形式多样的文化活动，比如专家访谈、专题讲座、参观访问、经典诵读、社会实践等活动，立德树人、以文化人，帮助学生提高文化认知、形成文化认同、培养文化自觉、树立文化自信。如校内举办经典诵读等活动，让学生领略传统文化的博大精深，创造浓郁的文化氛围；开办各种文化社团及文化节活动，展现学生的文化自信风采；组织学生参与社会公益活动，为群众提供相关技术服务的同时发扬和传播民族文化，利用假期到乡村去弘扬优秀传统文化，培养文化自觉，传播文化自信；参与博物馆、展览馆等志愿者活动，传授文化主流知识，光大中国优秀文化。

3. 利用网络媒介创新文化

学校要充分利用网络媒介提升大学生的文化自信，把握时代脉搏，利用互联网传播手段，占领文化宣传高地。首先，学校要培养学生网络素养，培养学生网络信息获取、鉴别能力，树立良好的网络道德修养。其次，要通过学校网站、网络学习平台、微信等途径，搭建主题教育网站、文化宣传资源库、微课程等，构建有影响力的网络文化作品和思政课程，与传统媒体和传统教育如校报、社会活动、讲座等方式相结合，构建全方位的文化宣传教育网络，传播社会主流文化和价值观，为学生学习中华文化、了解社会先进文化和革命文化提供重要途径。

（二）教师教学方面

1. 培养学生跨文化意识

对外语专业学生来说，树立跨文化意识以及培养批评思维能力尤其重要。教师教授语言知识的同时，应该让学生通过对外语和外国文化的正确认识和学习，培养学生的世界意识，促进对本土和本国文化的认识，树立学生自信和正确的人生观和价值观。教师还要传授语言所属的各种文化要素，即中西方文化背景知识和必要的语用规则，这样学生才能在对外交流中自觉并得体地将中国悠久文化知识、主流文化意识以及中国的社会主义核心价值观介绍出去，让世界了解中国。作为教师，也要提升自身的人文素养及跨文化交际能力，在外语教学中贯穿中外文化差异的比较，这样可以加强学生对外语文化的理解和使用，加深对本国文化的认识和理解，提升学生对中外文化差异的理解和辩证认识文化差异的能力，在外来文化与本土文化进行比较和反思时能够取其精华、去其糟粕。

2. 更新外语教学内容

教材内容的选择也很重要，对塑造学生正确的价值观，传递自信的文化意识有重要的作用，所以外语教材内容需要革新，要均衡中西文化内容的比重，把中国精华文化与西方精髓文化相融合，增加反映中国特色事物、中国优秀文化以及中国发展成就和文化建设的内容，帮助学生用外语阐述中国故事、传播中国文化，同时提升学生对中国文化价值的认同、加强文化自信。教师要探索中国特色的外语课程文化渗透模式，促进学生对中国优秀文化的浓厚兴趣和深入认知，树立学生的文化自信。外语教师要对外语文化的内容加以调整、均衡，形成统一的整合设计，教学过程中要注重双向的文化传授，使学生能够多视角地进行文化比较与思考，形成批判式思维能力，构建客观、全面的文化价值观。教师可以组织帮助提升学生文化自觉、树立学生文化自信的课堂活动，如以中国文化精髓内容为主题开展外语演讲比赛和辩论活动，对中国传统故事进行角色扮演等，即通过具体的活动潜移默化地增强学生的人文素养和自信，同时促进外语语言应用能力的提高。

（三）学生方面

作为外语专业大学生，在掌握扎实的语言功底之外，应该树立文化自觉性，自觉学习中华传统文化知识，树立文化自豪感，了解社会主义核心价值观，并将其融入学习与生活、实践与思想中，才能在对外沟通交流中主动自觉地将中国悠久历史、中华优秀文化及中国社会主义核心价值观介绍出去，让世界了解中国、认识中国文化。外语专业学生更容易接触到不同国家的文化，要正确认识外来文化，避免对外来文化的盲目追捧，面对文化全球化导致的文化冲突，坚持和而不同、取长补短，既要理解认识自身文化的优缺点，也要尊重借鉴其他文化，吸收外来先进文化的优秀成果内化为自身“谋强”的精神动力和思想品质。此外，作为中国新生力量的大学生，要与时俱进，积极学习现代科学知识和技术，向世界优秀文明学习，了解其先进的文化与科技成果，提升自身的创造能力，为社会主义文化提供新鲜的活力，树立中华文化的自信和品牌。

为顺应“一带一路”倡议的发展，培养国际化外语人才的文化自信，高等院校应制订国际化的人才培养方案，增设外语专业课程之外的中华传统文化课程，革新外语教学方式和内容，通过丰富的课外实践活动，搭建网络文化和思政课程，让学生感受认知优秀历史文化传统，提升自身文化素养和文化自信。作为外语教师，肩上责任更加沉重，要在提升专业素养之外，自觉做好社会主义核心价值观和社会主流文化的宣传工作，在加强自身对中国传统文化和当代优秀文化学习的同时，提高自己的中西文化辨析及贯通能力，既扎根本国文化又放眼世界文化，增强跨文化思辨意识，提升文化自觉意识和文化自信，同时革新外语教学内容，整合设计教学过程，注重双向的文化传递，避免跨文化交际中中国文化失语的状况，告别当下外语文化教学中“西学东渐”的单向传播局面，将中国文化传播出去，让世界了解中国。

【参考文献】

[1] 胡蝶，陈曦．文化自信视域下的高校外语教学［J］．人民论坛，2019（11）：134–135.

[2] 朱婧，刘洪滨．“一带一路”战略下国际化人才的文化自信［J］．理论观察，2016（12）：42–43.

[3] 邵艳梅，贾淇．新时代大学生文化自信研究文献综述［J］．华北水利水电大学学报，2018（10）：73–76.

[4] 约瑟夫·奈．软实力［M］．马娟娟，译．北京：中信出版社，2013.

旅游高职院校内涵型导游专业人才培养浅探

王振林

摘　要： 经过多年的发展，我国导游人才队伍的数量规模突飞猛进，但其质量内涵的提升却滞后于人们对导游服务水平期望值的增长；打造内涵型导游专业人才队伍是解决这一问题的根本途径，作为导游专业人才培养主要基地的旅游高职院校在打造内涵型导游专业人才队伍上有着极为重要的作用。

关键词： 内涵型导游　旅游高职院校　导游人才培养

自1989年国家进行导游资格考试以来，我国导游队伍开始规范化发展，促进了我国旅游业的大飞跃。导游人数从最初的二三万人增长到2012年的72万人，导游人员素质也有了较大的改善。作为我国导游专业人才培养主要基地的旅游高职院校也对导游人员素质的整体提升做出了很大的贡献。但是，目前，随着人们生活水平和游客成熟度的不断提高，中国导游队伍建设仍面临着许多问题需要解决。

一、导游队伍建设所面临的问题

（一）散客市场来临，跟团游比例下滑

2012年，国内旅游市场游客数量接近30亿人次，但跟团游比例不

发表于《教育与职业》2014年第24期。

足 5%，即不足 1.5 亿人次。按照 72 万人的导游队伍计算，每名导游平均接待量仅有 200 人左右。这既体现了人们出游方式的变革，也体现了跟团旅游吸引力的不足，这就给以带团旅游为主要工作方式的导游人员带来了巨大的挑战。

（二）观光旅游阶段向体验旅游阶段过渡

随着游客文化素质的普遍提高和人均出游次数的不断增长，我国旅游业也逐渐从较低层次的“观光旅游”向更为高级的旅游消费模式“体验旅游”过渡。体验式旅游阶段，游客希望通过旅游获得一定的体验和回忆，需要更高的旅游附加值。这一模式需要更高素质的导游引领游客深刻理解和体验旅游景区、景点的文化内涵，促成游客“可记忆、可回味、可持续”的体验价值。

（三）导游人力资源过剩，导游人才资源短缺

从数量上看，导游人力资源供大于求，明显过剩。例如，2012 年，山东省旅行社直接从业人员有 20585 人；而导游员登记人数是 44345 人，远远超过前者。但是，旅行社每年还要努力引进一些优秀导游人员，这充分体现了导游人力资源过剩与导游人才资源短缺的突出矛盾。这是因为导游从业人员流失率过高，毕业一至两年后仍从事导游工作的导游相关专业毕业生不足 10%，他们大都脱离旅行社或转向旅行社的其他岗位。

二、导游队伍建设所面临问题的原因剖析

从导游从业人员的角度看，上述问题较为直接的原因还是导游综合素质提升程度达不到市场的需求，导游人员缺乏内涵，其文化知识、个人素养等达不到游客的期望。

导游人员所提供的服务可与三国文化的传播做一比较。三国文化的传播基于三国历史，但一般人对三国历史不太关注，受众极少。随着《三国志》史书、《三国演义》小说、《三国演义》评书表演以及三国题材

的影视、戏剧、游戏的次第出现，受众也越来越多。而易中天等人的三国研究赏析经由央视《百家讲坛》传播，吸引了空前众多的受众。目前，三国文化已深入人心。

经过多年的发展，导游人员的服务水平有了很大提高，但距离游客的期望差距还较大，大约是处在了《三国志》至《三国演义》的阶段，尚未达到评书表演者说三国的层面，更未能达到三国研究赏析的地步。导游工作既代表着个人，在一定程度上也代表着国家和地区的形象，因此，如何打造和培养富有文化知识和个人修养的内涵型导游专业人才将成为亟待解决的问题。而作为培养导游人才主要基地的旅游高职院校有着不可推托的义务和责任。

三、旅游高职院校如何培养和打造内涵型导游专业人才

旅游高职院校培养和打造内涵型导游专业人才基本可以从准导游人才选拔、高职教育和培养、继续教育和提升三个方面着手进行。

（一）准导游人才选拔

1. 院校选拔

目前，旅游高职院校是培养导游人才的主要基地，因此，导游专业生源的选拔成为内涵型导游专业人才培养的重要保障。招生过程中可增加面试环节，从才艺展示、文化测试、语言表达、心理承受等方面进行预考，以选拔出更适合从事导游工作的学生。但处在高考招生末端的各高职院校在招生方面压力极大，为完成招生任务，很难有选择的权力或余地。面对这一情况，可从所招生源中进行二次招生。例如，山东旅游职业学院自 2012 年起就开始从相关专业中选拔出具有导游潜质的学生进入导游实验班学习，从而为内涵型导游人才培养奠定了基础。

2. 企业选拔

作为导游的主要用人单位的旅游企业，可能通过校企合作的方式，从企业本身或社会上挑选具备导游潜质的人员送到旅游高职院校进行培养，对考取导游资格证书的人员予以奖励，为企业导游人才做好储备。

（二）高职教育和培养

鉴于旅游高职院校因其独特的高等教育和旅游职业教育的双重特性，旅游高职院校在培养内涵型导游人才工作中可从如下几个方面着手：

1. 拓宽导游人才培养方向，集中力量打造各类“专才”导游

旅游需求逐渐多样化，因此对导游的需求也越来越多样化，传统的“全才”式、“通才”式导游专业人才培养模式已不适应发展，要培养内涵型导游专业人才，就必须充分利用好在校的有限时间，有针对性地进行不同的导游专业人才的培养。如根据岗位可分出景区讲解员、地陪导游、全陪导游、领队等，根据旅游线路性质和特色又可以分出红色导游、乡村导游、工业导游、政务导游等，根据新兴业态又有自驾车游向导、户外运动向导等，根据语种又可分为中文导游、英文导游、各类小语种导游等。不同类型的岗位和特色对导游均有着不同的要求，各高职院校可结合地区特色和学院优势，对导游专业的人才培养进行方向划分，根据不同的类型，分别进行深化培养，打造各个类型里的内涵型“专才”导游。

2. 优化改革课程体系，加强内涵提升类课程教学

一是公共基础类课程的优化改革：“三课”“体育”“基础英语”“大学语文”等基础素质培养类的课程占用了近 1/3 的课时，但往往很难达到预期的教育效果，也压缩了专业课程的开设。因此，极有必要对此类课程进行优化改革，适当压缩课时或调整教学形式，并能将课程与专业发展进行融合。如思政类课程可以结合社会实践，在提升学生思想政治水平的同时，也锻炼了学生的社会实践能力；体育类课程可以与拓展训练相结合，既锻炼了身体，也能增强学生的团队协作能力；大学语文类课程可以与专业结合，如导游专业就可以多安排一些游记类文章进行学习。现在的高职生大部分英语基础差，在英语能力培养上可以根据学生英语水平进行分流，将英语基础好的同学选拔到一个班，适当加大专业英语教学，专门进行英语导游培养；对英语学习明显存在障碍的同学可以适当减少课时量、降低教学难度，甚至可以考虑取消基础英语的教学，专门培养中文导游。

二是与导游资格证考试相关课程的优化改革：各相关高职院校为保证导游资格证考试通过率，均按照导游资格证考试的相关要求，开设了相应的课程，并将考取证书作为重要的培养目标。仅是考证，学生将相关课程努力学习1~2个月，就能较轻松地完成考试，但也由此大大冲击了主干课程的学习，偏离了人才培养的主要目标，即能力培养。考证类课程可以采取集中培训的方式，在第一学期完成，这样就可以空出较多的时间进行专业能力的提升和培养；也可以将相关的课程进行优化整合，将相关内容渗透到各门课程中，如可以在每门专业课上课前抽出10分钟，随机安排学生进行景点讲解、形象风采展示、才艺展示、导游知识问答等，并与考核结合起来，这样既可以刺激学生的积极性、锻炼学生各方面的能力，又可以节省出较多的相关课程课时。

三是加强文化素养类课程教学：内涵型导游人才培养的一个重要任务就是增加学生的文化知识内涵。可以研究开设诸如国学类课程、古文字或古文知识类课程，特别是诗词楹联的解析、历史文化类课程，特别是区域历史文化、美学赏析类课程等，也可以根据不同的培养方向，设定相应的文化知识素养类课程，如红色导游可以多开设与中国近现代革命史相关的课程，英语导游除多开设英语能力培养的课程外，还可以开设与客源国相关的课程。

四是加强导游情商、逆商的培养：导游工作服务的对象主要是客人，工作压力往往很大，因此，较高的情商、逆商也是导游人员所应必备的能力。情商培养可以提高导游人员与游客交往的能力，提升导游个人素养，增加带团的吸引力；逆商培养可以提高导游人员面对压力和挫折时的抗压能力和积极心态。因此，应通过各种方式加强学生情商、逆商能力的培养。

3. **专业技能赛事进课堂：以赛促教，以赛促学**

目前，我国已经基本形成了多层次多层面的与导游工作和导游人才培养相关的立体综合赛事体系，如全国导游大赛、全国旅游院校导游服务技能大赛、全国职业院校导游服务技能大赛，各地还对应举办了省级、市级等各类导游大赛。这就为内涵型导游专业人才培养提供了良好的发展环境，各类大赛与行业的紧密结合也会起到良好的指引作用。各高职院校应充分利用和发挥好各类大赛的积极作用，将赛事活动引入专业教学课堂，并针对不同阶段、不同类型培养需求设计开展相应的赛事活动，形成人人参赛的环境，以赛促教、以赛促学，甚至可以以赛代考，充分发挥赛事对学生的激励和促进作用。例如，山东旅游职业学院已连续开展八届的校园十佳导游大赛就取得了很好的培养效果，既带动了相关专业学生参赛学习的积极性，也为社会培养出了许多优秀的导游行业人才。

4. 加强职业生涯规划指导

导游人员流失率高，从业人员对自己的职业生涯缺乏良好的规划是一个非常重要的原因。许多导游在度过带团磨合期后，就开始机械性重复以往的带团过程，长此以往，必将使从业人员对职业产生倦怠感，同时也会使团体旅游导游服务雷同化，失去对游客的吸引力。因此，在职业院校培养的过程中，有必要加强职业生涯规划方面的指导，使学生对自己的职业生涯有一个科学、健康的规划，树立起长期的导游工作从业愿望，提高对导游工作的满意度。高流失率导致导游从业人员严重缺乏积淀，从而难以形成内涵型导游人才，因此加强职业生涯规划指导也是培养内涵型导游人才的重要环节。

5. 加强对学生主动汲取知识的意识和能力的培养

通过院校学习，学生可以获得较为丰富的知识和较好的职业技能，但这只是培养内涵型导游专业人才的开端，更为关键的是能在以后的工作过程中不断进行知识的积累和能力的提升。因此，在院校培养的过程中，使学生能够养成主动汲取知识的意识和能力将至关重要。主动汲取知识的意识和能力除了引导教育之外，还可以与各类课程教学结合，逐步改变“满堂灌”的传统教学方式，结合课程给学生安排布置课外资料的搜集、整理、总结，发挥学生的能动性，这样既可以使学生很好地参与到课堂教学中，又可以培养出学生从课外获取知识的意识和能力。

（三）继续教育和提升

对导游从业人员的继续教育和提升也是培养内涵型导游专业人才的

重要保障，可从如下几个方面着手：

第一，积极配合政府的政策引导，设计科学合理的继续教育课程。随着旅游业在经济发展中支柱产业地位的不断确立，我国各级政府也在积极努力地推动导游从业人员继续教育和培训制度的建立和完善。为更好地培养和提升内涵型导游从业人员，政府也必将逐步委托相关职业院校、培训机构担负起导游从业人员继续教育和提升的重任。相关旅游高职院校也应抓住这一机遇，深入调研，制订切实合理的培训计划，设计科学合理的继续教育和提升课程，为内涵型导游人才队伍的建设起到切实有效的促进作用。

第二，与企业紧密合作，共同打造内涵型导游人才队伍。从企业层面讲，在日趋激烈的旅行社行业竞争中，若想立于不败之地，就必须有一批忠诚和不断提升业务水平的导游从业人员队伍，这就要求企业建立对导游从业人员的继续教育和培训制度，为导游从业人员提供科学合理的继续教育和培训。但受企业本身条件所限，单独由企业完成继续教育和培训有很大的难度，因此，企业通过与旅游高职院校合作进行导游从业人员的继续教育和培训将更加切实可行。旅游高职院校也应抓住这一机遇，与企业紧密合作、共同设计和安排个性化的继续教育和培训计划，共同打造企业所需的内涵型导游人才队伍。

四、结语

从整体上讲，尽管现在导游从业人员的服务水平距离游客的期望有着很大的差距，但相信随着我国旅游业的不断发展，在政府的正确引导和企业的积极支持下，通过旅游高职院校的不懈努力，必将会培养出一支有活力、健康向上的内涵型导游人才队伍，为我国旅游业的发展和树立良好的旅游形象起到积极的作用。

【参考文献】

[1] 刘韵琴．从导游人员的职业素养谈高职导游人才培养[J]．教育与职业，2006（12）．

[2] 张江涛. 高职院校工学结合导游人才培养模式研究 [J]. 太原大学学报，2010 (12).
[3] 张娴. 体验旅游时代高职导游人才培养改革的思考 [J]. 滁州职业技术学院学报，2011 (12).
[4] 李平. 新时期导游人才培养策略研究 [J]. 青岛职业技术学院学报，2004 (1).

人工智能＋教育旅游相关专业人才培养模式研究

王　芳

摘　要：新冠疫情常态化影响下无接触式服务日益受到青睐，对人工智能进军旅游业起了助推作用。这不得不引发人工智能＋教育旅游相关专业人才培养模式的思索。本文基于目前传统人才培养模式存在的问题，探析人才培养模式新路径。

关键词：人工智能　人工智能＋教育　人才培养模式

2017年7月8日，国务院颁布了《新一代人工智能发展规划的通知》，指出在教育领域要"利用智能技术加快推动人才培养模式、教学方法改革、构建包含智能学习、交互式学习的新型教育体系"。2018年4月10日，教育部宣布启动《高等学校人工智能创新行动计划》。由此可见，"人工智能＋教育"是社会发展的大趋势。据国家旅游局《2016年全国旅游教育培训统计显示》，2016年全国开设旅游管理类高职高专业的普通高等院校1086所，高职生已经成为我国旅游行业人才培养的核心力量。在人工智能产业国际市场背景下，从旅游高职院校的性质特点出发，窥探目前传统人才培养模式存在问题，探析人才培养模式新路径，具有重要的理论实践意义和研究价值。

发表于《中华交流》2020年第18期。

一、传统旅游模式和人才培养模式

（一）传统旅游模式

在游客和旅游目的地之间，旅行社起着沟通和桥梁作用，“吃、住、行、游、购、娱”六大要素需要旅行社这一中介来完成。自从线上旅行社经营模式开启后，逐渐改变了传统旅游中介商的旅游模式，新冠疫情常态化模式后，传统旅游产业链条更是发生翻天覆地的变化，中国游客逐渐进入散客时代，大批的旅游团取而代之的是个性游和自助游。这一传统旅游模式的变化，不仅改变了人的思维模式，而且形成了新的旅游文化，势必对旅游从业者提出新的要求，旅游相关专业人才模式亟须更新。

（二）传统人才培养模式

1. 教学内容陈旧

根据赴高校和旅游职业院校调研反馈情况，现在开设旅游专业与人工智能相关课程的院校较少，相当一部分院校的课程设置没有发生变化。教学内容和相关数据多年不更新，与旅游现状严重脱节，教材内容陈旧、单一，没有人工智能、互联网、物联网、云数据的知识，更没有旅游新业态的相关表述，使人才培养与社会需要严重脱节。

2. 技能培养单一

旅游职业院校过度强调技能培养，重视技能大赛成绩，培养出大量的技能型人才，从而忽视了素质能力、文化素养、团队协作能力、人际沟通能力的培养，致使培养出的高职生缺乏核心竞争力，无法将综合知识和拓展能力运用到工作实践中。

3. 目标培养不明确

2015 年年初国家旅游局出台了《关于促进智慧旅游发展的指导意见》，从中就可以看出，从国家政策层面对新型旅游人才需求量较大，通过翻阅系列旅游人才发展现状报告可以得知，伴随着旅游产业内部分工越来越细化，专业化程度日益加强，旅游人才类型和规模需求“双向”

短缺状况将愈加突出。

二、人工智能＋教育对旅游人才培养的影响

（1）就学生而言，有用人工智能学习工具的意识，但动力不足。经过疫情的线上学习，学生已经习惯线上课堂的学习，中国大学的MOOC，目前已提供120多门旅游类课程，学习专业知识已不受时空局限。但许多高职院校学生自律性较差，缺乏自主学习意识，还需要专业教师的引导与鞭策。

（2）就教师而言，人工智能的发展无疑对老教师是巨大挑战，但也暗藏着机遇。年龄大一些的教师不善于接受新生事物，面对线上授课，经常一筹莫展。但一旦掌握新技术，感受到便利，就会将自身从繁复的劳动中解放出来，许多智能阅卷及测评系统带来诸多便利，从而引导教学向信息化迈进。

（3）就学校而言，人工智能＋教育硬件设施引进，将推动学校的硬件水平的提高，但也面临新的需求和挑战。人工智能＋教育将使教育产生新的个性化教育，在认知规律、教学规律和教育管理等方面将产生较大变化。就如中央电化教育馆馆长王珠珠所言，智慧教育是教育发展的一个新的引擎，是这个时代的一个必然选择，在智慧教育时代如何面对机遇与挑战，如何运用先进的技术促进教育公平是我们需要考虑的问题，在日益开放的教育生态环境下，我们需要提升自信、不断创新。

三、人工智能研究现状

经过梳理，国内外研究观点主要分为两个方面：一方面是人工智能发展对就业产生替代效应；另一方面是人工智能发展对就业同样具有较强的创造效应。因此，提升人的能力是人工智能的重要发展方向，人机结合将是一个趋势。李开复认为，不能将人工智能的替代绝对化，在未来10~20年内，一些工作岗位会被人工智能技术部分取代，但自动化比例增加并不意味着出现失业，因此人工智能对实际失业率的影响并不高。

总体而言，旅游管理类高职高专专业学生核心竞争力欠缺，在人工智能产业背景下，急需核心竞争力强的复合型人才。当然，目前短期内旅游相关岗位不可能完全被人工智能取代，但要有危机意识和人机协同合作意识。

四、探析人才培养模式新路径

（一）颠覆传统思想和教育观念，助力教育观念量变和质变

在传统教学理念中，技能的培养是高职院校的优势和特色，但在人工智能背景下，尤其在新冠疫情防控常态化模式下，技能培养这一特色不仅不显著，反而暴露出一些弊端。导游员、计调员、酒店服务人员时刻面临着失业的危险，培养学生的创造能力、创新能力、团队意识、思维能力和批判精神，这些可迁移的技能是高职学生职业生涯规划必需的技能。因此，必须颠覆传统思想和教育观念，为人才培养模式革新指明方向。

（二）改革课程设置

逐步潜移默化、打破单一传统的专业课程设置，将人工智能 + 教育知识融入新课程的开发，丰富现有课程，培养学生跨学科的学习观念。由于传统专业课程设置时间较长，高校和教师很难在较短时间内认同对课程设置进行革新，无法进行大刀阔斧的改革。应将人工智能知识融入新课程开发，对相关专业进行开发、利用、整合。最终达到课程优化融合，适应人工智能产业发展，并培养学生跨学科学习意识。

（三）培养跨领域复合型具有国际视野的旅游人才

在人工智能 + 教育背景下，不仅要培养学生扎实的旅游专业技术知识，还要培养学生的创造能力、创新能力、团队意识、思维能力和批判精神，从而使学生成为跨领域复合型旅游人才，进而适应人工智能时代旅游企业的需求，成为无法取代的人才。另外，人工智能能够的有力推

动世界教学资源的共享，拓宽学生实习的国际渠道，开阔国际视野，培养具有国际视野的新型人才。

（四）建立智能数据库

通过赴相关旅游企业及高校调研，呼吁相关旅游专业高职院校建立开放式、交互式、综合性的智能数据库，用于记录、比较、分析前沿人工智能在旅游领域的应用，可以帮助学生和游客选择与研究最适合的人工智能工具，解决优化、预测、建模和仿真等人工智能问题，利于学生进行职业生涯规划，为高校就业指导实现个性化指导提供参考，进而助力人才培养模式更新并指明学生就业方向。

探析人才培养模式新路径，是对已经形成旅游管理理论的一种补充，有利于确定适合全球经济发展要求的人才标准；同时也是对教育学理论的一种丰富和延伸，有利于揭示国际化人才培养的教育规律与机制；更是对人工智能理论的一种探讨，有利于打破高职旅游类相关专业学生就业瓶颈。

【参考文献】

［1］王娟，尹敬东．以智能化为核心的新科技革命与就业——国际学术研究述评［J］．理论经济与中国经济学，2019（1）．

［2］巴华蕊．“人工智能＋”背景下河南省高职旅游人才培养模式的改革与创新［J］．现代教育管理，2019（10）．

［3］巴华蕊．人工智能＋教育视角下高职旅游人才培养创新研究［J］．文学教育（上），2020（7）．

基于现代学徒制的高职校内生产性实训教学模式的创新探索
——以烹饪专业为例

唐志国　高优美

摘　要： 校内生产性实训是高职实训教学的重要形式，为了更好提升实训质量，山东旅游职业学院烹饪专业创新引入“现代学徒制”，改革原有校内生产性实训模式。本文介绍了校内生产性实训模式创新探索过程，并对此进行初步总结。

关键词： 现代学徒制　校内生产性实训　烹饪专业

一、前言

传统学徒制是指师傅以“言传身教”的方式向徒弟传授职业技能。工业革命以后，随着经济社会快速发展，大规模生产替代传统手工作坊，传统的学徒制无法满足大规模生产需要，学校制度快速兴起，学徒制逐渐崩溃。然而学校制度使职业技能与职业场景脱离，学生动手能力差，人才培养质量渐渐不能满足现代企业对于高新技术的要求。20 世纪六七十年代，西方各国开始寻找适合本国的现代职业教育模式，如德国的“双元制”、英国的“现代学徒制”以及澳大利亚的“TAFE”等。尽管各有特点，但都是将传统的学徒制与现代学校教育相融合，以校企深入合作为基础，采用工学结合的方式，以职业技能为导向培养学生，均

本文系 2015 年山东省职业教育教学改革项目（编号：2015536），发表于《山东商业职业技术学院学报》2017 年第 3 期。

取得了良好效果。我国 2011 年开始在江西省新余市进行“现代学徒制”试点，目前已有 100 多家单位试点运行，各试点院校实施形式不尽相同，对于探索适合我国的现代学徒制教育具有重要意义。

山东旅游职业学院烹饪专业（高职）于 2007 年开始招生，在实训教学中，利用校内百川花园酒店（四星级，独立对外经营），针对二年级学生，开展为期 1 个月校内生产性实训。学生可以在真实岗位上学习职业技能，为日后的顶岗实习和就业奠定了一定基础，缓解学生初入社会的不适。通过校内生产性实训教学在一定程度上提高了人才培养质量，但是也存在很多不足。例如，由于实训原料耗费开支较大，限于酒店经营成本控制，学生实训操作机会较少；酒店员工与实训学生人际关系较差，影响学生实训的积极性，部分学生甚至产生抵触情绪。这些问题影响实训教学的效果，也是困扰其他院校校内生产性实训教学的普遍问题之一。

为了发挥校内生产性实训在人才培养过程中的作用，提高烹饪专业学生职业技能和职业素养，山东旅游职业学院在原校内生产性实训的基础上，借鉴“现代师徒制”，开展了融合现代学徒制的校内生产性实训模式的改革实践探索。

二、融合现代学徒制的校内生产性实训模式的构建

现代学徒制是由传统的“以师带徒”改革创新而来的。从国外现代学徒制培养模式的实践及我国个别地区现代学徒制的试点看，成功的现代学徒制培养模式具有如下主要特征：第一，学生具有双重身份，既是学校的学生又是企业的员工（学徒）；第二，工学交替，企业和学校交替、结合，学生部分时间在学校学习理论，部分时间在企业培训技能；第三，目标是培养符合企业发展需要的高素质技术技能型人才；第四，企业和职业学校共同确定培训内容；第五，考核多元化，由教师和师傅、学校与企业共同完成，避免了学校评价方式与企业评价方式的不匹配；第六，有国家法律或政策支持，实训技能考核合格授予国家承认职业资格证书。

基于现代学徒制的以上特点，可以将现代学徒制理念植入实训过程，在可行条件下，结合两者优点，创新改革现有的校内生产性实训模式，建立融合现代学徒制的校内生产性实训模式（具体流程见图1）。

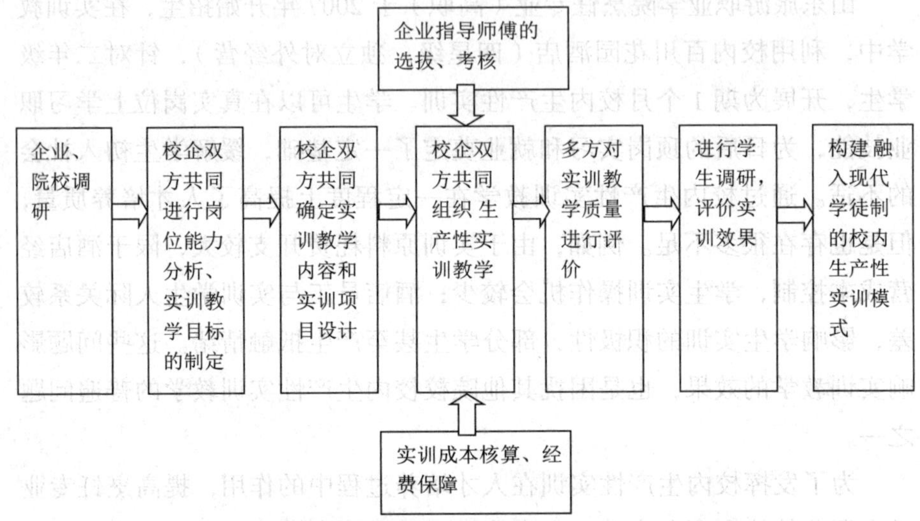

图1　创建融合现代学徒制的校内生产性实训模式流程

三、融合现代学徒制的校内生产性实训的实施

（一）实训教学项目设计

（1）开展调研工作，确定岗位能力要求。一是通过对餐饮企业的调研，了解分析企业对烹饪专业人才岗位能力的要求，确定实训教学目标、教学内容；二是通过对职业院校实训教学现状的调研，总结成功经验和存在问题，构建生产性实训的教学模式和教学过程。

（2）针对实训教学目标，结合烹饪专业特点，设计实训教学项目，制定教学标准，包括教学内容、教学方法、考核要求等。

（3）研究制定企业实训指导师傅的选拔标准、工作职责以及培养和激励机制等，确保实训项目的顺利开展。

（4）研究制定实训成本的核算管理方法，明确企业承担的生产成本以及教学成本、实训指导教师的课时费等。

（5）研究制定实训教学质量多元评价体系，包括学生实训成果考核、学生评教、消费者评价实训成果、专家评价教学效果等。

（二）实训教学项目组织

1. 分批实训，保证实训质量

校内生产性实训安排在二年级第三学期进行，学生经历了一年烹饪基本功训练，有利于提升职业技能。为保证实训质量，每批进入酒店实训的学生不得超过20名，每位师傅每批仅能带2~3名学生。学生进入酒店后，与酒店师傅进行座谈交流，双方进行双向选择，确定师徒组合，签订师徒协议。在1个月的实训期内，师徒的上下班时间和休班时间保持一致，确保师徒处于相同的职业操作环境。

2. 实行双师制，辅导员与师傅共同管理学生

学生实训期间由酒店与学校双重管理，以酒店管理为主，同时学校对酒店进行监督。重视加强酒店与系部联系，建立畅通有效的信息沟通渠道。辅导员与师傅建立密切的联系机制，针对学生在实训工作中出现的不良情绪、生病、请假、违反纪律等问题，由师傅与辅导员及时联系，相互了解学生情况，制订应对方案。酒店定期安排“总经理面对面座谈会”，安排烹饪系领导或老师参加，以便现场沟通协调工作。

3. 强化职业道德教育，提高职业素养

良好的职业道德和职业素养能让学生受益终身。在制定实训项目教学目标时，把职业道德、工作观念和服务意识放在首位。学生进入酒店实训，即办理正式入职手续，要求学生在实训期间，明确自己的双重身份，做到“进入酒店即员工，进入校园是学生”的角色切换。在酒店实训期间，严格按照厨房规定的时间上下班，适应酒店非常规的上班时间。师傅要重点在企业文化、规章制度、职业素质、食品安全、设备维护等方面对学生进行言传身教。

4. 强化学生的创新能力，提高学生的综合素养

学校和酒店共同制订详细的项目教学计划，为学生提供独立的训练场所。除了学习规定的菜品制作外，在最终的综合技能考核中，要求师

徒共同创新一道菜品，由学生操作完成，每组学生的菜品最终以宴席形式展现，由学生亲自向评委进行菜品的介绍。考核优秀的菜品选入酒店的菜品库，作为新产品销售，增强学生的职业成就感、荣誉感。

（三）实训教学考核评价

1. 技能单项考核

日常技能训练考勤由师傅和厨师长负责。学生校内生产性实训结业时，进行刀工技能考核，一般以土豆丝和蓑衣黄瓜为刀工考核项目。由师傅、厨师长及专业课教师对学生的刀工技能进行评价打分，评出一、二、三等奖。这一环节由校企双方共同评价，保证评价的公平性，考查了学生的烹饪基本技能。

2. 综合考核

学生结业时，需进行创新菜品汇报，作为综合考核项目。创新菜品以学生为主导，师傅辅助指导。该环节由专业课教师、经理、厨师长等对菜品进行点评打分。综合考核项目不仅考核学生的刀工、勺工等烹饪基本功，同时考核学生的菜品创新能力、菜品解说能力、职业素养养成以及与师傅的合作熟练度，全面考核了学生的职业技能。

3. 消费者评价

学生的创新菜品最终对外出售，由消费者对菜品的口味、摆盘、创意等进行评价打分。消费者的评价作为第三方评价，较为客观公正。消费者的打分决定了菜品的受欢迎程度，对于菜品是否收入菜品库具有决定作用。

（四）保障措施

1. 按标准选拔师傅，规范师傅的监督管理

根据指导师傅选拔标准、岗位职责，在酒店厨房工作人员中进行选拔。优先聘用酒店厨房各部门德艺双馨的厨师长作为师傅，师傅必须具有高级厨师技能证和 10 年以上从业经验，后期根据其带徒质量及考核结果决定是否续聘。学院定期对专业师傅进行教学能力的培训，提高教学水平。烹饪专业教师和师傅共同参与教研活动，研究教学计划、教学内

容及教学方法。学校为签约师傅提供教学报酬，鼓励师傅带徒。

2. 学校划拨经费，为工学结合打下物质基础

实训期间的原料耗费、师傅的课时费均由学校承担，实训产生的半成品由酒店支配使用。学生在实训期间造成的物品损耗，由学院以实训材料损耗的方式予以补充。从制度上为实训提供充足的经费保障，增加学生训练和创新的机会，减少酒店经费支出，提高了酒店参与实训教学的积极性。

3. 丰富业余生活，增加师徒交流机会

为了丰富学生实训期间的业余文化生活，员工活动室随时为学生开放，安排学生与师傅共同参与酒店员工的各类文体活动，使学生更快地融入酒店职业生活。每期学生实训结束后，酒店组织座谈会，学生与师傅共同畅谈实训感受，表彰在实训期间学习优秀的学生和教学优秀的师傅。这些措施增加了学生与师傅接触和交流的机会，培养了师徒感情。

四、改革成效

自 2015 年 9 月实施新的校内实训模式以来，改革成效明显。可归纳为以下几点：

（一）学生参与实训积极性提高

改革前，每期拒绝参加实训及中途退出实训的学生占本专业年级学生的 10% 左右。改革后，除身体原因或其他不可抗力原因，其他学生全部参与实训教学，学生出勤率高，几乎没有迟到、旷课现象。学生实训结束后，刀工水平普遍提高，岗位技能提升效果明显。

（二）师傅的授艺积极性提高

改革前，学生与酒店师傅的关系仅限于“老员工带新员工”，而且实训时间仅为 1 个月，相处时间短，学生实训效果较差。改革后，师傅带徒不仅有相应的补助，而且在年终考核时可加分，指导学生的创新作品获得认可，也给师傅们带来成就感。

（三）学生创新能力增强

在学校与酒店的鼓励下，学生在考核中创新的菜品越来越多，将自家私房菜、家乡特色菜进行创新，融入文化情感，提升菜肴档次，为酒店增加了新菜品，扩大了酒店的菜品库规模，实现了校企合作的双赢。

（四）人才培养水平提升

参与本项目的学生后期在各类大赛中获奖人数和名次比往届学生有明显提升，参与本项目的学生在实习企业面试中表现较好，面试成功率明显提高，受到了各实习单位的欢迎，第三学年在实习企业中的表现也受到各单位的赞扬。

五、总结与反思

通过几年来的不断探索，一是以“培养符合企业发展需要的高素质技术技能型人才”为目标，以真实岗位环境、真实任务和真实技能比赛提高学生职业素质；二是发挥企业指导师傅的关键作用，充分体现师傅的精湛技艺和职业素养在徒弟的职业生涯中的引导作用，校内生产性实训达到了校企双赢的效果。尽管如此，也存在需要进一步解决的问题。

一是企业师傅工作过程和教学过程存在冲突。师傅带徒是在实际工作过程中进行的，在工作任务较重时，难以兼顾教学；教学过程中对工作的质量也会产生影响，进而影响到企业的利益。

二是企业师傅的选拔培养存在难度。师傅的选拔在现代师徒制中具有重要影响，因此师傅的选拔由校企双方严格筛选。但是选拔条件相对严格，满足条件的师傅数量较少，每批次能够参与的学生也较少。

三是实训教学质量监控缺乏标准。实训教学始终处于动态过程，由于工作环境和时间的限制，建立规范的可操作性质量标准难度较大，实训结果的评定在一定程度上存在主观性强的特点。

总之，在高等职业院校的校内生产性实训中，学生学习到的不仅是职业技能，更能感受贴近职业岗位的教学环境，是实现“零距离”上岗就业的桥梁。现代师徒制的引入则是在这座“桥梁”上增加了一个“引路人”，学生能够学到更多职业技能、提升交际能力、养成职业精神，全面提高综合素质，使学生更好、更快、更平稳地“过桥”，对于高职院校高技能人才培养具有重要意义。

【参考文献】

[1] 沈小碚，雷成良.现代学徒制的探源、践行及其审思［J］.职教论坛，2016（1）：32–36.

[2] 杨黎明.关于现代学徒制（一）——什么是现代学徒制［J］.职教论坛，2013（6）：1.

[3] 谢淑润，夏栋.现代学徒制与我国职业教育人才培养模式创新［J］.继续教育研究，2013（8）：42–43.

[4] 方雪梅.现代学徒制在高职文秘人才培养中的实践与探索——以江阴职业技术学院为例［J］.职教论坛，2016（5）：58–62.

[5] 曹玉平.高职院校校内生产性实训基地的分析与研究［J］.职教论坛，2015（36）：83–87.

以地域文化和职业特色为主导的高职大学语文课程改革探索

王松毅

摘　要：高职语文教学改革是近年来不断被教育界探讨的重要课题。激发学生的学习兴趣，满足学生的职业需求是课程改革的关键所在。突出地域文化特色，紧扣职业特点和要求，才能够将人文性与工具性的作用真正发挥出来，完成语文教育的重要使命。

关键词：大学语文改革　兴趣　地域文化　职业需求

近年来，关于大学语文改革的讨论层出不穷，其关注的核心命题是“人文性”与“工具性”的关系问题。重实用还是重人文，一直是专家学者们争论不休的话题。实用性与人文性如何统一也是现在研究中的主要难题。在此基础之上的课程定位、课程内容的选择以及教学方法等都成为研究者所关注的焦点。通过几十年的研究和探索，虽然也产生了许多专题论文和课题报告，但依然缺少有影响力的研究成果。就目前的研究状况来看，依然是问题谈得多，有效的解决办法少。据统计，现已出版的大学语文教材有 1440 多种，高职高专《大学语文》教材也种类繁多，但形式大同小异，教学手段也没有根本性突破。其导致的结果便是大学语文课在许多高职院校逐渐边缘化，开课效果普遍较差，甚至慢慢淡出大学课堂。与此同时，学生的语言驾驭能力却越来越低，造成其职业能力的严重缺失，与社会的需求难以相应。因而，高职院校大学语文课程的改革刻不容缓、势在必行。

发表于《中国成人教育》2013 年第 21 期。

一、兴趣和需求是大学语文课生存的前提

2001 年发布的《语文课程标准》设定高职高专院校的教学任务是在中学语文教学基础上，通过听、说、读、写的强化训练，使学生获取大量的信息，能有效地进行多方面的交流，以提高他们驾驭语言文字的能力和语言文学修养，进而内化、升华人文素养。从该标准中可以看出，大学语文课的主要职能是培养学生驾驭语言文字的能力，从而提升个人的人文素养。

在近几年生源质量严重滑坡的情况之下，许多高职院校的学生中学语文的基础就不十分扎实，更不用说其语言文学的修养了，如果单纯进行语言训练和文学鉴赏，其效果必然大打折扣。高职语文公共课的角色定位不可能也不允许我们再重新对中学语文进行补课。因而，让学生把在多年应试教育之下被打消的语文学习的兴趣重新找回来，吸引学生的兴趣，引导学生爱学、乐学、要学是大学语文课能够在高职院校立足的前提。

首先，在教学内容上满足学生的兴趣需求。

对于高职院校的学生而言，纯文学、纯学术性的教学内容既不适应其知识储备，又不适应其实际需求，因而无法满足学生的求知欲望。“90 后”的高职大学生受信息技术迅猛发展的影响，“浅阅读”现象十分普遍，信息量大但不够深入，以自我为中心，感情敏感脆弱。针对这些特点，在教学上，必须选择他们喜爱的、能够接受和理解的教学内容，并在此基础上加以深化和引导，才能调动其学习的兴趣。

如当前流行影视文学作品中有许多古代的作家文人、名篇佳作，因而在选择教学内容时就可以从他们熟悉的这些人物、作品入手，再加以补充和扩展。如从《步步惊心》中提到的“行到水穷处，坐看云起时”来学习王维和唐代的山水田园诗派，从嵇康、陶渊明入手来学习魏晋风度等。因为熟悉和喜爱而产生兴趣，有兴趣而产生求知欲望，只有这样才能紧紧抓住学生的目光，达到教学的目的。

其次，教法、考核方式上满足兴趣。

教学方法改革一直以来都是教学改革的重点，语文教学方法的单一

也是这门课程受到学生冷落的重要原因。因此我们必须在教学方法上做出更多、更大胆的尝试才能提高学生的学习乐趣。一直以来，语文课都是以课堂教学为主、老师为主，学生参与性较差。近几年流行的项目教学、案例教学对于改变这种教学模式起到一定的促进作用。有针对性地在语文教学中推动项目教学、实践教学的应用，可以帮助我们丰富教学手段，提高教学水平。如我们有针对性地将一部分课堂教学挪到室外，采用经典诵读、小品表演等方式鼓励学生表演和创作，满足了学生的表现欲，也加深了他们对于内容的理解。在考核方式上取消期末考试方式，以过程考核为主，也使学生消除上课是为了考试的心理负担，从而增强学习兴趣。

二、地域文化既是大学语文课兴趣的源泉，也是提升人文素养的有效途径

人文性是大学语文课的主要属性，借助这个平台提升学生的人文素养，丰富学生的精神世界，培养其健康的人生观、世界观是大学语文课肩负的重要使命。但当前的大学语文教材多偏重于全国意识、经典名作，基于高职学生的文化底蕴，这些内容根本无法调动其阅读兴趣，培养人文素养更是无从谈起。

"每一种地域文化是在独特的地理环境基础上，在政治、经济、文化等因素的综合作用下历史地形成的……生活在相同地域的群体，每个人的文化心理结构的基本框架，都要受到地域文化的潜移默化的影响，在个人文化心理中塑造了带有一定地域文化特征的人格、需要、动机、意志、情感等内容。"正因如此，地域文化往往能够不自觉地吸引同一文化区域中人的兴趣和认同。古今中外，具有地域文化特征的文学作品十分丰富，如老舍的老北京民俗、张爱玲的旧上海风情、沈从文的湘西文化、郁达夫的江浙精神等，这些文学作品不仅有着丰富的地域文化的书写，也揭示着地域文化的人文内涵。以山东文学为例，以《水浒传》《铁道游击队》《红高粱》等为代表的古今小说中反映出的"好汉山东"的文学形象，正是对儒家文化中"义"的精神的形象体现。小说笔触深入到山东

的鲁北、鲁中、鲁西南、胶东等多个地域的描写，学生在熟悉的家乡地域风貌的描写中会潜移默化地受到好汉精神的熏陶，在了解地域文化的同时，汲取文化营养，丰富精神世界。而山东好汉的文化形象影响着山东人深层次的心理结构，成为山东人对自己身份认同的文化基础。学生们在这种心理认同的基础上增强了地域归属感，产生阅读和学习的兴趣，从而提高自身的人文素养。

地域文化是传统的，也是时代的，它随着时代的发展不断丰富与完善。因而在教学内容上不应拘泥于一本教材，固定内容，应该紧扣时代发展，去展示地域文化的历史和发展。鉴于这种发展性，我们可以根据学校实际情况开发编写校本教材，并不断更新，使其保持新鲜感和长久的生命力。教师也应该根据新的研究成果和新的时代变化不断丰富创新，使教学内容一直保持在学术的前沿。以我院为例，我们根据我院专业特点编写了校本教材，其中专门设置了山东旅游文学专题，在课程上对此内容根据不同专业特点进行安排讲授，并根据每年山东旅游的发展热点不断调整讲授重点和补充新鲜内容。在教学实践上，我们让学生主动去发掘各自家乡地域文化的不同特征，并组织学生以“家乡美”为主题进行课堂演讲和旅游文化宣传，既突出了学生的参与性，又让学生对山东不同市地的文化有了更多的了解。同时促使他们更好地发现家乡的美，宣传家乡的新变化、新风貌。这些实践活动既增强了学生对家乡的感情，也培养了他们的职业能力，进而达到了大学语文课的培养目标。

三、职业特色既培养了学生对语言的驾驭能力，也满足了学生的专业需求

大学语文课作为职业院校的公共课，担负着培养学生基本职业能力的重要使命。“处理生活和工作中实际问题的敏捷准确的高效率的口头和书面语言能力，将成为每个人的需要。”“培养学生的职业运用能力是我国高等教育不可推卸的重要任务。而由于语言是思维的形式，是信息传递的基本媒介，是交际的重要工具，语言应用能力成为一个人胜任职业工作的核心能力。”高职教育从本质上说还是以职业教育为主，因而只有

将公共课与职业要求紧密结合，才能让学生感到学有所用，才能让他们真正重视这门课、喜爱这门课。因此在教学内容和教学方法上必须紧扣职业需求，突出职业的特征。

大学语文工具性的特征本身就为职业需求提供了大量的如阅读、口头表达、书面写作、沟通交际等现代职场中必不可少的能力。因为受升学等原因的影响，在高中阶段学生对这些能力掌握不够系统、实践性也比较差。因而在高职的语文教学中，就应该让学生综合掌握这些能力，并加强其操作性和实用性。同时不同的职业对于学生的要求也不尽相同，有些职业偏重于口语表达能力，有些职业则对于书面表达有特别的要求。拿我院来说，像导游专业、航空服务专业、酒店服务专业对于学生的口语表达、人际沟通能力，包括普通话的水平等有着较高的要求，我们在大学语文教学内容中，着重安排了职业口才模块的教学内容，以满足他们的实际需求。对于烹饪专业，我们则在文学赏析模块中刻意加大餐饮文学等作品的数量，使学生可以学以致用。而对于会展策划、旅游营销等专业则突出商务写作等内容的训练。因为针对性、实用性强，可以满足学生的职业需求，因而也比较容易调动学生的学习积极性。

在教学手段上，应针对不同行业的特点，有意识地加大实践课程的比重，使学生成为课堂真正的主人公，调动学生的参与性和创新性。以我院为例，作为一所旅游专业高职院校，我们在课堂教学中围绕职业要求做了许多尝试，如在常规性的课堂教学中，我们加入了经典诵读、故事展演等提高学生表达能力的训练。此外，我们根据不同专业的需求，设计了不同的实践形式。在导游专业的大学语文教学中，我们以项目教学法为依据，要求学生根据所学知识以文学为主线完成一条新的山东旅游线路设计，并制作成 PPT 进行新线路推介和模拟导游讲解。学生利用课堂知识和实地考察以小组为单位完成这一项目，从材料的组织到素材的搜集都由学生独立进行，教师则是给予指导和提出改进意见。在餐饮专业的学习中，我们让学生去一部分主题餐厅、鲁菜馆等进行实地调查，完成鲁菜中的齐鲁文化、餐桌上的文学等调查报告的写作与宣讲。这样真正让学生感到“我的课堂我做主”，也让学生在工作中不断充实、丰富自己的知识能力。因为与职业息息相关，因而学生热情较高，学习兴趣也比较浓厚。

兴趣是最好的老师，尤其是针对高职院校的学生而言，激发他们的学习兴趣才能更有效地将大学语文课的功能充分发挥出来。找到其兴趣点，发掘其兴趣点是每一位高职语文老师的职责，是高职语文课程改革的关键所在。我们认为，根据院校的培养目标和生源的实际状况，地域文化和职业需求应当是高职学生的兴趣点之一。地域的熟悉性迎合了学生的家园情结，同时也是其血脉中固有的情感所在，因而比较容易引发出其探索的热情。而职业的需求又是其求学生涯的最终目的，和自身的发展密切相关。所以，高职语文改革的关键是如何深刻挖掘这两大兴趣点，来激发出学生们的求学需求，从而达到我们的教学目标。

【参考文献】

[1] 房福贤，等. 齐鲁文化形象与百年山东叙事[M]. 济南：山东画报出版社，2009.

[2] 张志公. 关于改革语文课、语文教材、语文教学的一些初步设想[A]. 张志公语文教育论集[C]. 北京：人民文学出版社，1994.

[3] 魏饴. 大学语文课程建设的思考与实践[J]. 湖南文理学院学报：社会科学版，2006（6）.

现代职业教育体系构建中的校园文化建设探析

——以山东旅游职业学院为例

马保烈

摘　要：构建现代职业教育体系是新时期中国职业教育的发展目标。现代职业教育体系构建应是外向维度和内向维度的有机统一，不能顾此失彼、厚此薄彼。我们在关注现代职业教育外延扩张的同时，应该对内涵提升给予足够的重视，实现结构优化与质量提升同步发展。文化建设是内涵提升的重要因素，对于塑造现代职业教育特色具有基础性的作用和意义，必须高度重视。本文以山东旅游职业学院为例，对现代职业教育体系构建过程中的校园文化建设的理念、内涵、路径和做法进行了探讨。

关键词：现代职业教育　校园文化

一、问题的提出

当前，党和国家对职业教育给予了高度的重视，社会各界对职业教育的认同度和参与热情空前高涨，职业教育迎来了发展的春天、繁荣的春天。习近平总书记对职业教育发展做出重要批示，李克强总理就职业教育发表重要讲话，全国职业教育工作会议就加快发展职业教育做出了

本研究受到山东省职业教育与成人教育科研“十二五”规划课题项目“突破与重构：中国旅游职业教育体系创新研究”（2014zcj026）的支持，发表于《旅游世界：旅游发展研究》2015年第3期。

全面部署，各级政府和教育主管部门密集出台了一系列推动职业教育发展的重要文件，教育部等六部门联合出台《现代职业教育体系建设规划（2014—2020年）》，这一切标志着发展职业教育已经上升为国家战略，职业教育实现了从教育层次到教育类型的华丽转身，一些长期制约职业教育发展的深层次的体制机制矛盾正在而且快速地得以解决，构建现代职业教育体系不再是职业教育人的梦想空想，而是实实在在的行动指南。

构建现代职业教育体系是一项宏大的系统工程，需要进行艰辛的理论探索和实践创新。笔者认为，现代职业教育体系构建应该具有外向和内向两个维度。就外向维度来说，主要是指职业教育外延的扩大，包括结构的调整、层次的完善和体系的贯通，构建人才培养立交桥；就内向维度来说，主要是指职业教育内涵的提升，包括发展导向、动力、理念，打造特色鲜明的人才培养模式。概括来说，现代职业教育体系的构建应该是外向维度和内向维度的有机统一。但实际情况又是如何呢？经过梳理发现，在现代职业教育体系构建这一范畴内，由于受职业教育原有定位不清晰、体系不健全的影响，社会各界包括学界更多地将目光投向外向维度，更多地关注职业教育层次的完善和各个层次间的贯通，而对内向维度的诸要素如人才培养模式创新、校园文化建设等关注较少。这是一种危险的倾向，有可能导致现代职业教育体系建设重蹈20世纪90年代中国高等教育盲目扩大、内涵缺失、质量下降的老路。对此，我们必须给予足够的重视。

文化建设在现代职业教育内涵提升中具有基础性意义。现代职业教育决不应是简单的技术教育，必须摆脱“有技能没文化”的印记。文化应该成为现代职业院校之魂，成为衡量办学质量的重要指标和综合实力的集中体现，成为管理的基石和育人的法宝。作为一所育人特色鲜明的高职院校，山东旅游职业学院学院自建校以来，特别是2004年升格进入高等职业教育领域以来，始终坚持“文化立校”战略，努力做好文化建设与行业特色接轨，与职教特色接轨，与地域文化接轨，与国际文化接轨，高度重视文化在学校管理和人才培养中的重要作用，以现代大学精神引领校园文化建设，积淀形成了底蕴深厚的山旅文化，探索形成了特色鲜明的旅游职业人才培养“山旅模式”。

二、学院基本情况

学院的前身是山东省旅游学校，1988 年由国家旅游局和省人民政府共同投资建设，1991 年招生办学，2004 年改建为专科层次高等职业院校。现设有饭店管理系、旅行社管理系、旅游外语系、营养与烹饪系、休闲产业管理系、计算机网络中心和基础部 7 个教学系部，开设酒店管理、旅行社经营管理、航空服务、高尔夫休闲管理等 32 个专业及方向。现有在校生 6000 余人，教职工 380 余名。

20 年来，学院从小到大、由弱变强，从燕子山下的弹丸之地到百脉泉畔的千亩校园；从建校之初的 1 个专业到多达 32 个专业及方向的专业群；从首届 95 名学生到如今 6000 多名在校生，从一名行业新兵到稳居中国旅游教育第一阵营前列，完成了成长历程中的华丽蜕变，开创了中国旅游教育独一无二的“山旅模式”。

20 年来，学院获得了诸多引以为荣的“第一”和“唯一”：它是全球获世界服务业最高荣誉“国际五星钻石奖”的唯一学校；它是创下世界体育运动史和职业教育史上难以企及的纪录——全部参与了奥运会、世界大学生冬运会、全运会、世博会、亚运会五大赛会服务的唯一学校；它是培育出在世界最大酒店国际联号雅高集团五星级宾馆担任总经理的中国籍学生的唯一学校；它是拥有校内四星级实习酒店的唯一学校；它是建有校内大型高尔夫球练习场的唯一学校；它是拥有 3A 级校园景区的唯一学校；它是开办全资质国际旅行社的唯一学校；它是出版发行大型高端旅游休闲杂志的唯一学校；它是赴海外研修实习渠道最多、学生数量最多的旅游学校；它是世界运动史上运营管理大型运动员村的唯一学校；它是成功举办了第八届全国大学生攀岩锦标赛、第三届全国旅游院校服务技能大赛和 2012 年、2013 年、2014 年全国职业院校技能大赛中餐主题宴会设计赛项的学校……

20 年来，山东旅院以服务经济社会发展为己任，向社会培养输送了 23000 多名优秀毕业生，培训了近 60000 名旅游及相关行业的从业人员。办学水平得到了各级领导和社会各界人士的广泛赞誉。先后荣获“全国职业技术学校职业指导工作先进学校”、美国优质服务科学学会世界服务业最高荣誉“国际五星钻石奖”“山东省省直文明单位”“全省旅游系统先进集体”“济南市花园式单位”“全省高校学生宿舍管理工作先进集体”“第十一届全国运动会志愿者服务突出贡献奖”“山东省高校校园管理先进单位”“山东省高校后勤工作先进单位”“山东省大学生创业教育示范院校”等荣誉称号。2012 年，成功入选山东省高等教育名校建设工程首批技能型特色名校。

山东旅院之所以能在短短的 20 年内实现跨越式发展，实现从一名高等教育的初窥门径者到中国旅游名校的华丽蜕变，首先得益于中国旅游业特别是山东旅游业的蓬勃发展，是旅游业这方沃土哺育了年轻的山东旅院；其次是准确把握了职业教育的实质，那就是以服务经济社会和行业发展为己任，坚持文化立校战略，不断凸显办学特色。

三、山旅文化的内涵和组成

山旅文化是指山东旅院在长期的办学实践和教育教学中，将各种力量统一于共同方向所形成的价值观念、精神支柱、学校传统、行为准则、道德规范和生活观念的总和。其内核是全院师生员工共同的价值观念，其最基本的功能是管理和育人。它是一种具有自身特色，区别于其他学校的个性化校园文化形态。

（一）山旅文化的结构形态

从结构形态上看，由四个子系统组成：一是观念系统。这是山旅文化的核心层，是山东旅院精神风貌的形象体现，主要形式为办学宗旨、育人目标、校训、校歌、校旗、校徽等。二是制度系统。这是山旅文化的中间层，指的是在观念体系的指导下，制定的各种规章制度，包括学校发展规划，师生管理、教学管理、后勤管理以及奖惩制度等。三是环境系统。这是山旅文化的物质层，包括独具特色的建筑风格，高雅健康的育人环境，美丽自然的景物特色，现代化的办公设备等。四是活动系统。这是山旅文化的行为层，包括各类文体大赛、社团活动、师生行为规范等。

（二）山旅文化的来源

从文化来源上看，山旅文化包含了多种文化元素，形成了兼容并蓄的文化系统，主要由以下五个方面组成：

1. 服务文化

现代社会是服务型社会，旅游业是服务型产业，旅游院校文化建设必须突出行业服务特色。

2. 职教文化

作为高等职业院校，必须结合行业特色和需求，注重对师生职业精神和素养的培育和熏陶。

3. 齐鲁文化

山东是孔孟之乡，是中华优秀传统文化的杰出代表，山旅文化根植于齐鲁大地，以弘扬优秀传统文化为己任，与地域文化水乳交融。

4. 百川水文化

山东旅院位于泉城济南东部，坐落于有“小泉城”美誉的章丘市百脉泉畔。依托当地底蕴深厚的泉水文化，我们以“海纳百川，有容乃大”为主题，打造了百川文化系列品牌。

5. 国际文化

改革开放是时代的主旋律，旅游业是国际型、开放性产业，旅游院校文化建设必须坚持与国际接轨，着力突出国际化特色。

四、以现代大学精神引领校园文化建设

多年来，山东旅游职业学院坚持“文化立校”战略，着力突出文化在学校管理和人才培养方面的作用，取得了一定的成效，探索形成了一些成熟的做法和经验。

（一）以先进的办学理念来引领

办学理念是学校发展的引擎，是校园文化的灵魂。在长期的办学实践中，始终遵循旅游职业教育的发展规律，紧紧围绕“培养什么人才和

怎样培养人才”这一核心问题，凝心聚智，开拓创新，大胆探索，始终坚持“旅游教育与市场接轨，与国际一流水准接轨”的办学方向，将人文化理念确立为核心价值观，以教育学生“学会求知，学会做事，学会共处，学会做人”为基本培养目标，以“培养现代社会的合格公民”为使命，确立了“我们的天职是创造幸福”这一充满浓郁人文关怀色彩的校训，将服务精神确立为旅院精神，提出了“学校文明的第一标志是校舍的无比洁净，养成文明礼貌、讲究卫生、爱岗敬业的习惯，比在任何一门课上考 100 分都重要，我们的使命是培养我们的学生成为善于学习、工作和生活的人，我们是绅士淑女，我们培养绅士淑女”等人才培养理念，提炼形成了绅士淑女理念、精英理念、核心素质理念三大核心理念，以“职业精神、职业素养、职业技能”三大核心能力为重点，创新人才培养模式，致力于将学院建设成“人文化、生态化、数字化、国际化”的国内一流、世界知名的旅游高等院校、现代旅游管理服务精英的摇篮。先进的办学理念让山东旅院的校园文化建设步入了发展的快车道。

（二）以健全的制度体系来保障

先进的理念要落到实处，必须通过制度体系来保障。所谓制度体系，是围绕核心价值理念，要求全体师生共同遵守的，按一定程序办事的行为方式及与之相适应的组织机构、规章制度的综合。为了强化师生文化意识，让文化建设落地，我们成立了专门机构，制定了系列制度，提出了明确要求。

（1）成立文化传播中心，负责校园文化建设策划、实施、调研等各项工作，加强文化建设的整体规划。国家一级学会山东大学华夏文化研究中心、中国李清照辛弃疾学会在山东旅院建立了研究基地，不断加强对中国传统优秀文化的探究。

（2）对文化建设成就总结、提炼、固化，正式出版了《山东旅游职业学院文化手册》，走在了国内高校的前列。

（3）让文化成为师生的行动指南。将服务精神确立为旅院精神，学院领导要为全体师生服务，行政后勤人员要为教学和教师服务，教师要为学生服务，学生以服务社会、服务国家、服务他人为荣。院领导和全体干部手机24小时开机并向师生公开，院领导开设博客、微博、微信，加入人人网，注重利用新媒体与师学沟通。倡导走动管理，要求干部职工走进教室、走进宿舍、走进餐厅、走进操场，走到学校的每一个角落，深入一线，深入基层，勤走勤看。重视日常养成教育，把学生的学习成绩、日常表现、社会实践、思想品德等纳入评价体系，凡综合测评达不到规定要求的，均不得参与评比各类奖学金和荣誉称号，也不得参加由学院统一安排的实习。教育学生"不但要养成不乱扔垃圾的习惯，而且要养成随手捡拾垃圾的习惯"，要求老师在操作课结束后，必须使教室恢复到整洁如初再下课。要求学生站有站相、走有走样，举手投足都表现出应有的职业素养，为此，不仅开设了形体课，而且所有的学生毕业前都有一次1小时的站立训练考试。坚持每周进行仪表仪容检查，要求衣着发型端庄，不能染发，即使是炎炎夏日也不准穿短裤、拖鞋。

（三）以优美的校园环境来塑造

校园环境是校园文化体系的重要组成部分和外在表现形式。优美的校园环境有利于师生形成高尚的品格，保持健康的心态、养成良好的行为。为此，我们高度重视校园环境建设。

（1）全力打造景观化校园，对校园的一草一木、一砖一瓦均精心设计，注入文化内涵，注重文化育人功能，着力突出地域文化特色、职教文化特色，建设了百川花园酒店、高尔夫球练习场、航空实训楼等众多一流的实践教学场馆，将整个校园建设成为国家3A级旅游景区。

（2）全力打造生态化校园。保持与环境的协调，所有建筑均设计为低高度、宽基座、灰色调，与周围的青山、田园融为一体。绿化面积16万平方米，绿化覆盖率达到45%以上，除花草树木绿化外，分区域养鱼、养鹅、养鸽子、养小白兔、养鸟，整个校园鸟语花香；规划建设中水处理系统，安装中水管道1500多米，把处理过的中水再利用到绿化浇灌和水体景观营造中，每天节水达150吨左右，每月节约资金上万元。在全省高校中率先建成了学生公寓太阳能洗浴系统，节约了大量能源和资金。

（3）建设文化墙系列，分别以齐鲁文化、世界文明、旅游业的朝阳、泉水文化、李清照词文化、社会公德、涂鸦文化为主题建成七大主题文化墙，成为学院文化建设的一大亮点。

（4）校园标识系统。为所有的建筑物、道路等进行命名并制作精美的标识牌。如楼宇均以儒家文化经典格言命名，百川花园酒店的餐饮包间均以世界上著名的大江大河命名，学院所有的道路均以世界上著名的奇山峻岭命名，标志性建筑“天行健”雕塑取材于历史悠久的龙山文化。其他诸如中日友谊之林、兰亭茶社、百川广场、真趣园、果然亭等一个个充满诗意和哲理的名字，连同校园内随处可见的花鸟虫鱼，共同营造出优美亮丽、氛围浓郁的环境文化，堪称绿色校园、书香校园、文化校园的和谐统一。

（四）以精品文化载体放大效应

校园文化建设能否成功，除了先进的理念、完善的制度、优雅的举止、优美的环境等要素之外，能否打造和推出一批精品文化载体是关键。如果说校园文化是一座高耸的灯塔，精品文化载体就是塔顶熠熠生辉的航灯；如果说校园文化是一湾碧蓝的海湾，精品文化载体就是湾畔美丽精巧的贝壳。只有打造出一批文化精品，校园文化才有亮点、才有活力、才有吸引力、才有生命力。在这方面，学院的探索和尝试主要包括：

（1）创办《百川》报。2006 年 12 月创刊，刊名取“海纳百川，有容乃大”之意，寓意学院将以兼容并包的精神融会一切先进文化之精华，以开拓深广视野、充实学生头脑、培养优秀人才为己任，在全院上下形成乐于求知、勇于探索、能思善疑、求真务实的文化氛围。每月一期，每期四版，内容丰富翔实，成为传播先进理念、展示师生风采、传承校园文化的有效载体。

（2）创办百川论坛。创建于 2006 年 10 月，以“贴近时代，贴近行业，启迪思想，熔铸真知”为宗旨，每月组织一期，已成功举办 50 余期，邀请了马瑞芳、王大千、曹永安等一批校外著名专家、学者前来主讲，从不同角度阐释了人类文明的精髓，为学院师生带来了丰盛的文化大餐。主讲人的演讲稿经整理修改后，取名《人文百川》结集出版。作为山东省齐鲁讲坛旗下的山东省职业院校协会分坛，百川论坛于 2008 年 10 月获得山东省社会科学界联合会颁发的齐鲁讲坛优秀分坛奖，于 2009

年6月，荣获山东省高校工委颁发的全省高校校园文化建设活动类优秀成果二等奖。

（3）创办百川辩坛。2009年4月创建，以“思则慧，辩则强”为宗旨，本着“以辩促思，以思强辩”的思想，以科学的态度来探索时代发展进程中的新问题，带来新时代大学生智慧的激荡、思想的冲击、情感的体验及价值观的重构，激发全院学生探索真理、整合信息，营造良好的校园文化氛围。

（4）举办“与院长面对面”活动。2006年11月创办，宗旨是“沟通交流、释疑解惑、建言献策、共建和谐”，每月第二周周二举行，每期一个主题。活动的主题由学生处在征求同学们意见的基础上经院领导批准后确定，并事先以海报等形式进行通知，使同学们做到有备而来。

（5）创办社会公益日活动。2006年11月创办，每月第三周的周四定为“社会公益活动日”，定期组织学生参加形式多样的公益活动，让学生走出校园，进入社区，服务社会，增长才干。帮助学生在助人中收获快乐，在奉献中升华品格。

（6）创办百川旅游管理服务创新沙龙。2011年6月创建，目标是打造山东旅院“学术特区”，倡导创新精神，聚合业界行政管理、企业经营、学术科研、教育培训等各项优质资源，把握行业动态，剖析发展趋势，用全球化视野观照中国旅游业，做东方旅游管理服务创新的推动者与引领者。

（7）创办“兰亭茶叙”活动。创建于2012年10月，以“沟通、成长、荣誉”为主题，每月举行一次，选拔优秀学生代表和学院领导在环境优雅、格调清幽的兰亭茶社品茶聊天，沟通交流，零距离接触。

五、结语

在长期的办学实践中，山东旅院探索遵循旅游职业教育发展规律，坚定不移地奉行“文化立校”战略，扎根于地域文化、行业文化、职教文化，不断从传统优秀文化和世界优秀文化中汲取养分，坚持以人为本，坚持贴近时代，坚持贴近行业，坚持传承与创新相结合，形成了独具特色的校园文化体系。其做法和经验不但为其自身的可持续发展奠定了坚实的基础，而且对其他院校在现代职业教育体系构建进程中保持办学特色、强化内涵建设具有较好的借鉴和启示意义。

【参考文献】

［1］教育部，等 . 关于印发《现代职业教育体系建设规划（2014—2020 年）》的通知（教发〔2014〕6 号），2014.

［2］蒋旋新，蒋萌 . 中国特色现代职业教育体系内涵与特征研究［J］. 中国成人教育，2010，（8）：17-20.

［3］宋德利，马保烈 . 全方位构建国际化的旅游职业教育新模式——以山东旅游职业学院为例［J］. 中国成人教育，2011（7）：16-24.

［4］狄保荣，王晨光 . 饭店文化建设［M］. 北京：中国旅游出版社，2010.

［5］狄保荣，宋德利 . 我们的天职是创造幸福——山东旅游职业学院文化手册［M］. 济南：山东人民出版社，2012.

新时期高职院校校企合作人才培养模式的问题与对策浅析

宋晓燕

摘　要： 社会经济的发展对高职院校的人才培养提出了新要求，本文对高职院校校企合作人才培养模式的现状进行分析，总结存在的主要问题，并对其发展对策提出几点建议。

关键词： 高职　校企合作　问题　对策

进入21世纪，我国的高等职业教育取得了高速发展，到2013年年底，全国高职院校已达到1300余所，为各行业培养了一大批工作在第一线，具有高素质的应用型、技能型专业人才。从人才培养模式上看，高职院校与普通本科高校相比更加关注市场需求，注重学生的实践训练，普遍采用校企合作、工学结合、产学一体、工学交替等模式，虽侧重点有所不同，但均以院校与企业的密切合作为基础，可以统称为校企合作的人才培养模式。

从目前高职院校开展校企合作的现状看，校企合作的人才培养模式在提高学生技能水平、增加学生实践经验等方面起到了重要作用。但随着我国经济的高速发展，尤其是经济结构战略性调整的不断深化，社会各行业对应用型人才的要求越来越高，对高职院校人才培养的要求越来越高，校企合作人才培养模式中的很多问题开始浮出水面。通过对国内100多所高职院校校企合作的现状进行深入调研，现汇总主要问题并就发展对策浅析如下。

发表于《中国成人教育》2014年第10期。

一、目前高职院校校企合作人才培养模式的主要问题

（一）缺乏对校企合作的关注与了解

几乎所有的高职院校都在强调校企合作、工学结合，但很多院校只是将校企合作看作训练学生实践操作的一种手段，没有将其上升到办学理念的高度加以认识，缺少足够的关注与了解。表现为两种情况：一是将校企合作与早期的“见习锻炼”等同起来，认为校企合作就是带领学生到企业中参观学习、见识实习，学生动手机会少，实际技能得不到提高。二是认为校企合作就是将学生派到企业中去，上岗了有活干就达到了目的，学生实训过程中缺乏必要的理论指导，往往成为只懂操作的“机械人”，操作熟练度的提高并不能带来工作经验的积累和职业素养的提升。

校企合作作为高职院校人才培养的基础模式，不只是一种学习方式，更应作为一种理念贯穿于高职院校专业建设、教学组织、学生管理的全过程。但从目前情况看，高职院校对校企合作普遍参与，但重视不够：校企合作的主管处室往往只是负责与企业的联络，根据双方意向签订协议，具体的合作交由各分管院（系）进行；分管院（系）与企业联合制订人才培养方案，主要是学生上岗实训的安排，具体执行交由专业指导教师进行；指导教师带领学生进入企业走上岗位，实训过程主要靠学生自己。整个过程看起来分工明确，但缺少整体规划，缺少监督管理与考核机制。主管处室、分管院（系）与指导教师只是对自己所负责的校企合作内容比较关注，却不能从整体上对校企合作人才培养模式有充分的认识与了解。

（二）专业设置不能满足社会的实际需求

高职院校人才培养的根本目的是满足社会发展的需求，为企业培养合格人才。合理进行专业设置是高职院校与企业开展合作的第一步。经济的发展带动着企业的经营管理模式不断创新，新的专业与工作岗位不断出现，传统专业与工作岗位被赋予了新的概念。但目前高职院校的专

业设置往往不能紧跟时代步伐：一种情况是缺少创新思想，专业设置僵化，不愿进行构建新专业的尝试，现有专业人才培养方案十几年不变，自然达不到企业对人才不断提高的专业要求；另一种情况是有创建新专业的思想，但不做深入调研，甚至不从自身实际出发，仅凭一时热情和想当然来开设，新专业盲目上马，人才培养方案闭门造车，不能针对企业的实际，自然不能满足社会的需求。

（三）传统的教学体系不能适应校企合作的需要

目前高职院校校企合作主要形式包括：一是学生在校进行理论学习的同时，根据合作企业需求进行短期上岗实训；二是学生理论学习完成后，到合作企业进行上岗实习，一般采用“2+1”模式；三是院校订单培养，通过三方协议约定学生毕业后直接进入合作企业工作。不论形式如何，双方合作的出发点在于企业解决人力问题，学生获得实践机会，对高职院校教学组织的影响看似不大。因此很多院校开展校企合作，但仍然保持传统的教学体系，不论是课程的开发与设计还是教学大纲的制定与完善，与正在进行的校企合作缺乏融合，缺少衔接，学生的上岗实训与理论学习处于脱节状态。就教学体系整体而言，难以适应校企合作人才培养模式的实际需要。

（四）师资力量较弱，专业教师实践经验少，主动性不强

高素质的师资团队是高职院校开展校企合作的前提与基础。但高职院校多起步于中职或中专学校，建校时间一般较短，升入高职后新开设的专业，更是师资力量较弱，尤其是既有理论水平又有专业实践经历的教师比较少。从统计来看，我国高职院校各专业双师型教师比例一般较高，但我们应该看到，很多教师只是通过参加了一次培训、通过了一次考试就取得了相关的技能或培训证书，真正在实际岗位上的锻炼非常缺乏，因此高职院校真正具有双师素质，既能讲授专业理论，又能指导学生进行实训的教师数量非常有限。而且对于专业教师来讲，受传统教学模式的影响，很多教师不愿针对校企合作进行课程创新，也就不愿深入企业对学生进行指导，认为上岗实训是企业的事，是学生自己的事，不

属于自己教学范围之内。再加上各院校往往没有针对学生实训建立规范的教学监督制度与评价体系，工作职责不确定，监管制度不完善，工作量核算没标准，从客观上也影响了指导教师主动性的发挥。

（五）专业实训设施有限，实训条件尚需完善

校企合作人才培养模式对高职院校各专业的实训设施条件要求较高，但很多高职院校受资金投入、重视程度等因素影响，专业实训条件，尤其是非主打专业的实训条件还不够完善。由于高职院校对学生的实际操作技能要求较高，各院校一般根据各专业要求设有模拟实训场所或操作实训场所，学生可以观摩或实际操作，从而提高技能水平。但很多高职院校近年来应市场需求新增专业、扩大招生规模，却往往忽视了实训场所的建设，导致部分专业学生模拟实训与操作实训的机会较少。另外，高职院校一般来讲经营性实训场所较少，这也是我国高职教育与其他职业教育发达国家的重要差距之一，学生校内实训缺少真正上岗工作的环境与氛围，只是进行简单的模拟或操作实训，很难将所学理论真正融于实际、学以致用。

二、新时期高职院校校企合作人才培养模式的发展对策

（一）确立校企合作的人才培养理念

高职院校应将校企合作作为人才培养理念贯穿于学生培养的全过程，组织全体教职工深入了解校企合作的重要意义，认识到校企合作是高职院校人才培养的根本，直接决定着学生培养的效果，关系着学院的生存与发展。具体做法：一是应对校企合作做整体规划，明确职责与分工。负责校企合作的相关处室做好统筹工作，更要起到监督控制的作用；分院（系）结合自身实际与企业制订细致的人才培养方案，将目标细化，建立完善管理制度；指导教师针对课程编写实训教案，深入企业实际对学生实训情况进行跟进指导。二是努力拓宽校企合作的工作思路，高职院校应以校企双方人才培养为基础，积极尝试与企业的多形式、多角度

深入合作。新时期随着经济的高速发展，校企合作的内容会不断拓展，高职院校应不断创新思路，以市场为导向，与企业在生产、教学、科研等方面开展广泛合作，努力找到更多共同利益的结合点。

（二）校企共建，创新专业设置与课程开发

高职院校开展校企合作的首要条件，是符合双方共同利益，确定合作专业，做好专业设置与课程开发工作。新时期随着社会需求的不断变化，合作专业与定位也应紧跟时代步伐，不断创新。高职院校应组织行业内专家学者、企业家与校内专家组成“专业建设指导委员会”，根据行业需求开设新专业或进行专业调整，共同确定专业发展规划、人才培养方案，探索多样化的校企合作方式。对于条件成熟的专业可以选取优秀企业订单培养，企业对专业或班级进行冠名，学生直接进入企业实习与就业。企业从专业设置即开始介入，学生在校学习的过程也是企业进行岗位培训、企业文化讲授的过程，学生的培养更具针对性。课程开发方面，高职院校应与合作企业联合进行，以企业岗位要求与职业能力分析为基础，在合作中发现问题，提出方案，构建与完善新的课程体系。新的课程设计应明确校企双方的职责，注重学生专业技能、专业素养的同步提升，对学生职业能力进行培养与考核。

（三）努力构建以校企合作为基础的教学管理体系

高职院校应针对校企合作进程中教学管理方面存在的问题，从双方合作的实际需求出发，不断完善教学管理体系。可与合作企业共同组成“专业教学办公室”，以双方共同制订的人才培养方案为基础，针对岗位实际，制定各项制度并落实到教学实践过程中去，具体来讲：一是构建完善的教学管理运行体系，规范校企合作专业学生的日常学习与实训，建立健全相应管理制度与措施，使理论学习与实训操作融为一体；二是构建完善的教学质量保障体系，应针对学生上岗实训，指导教师跟进指导的实际，制定相应的考评、奖励方法，强化激励制度与考核制度，保证校企合作教学管理的顺利进行；三是构建完善的教学质量监控体系，将信息反馈系统应用于教学管理的实践，以实时监控、及时纠偏为主线

形成监控体系，并建立相应的运行标准与管理制度，提升教学质量与实训工作效率。

（四）建立专兼结合的双师型教学师资团队

教师在校企合作人才培养模式中起着重要的主导作用，高职院校应从校企合作的实际需求出发，努力打造一个专兼结合的双师型教学师资团队。一方面，应努力提升专业教师的实践水平与管理经验，鼓励教师参加各种专业培训或进修，并以校企合作为平台创造机会让教师到企业挂职锻炼。同时将教师实践水平的测试作为其能力考核项目之一，与职称评定挂钩，竞聘上岗，建立完善的考核与评价机制，努力构建真正的双师型专业师资团队。另一方面，高职院校应针对专业需求，多渠道、多方式引进优秀企业中的管理精英与技术骨干担任兼职教师，建立兼职教师数据库，并不断对其进行教学理念与教学方法的培训。在校企合作的过程中实现专任教师与兼职教师的信息共享、理论与实践相互融合，努力提升教学师资团队的整体水平。

（五）加大实训设施投入，共建校内外实训基地

高职院校人才培养的目标决定了必须重视学生技能水平的提升，实训条件受限将直接影响人才培养的效果。对于实训场所、设施设备不足的专业，各高职院校应充分重视，加大投入，应以校企合作理念为指导，以企业用人要求为标准，根据专业实际与学生规模，合理规划建设模拟实训场所与操作实训场所，有步骤地完善实训设施设备。对于专业基础好、校企合作效果优的专业，应尝试与企业共建校内外实训基地：一方面争取企业支持，在校内建设经营性实训场所，由分管院（系）负责，专业教师带领学生进行管理与实际运作；另一方面帮助企业建设“岗前实训中心”作为学生的校外实训基地，由专业教师兼任企业培训师，既有利于企业对新进员工集中培训，提升管理效率，也有利于学生积累实践经验，尽快达到企业专业岗位的用人标准。

总之，随着社会经济的不断进步，高职院校校企合作的人才培养模式会遇到许多挑战，同时面临很多的机遇。只有紧跟时代发展脚步，坚

持以市场为导向，树立校企合作理念，充分发挥专业优势，高职院校才能不断创新人才培养模式，为社会培养更多更好符合行业需求的高素质技能型专业人才。

【参考文献】

[1] 张玉文. 校企合作怎样向纵深发展 [N]. 中国教育报，2008-04-17.

[2] 杨理连. 基于工学结合的工作过程导向式高职课程开发的再思考 [J]. 职业技术教育，2008 (28).

[3] 马树超，范唯. 中国特色高等职业教育再认识 [J]. 中国高等教育，2008 (13).

[4] 徐国庆. 实践导向职业教育课程研究：技术学范式 [M]. 上海：上海教育出版社，2005.

[5] 张尧学. 坚持就业导向推进高等职业教育健康发展 [J]. 中国高等教育，2003 (13).

高职大学生心理维护策略探究

刘俊丽

摘　要：本文根据十余年的高职教育经验及调查研究基础，解析当前高职大学生的心理健康状况，探寻新时期高职大学生心理维护的有效策略。

关键词：高职　大学生　心理维护　策略

一、高职大学生心理维护的现实意义

一个健康人的标准是没有身体的缺欠和疾病，还要有完整的生理、心理状态和社会适应能力。高职大学生全面发展所必须具备的条件和基础是健康的心理状态和良好的心理素质，其心理健康状况对学习能力、思想素质的提高以及人生价值观的形成都有至关重要的作用。

从实践上讲，如果没有心理健康的标准，就无法判断人的心理健康状态，更谈不上心理卫生防治。结合高职大学生的心理健康状况归纳起来，包括以下八个方面。

（一）符合正常标准的智力因素

智力正常是大学生学习、生活、工作最基本的心理条件，是大学生胜任学习任务、适应周围环境变化需要的心理保证。因此，大学生智力正常表现是衡量大学生心理健康的首要标准。首先，要乐于学习，有强烈的求知欲和浓厚的探索兴趣。其次，智力结构中各要素在其认识活动

发表于《中国成人教育》2014 年第 10 期。

和实践活动中都能积极协调地参与，并能正常地发挥作用。此外，一些客观的非智力因素包括理想、兴趣、爱好等也是影响心理健康的重要因素。

（二）健康稳定的个人情绪

大学生的情绪健康应包括以下内容：

（1）个人生活中保持积极乐观向上的心态。善于关注和发现生活中的新事物，并能主动创造使自己感到快乐的生活环境。

（2）情绪稳定性好，善于控制和调节自己的情绪，能够保持正确、客观的理性认知，善于采用多种方式及时宣泄自己的负面情绪。

（3）情绪应激反应是由适当的原因引起的，反应的强度和引起这种情绪的情境相符合。

（三）健康的意志品质

意志健全的大学生在各种活动中都有自觉明确的目的性，能适时地做出果断的决定并运用切实有效的方法解决所遇到的各种问题。能够保持长久专注的行动去实现既定目标；在困难和挫折面前能采取合理的反应方式，能在行动中稳定地控制情绪和言行。

（四）较强的社会适应能力

心理健康的大学生应能与社会保持良好的接触，对社会现状有较清晰正确的认识，思想和行动都能与时俱进。当发现自己的愿望与社会需要发生矛盾时，不是逃避现实，更不是与社会需要背道而驰，而是能迅速进行自我调节，用道德规范约束自己，以求与社会要求协调一致。

（五）人格健全积极进取

大学生人格健全主要以积极进取的人生观作为核心。具备一定的社会适应能力，能承受一定的挫折；正确地把自己的需求、目标和行为统一起来，不产生自我同一性混乱；有自我控制与调节的能力，以积极的眼光看待世界、看待周围事物，既能积极进取，又能正视客观现实。

（六）自我意识正确

具有正确的自我意识，是大学生心理健康的重要条件。自我意识正确主要指自我评价符合实际，能正确认识自己、悦纳自己，自尊、自爱、自信，寻求独立性。

（七）和谐的人际关系

和谐的人际关系既是大学生心理健康不可缺少的条件，也是大学生获得心理健康的重要途径。日常生活中乐于与人交往，能客观评价他人和自我，善于取长补短；有稳定而广泛的人际关系，保持独立而完整的人格，交往动机端正且积极的交往态度多于消极态度。

（八）心理特点与年龄相符

心理健康的大学生应具有与同龄多数人相符合的心理行为特征。心理表现为精力充沛、思维敏捷、情感活跃，行为上反应敏捷、勇于探索等。如果心理行为经常严重偏离自己的年龄特征，多为心理异常的表现。

二、高职大学生心理健康调查与分析

（一）调查方法与调查对象

采取整群随机抽样的方式，以山东某驻济高职院校 2012 级 280 名在校生为研究对象，在专业心理教师指导下完成调查问卷。除去未提交、答题疏漏等情况造成的无效问卷 22 份，有效问卷数为 258 份，有效率占 92.1%。

（二）调查结果统计与分析

调查问卷共 40 个问题，对每个问题做出“经常”“偶尔”或“完全没有”的判定，分别为躯体化、情绪化、人际关系障碍、情感、学习内动力、偏执孤独感、精神病性等项目，据实情计 2 分、1 分、0 分。计算总得分，视其所在分值区间做出定性分析。在对有效问卷各子项目的数据进行统计分析时发现，以下几种心理问题较为典型。

1. 生理化

存在睡眠障碍的学生占54.65%。如因某些特殊经历或危险事件联想不敢入睡；晚睡成为习惯或者思虑过多导致上床后辗转反侧难以入睡；睡眠中容易惊醒，醒后很难再入睡；多梦、惊梦，早晨醒来后感到浑身倦怠无力、焦虑烦躁；因长期睡眠不良，又未及时采取药物治疗或心理干预，导致神经衰弱等。

当遇到问题常感到心神不宁、坐立不安的占76.36%。有的学生依赖镇定药物使自己安静下来，有的因心理负担过重导致头痛而服用镇痛药物等。

2. 情绪化

经常无法控制负面情绪的学生占75.19%。其中女大学生的心理问题比较明显。多表现为感情脆弱，自控能力差，遇到事情不顺心就伤心流泪，或无端发火，自闭或者采取其他较极端的行为。男女生在强迫症状、人际关系障碍、焦虑、情感、恐惧、精神病性等因素上存在明显的差异，女生的心理健康水平低于男生。我们分析认为，女生天性比较敏感，考虑问题比较细腻，更在乎别人的评价，一些小事情也容易引起消极的情绪反应，因此感受到的心理矛盾很多，表现出来的心理问题相对就多。

3. 学习内驱力不足

存在学习障碍的学生占56.98%。大学生的学习压力相当一部分来自所学专业非所爱。学生或因自我定位问题等，无心于学习；或因学习压力大，深感烦躁，讨厌学习等，这使他们长期处于冲突与痛苦之中；课程负担过重、授课内容不感兴趣、学习方法有问题、精神长期过度紧张也会带来压力；或过分看重学习结果、考试成绩，紧张焦虑而事倍功半；还有参加各类证书考试及考研、择业所带来的应试压力等。精神长期处于高度紧张的状态下，极可能导致大学生出现强迫、焦虑甚至是精神分裂等心理疾病。

4. 人际关系障碍

常感人际交往方面的心理困惑、不被理解、抑郁烦闷的学生占

71.32%。来自全国各地的学生会集成一个社会群体，由于他们各自的生活风俗习惯、性格、兴趣等方面存在差异，在大学的人际交往过程中，不可避免地会发生一些摩擦、冲突和情感损伤，也会引起一部分心胸相对狭窄的学生不快。更多地体现在学生离开父母进入全新、陌生的再社会化环境，内心多不安；高中与大学校园生活状态差异和人际交往特点差异；缺乏顺畅人际沟通，或习惯于以自我为中心，感到他人难以理解自己；异性交友或恋爱等方面缺乏必要的引导而产生种种负面心理问题。

5. 孤独感

在集体中缺乏归属感的学生占 58.91%，有离家出走或脱离集体想法的占 27.91%。目前大学生多为独生子女，对其教育不当及自我教育缺失产生一些负面效果，如任性自私、为所欲为；由于从小缺乏集体环境锻炼而导致缺乏集体感与合作精神；缺乏最起码的独立生活及为人处世的能力；因无倾诉对象，交际困难，导致大学生加重心理压力、产生自闭偏执等心理问题。

调查发现，很多学生上网就是玩游戏、聊天、看电影，只有少数的同学是用来查资料学习。不少大学生一方面因交际困难而在网络的虚拟世界里寻找心理满足，另一方面也被网络本身的精彩深深吸引。所以，有些内向孤独的大学生对网络的依赖性越来越强，甚至染上网瘾，沉湎于虚拟世界，自我封闭，与现实生活产生隔阂，不愿与人面对面交往。这样久而久之，会影响大学生正常的认知、情感和心理定位，还可能导致人格分裂，不利于健康性格和人生观的塑造。同时，迷恋网络还会使人产生精神依赖性，在日常生活和学习中举止失常、神情恍惚、胡言乱语、行为怪异。

三、高职大学生心理维护策略

（一）重视环境育人

通过加强校园生态文化建设，营造积极、健康、文雅的氛围，保证学生在优美的校园环境和健康的校园文化氛围中，不断地增强认识、升华情操、磨炼意志，有利于铸就他们健康的经得起考验的心理品质。从而把“树立心理健康意识，优化心理品质，增强心理调适能力和社会生活的适应能力，预防和缓解心理问题”的外在教育要求内化为大学生追求健康心理的自觉行动，使“学院精神、人文环境、管理制度”真正成为高职院校生态文化建设的重要内涵。高校校园生态文化对大学生的思想观念、价值取向和行为方式有着潜移默化的影响，发挥着重要的育人功能。

（二）加强教学渗透

心理健康教育是一种全面的教育，应与学校的日常教育工作紧密结合起来，并全面渗透到整个学校教育中去。一方面，在大学生课堂中开设心理健康教育课程和讲座，使心理健康教育系统化、规范化、科学化，不断丰富大学生的心理卫生常识、增强自我心理调适能力；另一方面，在专业课程教学过程中注重学生心理素质的教育渗透，各科任课教师根据授课性质和内容，适当地设置心理健康引导和职业心理素质强化训练的环节。通过双向联动，共同提升高职大学生的心理健康水平。

（三）利用校园网络平台

积极构建心理健康教育的三级网络——学院心理健康机构、系部心理健康组织、班级学生心理健康小组。充分利用校园网络平台对学生心理进行有效指导。

心理咨询室定期向学生开放，由专职心理辅导教师进行管理，组织协调开通心理咨询热线电话；充分利用网络，如通过微信群、电子邮件等形式开展集体教育和个案咨询工作；通过定期对学生的辅导及心理训练活动，有效地为学生提供心理健康的教育指导。

（四）丰富社团活动

校园社团文化是进行大学生心理健康教育的一个重要载体。开展丰富多彩的校园社团文化活动，不仅能够丰富大学生的生活，培养大学生的业余爱好，挖掘和发挥学生的潜能，而且为大学生的心理健康发展提供了课堂以外的活动机会。开展各种课余社团活动，通过社团人际交往，实现思想交流、信息资源共享，不断地丰富和激活学生的内心世界，有利于心理保健。

（五）强化人格教育

和谐人格的塑造教育是大学生全面发展教育的重要组成部分，在人格形成和发展过程中起着不容忽视的作用，也是高等教育教学改革努力追求的目标和方向之一。因此，高职院校加强对大学生心理、道德、法律层面的教育，是塑造高职大学生和谐人格、提高综合素质的必要途径。如通过开展阅览读书活动、邀请校内外专家学者专题讲座、优秀毕业生汇报宣传等活动努力加以引导。塑造大学生和谐人格教育的关键在于把握教育的精神实质，力争使每个大学生都能够具有健康的人格、高尚的品德，使大学生实现知识智慧和人格和谐的统一。

（六）健全心理咨询机制

高职院校建立心理咨询制度，充分利用校园网站及定期宣传、心理咨询活动等宣传方式，继续扩大心理咨询的影响。吸引学生走进心理咨询室，与系部心理辅导员、班级心理联络员沟通交流，及时做好心理疏导工作。通过心理咨询，使学生获得心理健康知识。健全心理咨询保障工作，为学生创设一个良好的教育环境和条件，达到提高其精神生活质量和心理效能水平，降低和减少心理障碍、防止精神疾病、保障心理健康的目标，全面提高学生的心理素质，促进学生生动活泼地健康发展。

高等学校开展大学生心理健康教育和心理咨询工作已有十多年的历史，但还不能适应当前高等教育快速发展的客观形势，也不能满足广大高职学生日益增长的心理需要。全面提高跨世纪人才质量已成为高等学校所面临的迫切任务，高职院校应当按照《教育部关于加强普通高等学校大学生心理健康教育工作的意见》，有计划、有组织、有目的地加强大学生心理素质的教育与培养。要取得高职大学生心理健康教育工作的良好效果，很大程度上还取决于实施心理健康教育教学的教师素质，高职院校应当重视并加强该项工作专业师资的培养，同时，广大教育工作者协作探索高职大学生心理健康教育工作的新途径、新方法、新措施，对大学生心理健康状况和心理素质发展规律进行系统的研究，以界定不同层级、不同群体大学生在心理健康教育、心理咨询和心理治疗方面的需要，并展开有针对性的教育引导，使具有不同心理健康需求的学生获得心理改善和发展的能力。进而努力使心理健康教育工作逐步走向健康轨道，推进高职大学生心理健康教育工作朝着系统化、科学化、整体化和规范化的方向发展。

【参考文献】

［1］阎力．当代社会心理学［M］．上海：华东师范大学出版社，2009.

［2］周家华，王念凤．大学生心理健康教育［M］．北京：清华大学出版社，2004.

［3］段鑫星，程婧．大学生心理危机与干预［M］．北京：科学出版社，2006.

［4］陈鉴，尚虹，郭星．高职大学生心理健康［M］．成都：西南交通大学出版社，2009.

［5］张金明，蒲文慧，陆时莉．大学生心理健康教育［M］．北京：北京邮电大学出版社，2011.

高职酒店管理专业现代学徒制人才培养的路径研究
——以山东旅游职业学院为例

韩爱霞

摘　要： 本文从现代学徒制的内涵出发，聚焦酒店管理人才培养，探讨酒店管理人才培养的特殊性，设计出基于现代学徒制的酒店管理专业人才培养方案，并在实施中不断完善，以期创新人才培养模式、提升人才培养质量。

关键词： 高职　酒店管理专业　现代学徒制　人才培养　路径

一、研究背景

2014 年 2 月国务院总理李克强主持召开国务院常务会议，明确提出“开展校企联合招生、联合培养的现代学徒制试点”，这是官方首次提出现代学徒制构想。

2014 年 5 月国务院印发《关于加快发展现代职业教育的决定》（国发〔2014〕19 号），将开展现代学徒制试点作为推进人才培养模式创新的重要举措之一，将现代学徒制确立为国家层面的教育策略。随后，2014 年 8 月，教育部发布《关于开展现代学徒制试点工作的意见》（教

本文受山东旅游职业学院院级重点教改项目“三教”改革背景下线上线下混合式教学模式的研究与实践——以酒店管理专业 CLE 课程为例（项目编号：JG202009）、TAFE 模式在旅游职业教育专业建设的应用研究——以山东旅游职业学院为例（项目编号：20SJG109）的资助，发表于《科教导刊》2020 年第 34 期。

职成〔2014〕9号），2015年教育部发布《关于开展现代学徒制试点工作的通知》（教职成〔2015〕2号），国家级现代学徒制试点正式启动。截至目前，国家级现代学徒制试点已达562个。

二、酒店管理专业人才培养的现状

（一）毕业生难以满足行业对准职业人的要求

调查中发现，酒店管理专业学生能力缺失排名前四位的依次是主动学习能力、应变能力、操作能力、外语水平。这其中很大一部分原因在于在传统的培养模式下，院校单一育人主体，企业参与度不够，造成学生的理论学习与实践操作脱节，高职酒店管理专业的学生到岗后，所学知识过时，对行业内新生事物知之甚少，操作技能方面程序化，适应能力不强。

（二）院校招生数多，但毕业生对口就业率低

目前，全国开设旅游管理专业的高等院校1097所，在校生576217人，中等职业学校1139所，在校生497188人，全国旅游管理专业在校生总数1073405人。在本文有关学徒毕业后的就业意向的调查中，也仅38.74%的学徒有较强的意愿留在目前实习的单位，24.32%的学徒不愿留在目前单位，而36.94%的学徒对于去留没有明确的意愿。

三、现代学徒制人才培养模式的构建路径

现代学徒制是传统学徒培训与现代职业教育制度相结合，学校与企业联合招生招工，教师与师傅联合传授知识技能，对学生以技能培养为主的现代人才培养模式。

在对现代学徒制深入研究和实践的基础上，本文提出“识岗—验岗—跟岗—顶岗”四阶段能力递进的现代学徒制人才培养模式。

（一）以“知行合一，工学结合”理念为指导，创新人才培养模式

“知行合一”解决的是教学中“做”和“学”是否应连接的问题，而“工学结合”解决的是“工”和“学”在教学中结合的路径问题。“知行合一、工学结合”的教学理念，符合现代职业教育的特点，契合现代职业教育的培养目标，在教学目标设定、教学载体设计、学生能力养成以及课程改革建设方面具有启发性和指导性，对现代学徒制教育模式的实践提供了理论支撑。

（二）以认知成长规律为遵循，实现能力递进式提升

通过四个阶段递进式地培养学生的能力，即识岗阶段的基础能力、验岗阶段的操作能力、跟岗阶段的岗位能力和顶岗阶段的综合能力。

基础能力的培养，使学生具备基本的职业道德规范、职业行为习惯、安全卫生意识、继续学习能力、行业认同感等基础能力，为从事本行业奠定基础。

操作能力的培养，学生能够进行不同部门和岗位所需操作技能的熟练操作和运用，同时通过项目化教学的实施，使学生具备项目运作能力。

岗位能力的培养，通过专业核心课程的学习和跟岗，进一步增加对岗位的认知，能够处理跟岗中遇到的突发问题，并具备初步的创新性工作的能力。

综合能力的培养，通过企业师傅的引导和校内导师的指导，使学生综合运用所学知识和所具备的职业能力，在实践中培养自己的管理能力、领导能力、创新能力和协调能力等综合能力。

（三）以工作过程为导向，构建“四阶段”实践教学体系

以工作过程中的实践活动为主线，围绕职业岗位的技能要求和职业活动规律，将学生的培养过程与岗位能力的养成过程相融合，构建识岗—验岗—跟岗—顶岗“四阶段”实践教学体系。

第一阶段，识岗。本阶段是学生入校、职工入企的第一阶段，也是成长过程的起始和奠基阶段。认知实习作为新生入职教育的重要内容，

通过上课及讲座等形式，帮助学生认识岗位，增强学生职业意识。

第二阶段，验岗。学生（学徒）对酒店行业有了基本认知、具备了从业素养后，即进入岗位体验性阶段，此阶段构建重点培养学生专业核心技能。

第三阶段，跟岗。在跟岗实习阶段，学生进入以实训为主的学习过程，主阵地变为企业。本阶段主要注重学生专业岗位能力的提升，包括业务能力的拓展、复杂事件的处理等。

第四阶段，顶岗。顶岗实习是现代学徒制人才培养的关键环节，学徒独立上岗，在师傅的指导下，能够将理论知识与生产实践密切结合，提高学生的管理能力、创新能力、行业动态把握能力、职业生涯规划能力和可持续发展能力。

（四）以现代学徒制为手段，培养德技双修人才

从学生入学到毕业，全面推行现代学徒制，学校导师和企业师傅全程跟踪培养。

识岗阶段，采用生活导师＋专业导师的培养形式，加强对学生的引导，树立牢固的专业思想，并引导学生做好职业生涯规划。

验岗阶段，采用专业素养导师＋行业技能导师的培养形式，注重行业发展技能、行业前沿知识的传授，及时解决学生学习过程中的困惑。

跟岗阶段，采用行业技能导师＋专业素养导师的培养模式加强学生的业务素质及专业能力的养成，培养学生分析问题及现场解决问题的能力。

顶岗阶段，采用行业技能导师＋职业生涯规划导师的培养形式，行业技能导师强化学生的领导能力、管理能力的培养，对学生实行企业化管理，实现学生的零距离就业。

四、构建平台化的保障机制

（一）打造“双主体”育人机制

在现代学徒制的人才培养过程中，校企双方应强化责任意识，实现

产教深度融合，校企一体化培养，推进校企双元协同育人，构建长效合作机制，组建酒店管理专业群教学指导委员会，成立理事会进行管理，明确不同阶段的责任主体和培养内容，实现校企共育；探索建立特色二级学院，培养特色酒店管理人才。

（二）构建柔性化教学资源

教学资源是人才培养的媒介。注重校企合作，共同开发柔性化教学资源，使教学资源更加丰富化、多样化和立体化，以此来满足不同企业对于能力培养专项课程的需求。

（三）建设互聘互用的师资队伍

校企之间建立了人员互聘互用机制，组成了一支专兼结合的“课程建设团队”“项目研发团队”和“教学培训团队”。一方面提高了专任教师的实践能力、服务能力和科研能力，另一方面提高了企业师傅或企业兼职教师的职教能力、学习能力和专业理论水平。

（四）建设职场化的校内外实训基地

实训基地建设是加强实践教学环节、培养学生实践能力和创新能力的重要保障。区域交叉、品牌多元、层级丰富、业态多样的校内外实习基地，既能适合学生个性化发展的需要，也满足不同类型酒店对不同人才的需要。

【参考文献】

［1］常卫锋．高职酒店管理专业现代学徒制下的探索［J］．管理世界·公共管理，2014.

［2］姜国华．高职酒店管理专业现代学徒制培养模式论述［J］．商业经济，2017（1）：8–10.

文旅产业融合发展研究篇

新型冠状病毒疫情后
山东旅游业的现实困境与出路的思考

陈国忠

【摘　要】新冠状肺炎疫情对中国文化和旅游业的发展提出了严峻的挑战和崭新的时代命题，要理性认识新冠肺炎疫情的影响，科学定位文化和旅游业面临的现状和出路，化危为机、抓住机遇，从文化和旅游发展的基本规律入手，从统筹协调的宏观战略和疫情后旅游业复工复产和复能的角度，提出了强化四助模式，加快发展振兴，有序恢复、有度运作的基本思考，并在提升产业组织模式、提高治理能力和治理体系现代化等方面构建了系统化的框架体系。

【关键词】新冠肺炎疫情　文化旅游业复兴　企业自组织　供给侧结构性改革

己亥岁末，庚子年春，一场突如其来的新型冠状病毒席卷全国，武汉封城，全国31个省区市启动一级响应，旅游业遭受全面重创，旅行社全面停业、景区关闭、饭店关门、城市休闲街区门可罗雀、度假区空无一人，旅游业进入四十年来的最低谷。一时之间，整个业界出现了各种担忧，面临前所未有的压力，各路专家各自支招，旅游企业纷纷出招自救。同时面对严重的疫情，中国旅游业界又表现出比2003年“非典”时期更加成熟的行业自觉和更加负责的社会担当，在自身生存的巨大压力下，纷纷为武汉捐款捐物，积极为当地政府提供服务；山东各类行业协会和旅游企业家、学术专家积极行动，提供各种网上培训和研讨，为抗

发表于《人文天下》2020年第7期。

击疫情和灾后复工复产出谋划策。在境外延迟的旅行团队领队和导游人员想方设法在海外采购医疗物资和各种防控装备，克服种种困难将这些物资运回国内救急救命。这些都标志着国内旅游行业和行业组织的成熟，表现出从业者的担当和作为，体现出新时代旅游人的奉献和责任。当前武汉保卫战、湖北保卫战取得决定性成果，疫情防控阻击战取得重大战略成果，全国进入疫情防控常态化阶段。回顾疫情发生以来文化和旅游业面临的巨大挑战，我们应该深刻地认识和体会到，越是产业面临绝境、越是面对挑战，我们就越要保持定力、坚定信念，理性分析产业现状，冷静思考产业未来。当前我们已经进入疫情防控常态化阶段，一方面严防疫情反弹和外来输入，一方面狠抓产业复工复产，需要更加理性地思考和判断。以下是个人关于疫情后旅游产业的恢复和转型的几点思考。

一、坚定行业信心，提振发展决心，理性判断旅游业面临的形势和挑战

从宏观角度来看，旅游业发展的六个基本面没有变，文化旅游产业发展的走向没有变。要坚定对旅游业发展的信心，对于一个日臻成熟的产业来讲，旅游业在国民经济中的地位和社会需求中的分量已经是不容忽视的存在，疫情后旅游业的振兴，前提是整个行业信心的提振。

（1）国家对旅游业发展的宏观定位和战略位置没有变。旅游业作为国民经济的重要战略性支柱产业和人民群众更加满意的服务业的定位不可能改变。

（2）2020 年脱贫攻坚的任务没有变，旅游扶贫的任务十分艰巨、刻不容缓，旅游业必将也应该大有作为。

（3）山东省新旧动能转换的战略任务没有变，旅游业的作用不可替代。疫情后山东经济社会发展的中心和重心仍然是新旧动能转换，精品旅游业作为十大新动能产业的地位没有改变。

（4）发展全域旅游、促进文旅融合发展的路径没有变。发展全域旅游、促进文旅融合是国家文化和旅游业发展的宏观战略定位和路径选择，创建全域旅游示范县、推进文化和旅游融合发展仍然是各级党政部门和

各地文化旅游系统的工作重心和主要目标责任。

（5）旅游业传承优秀传统文化、弘扬红色文化基因、推动国际交流方面的职能没有变。

（6）旅游需求持续增长，人民对美好生活特别是旅游升级转型的新期待没有变，旅游业发展的巨大市场需求和多样化消费需要，存在着巨大的市场潜力。

二、从基本规律上认识新型冠状病毒疫情对旅游业的影响和旅游活动的规律性变化

旅游是由旅游主体、旅游客体、旅游媒介体三个要素构成的，人类的旅游活动和旅游经济组织都是围绕这三个要素进行的，这是旅游研究的基本遵循。围绕这三个要素而形成的旅游客源地、旅游目的地和旅游联结体构成了旅游经济活动中的各种经济现象、经济关系以及经济规律。从旅游业的三体构成上来看，疫情的主要影响是致命的，也是巨大的，但是又不同于地震、海啸等自然灾害，在疫情发生后，旅游客体的存在没有变，旅游主体的需求是因疫情而全面终止、且终止后会发生相应的调整和变化，而受影响最大的是旅游媒介体（这包括各种旅行社、实现旅游者移动的交通设施以及各类为旅游者服务的商业企业等），全国疫情防控措施的启动给旅游媒介体带来的是休克式的影响，旅游企业全部停业关门，旅游批发商、零售商、代理商的业务瞬间归零，让人们尤其是从业者、学术界对旅游业的脆弱性、敏感性有了更加直接的认知和更加深刻的体会。所以，研究疫情后旅游业的复工复产、探索旅游业的振兴必须从这个基本规律入手。

第一，从旅游主体来讲，基数巨大，需求巨量，只会转型不会减弱。突然降临的全民性灾难和居家隔离的宅家生活，使人们最习以为常的生活状态发生了突变型转换，尤其是发生在身边的生死考验和封闭式的生活自组织模式，使人们对生命和健康更加关注、对亲情和家庭更加关爱、对自然和生态更加关切、对专业和岗位更加珍惜、对消费和选择更加理性、对居住和环境更加挑剔，对生命的关注、对生活质量的关切更加突

出。这种影响随着复工复产和疫情防控等级的降低会立即投射到人们的各种消费理念、生活习惯和旅游行为上，尤其是疫情防控常态化所要求的不聚集、讲卫生等消费环境的硬性规定，无接触社交和交易、网络预订和消费，给扎堆为主的集聚性旅游组织和室内旅游消费活动空间都带来巨大的限制，远离高密度小区和社区、追求自主化程度更高的家庭和生活空间成为选择居住环境的重要指向，这些影响有的是即时即刻立竿见影的，有的是潜移默化影响久远的，都将会对游客出游方式、出游选择、消费理念带来革命性的影响。这时候，有人开始重新审视自己的储蓄水平、创收能力和消费模式，在思考是否具有抵抗突如其来风险的能力。“家有余粮，心里不慌”成为不少人的切身感受。未来，更多民众可能会给自己增加各种各样的资金保障，相当一部分人的消费观念转向“理智”，倾向于“保守型消费”。所以冲动型消费会大幅减少，理性的旅游消费选择会越来越成为消费主流选择。

整体而言，2020 年社会对疫情的防控一直会处于相对高度戒备的状态，同时，大众对外出消费还是会比较谨慎。从企业角度，需要一个周期来面对旅游消费者需求的变化，旅游企业需要逐步调整相应的产品、供求渠道和营销策略，所以研究疫情后旅游业的振兴必须首先研究疫情后旅游主体的需求行为、需求方式、需求品质的变化，因时而动、因势而动、因需而动，把握变化的脉搏，才能适应变化的趋势。

第二，从旅游客体来看，以景区景点、旅游饭店等为要素为主的供应模式已经不能适应旅游消费目的地化的新需求。这次疫情受冲击最严重的是小型旅游企业和以单一要素为主的旅游产品提供者，景区停业造成以门票为主要收入来源的企业本利全无，而有些综合性以目的地为主要方式的旅游企业适应了疫情防控的需求，开始在新需求中寻找商机、灵活应对，走出了困境。从消费需求和供求组织模式来看，宅在家特别是在高楼林立的新型小区内的疫情期的封闭式生活，使人们对城市社区有了新的归属感和新的社区意识，这次疫情防控，使政府、物业管理和每一个城市的新市民对社区有了更加深刻的认识，社区形成的城市基本生存板块已经成为城市新的经济和社会组织空间，但过去长期没有引起足够的关注和重视。疫情防控成功的主要经验之一是社区治理结构和治理模式的新变化，那就是社区构建要从地产楼盘集合型居住空间的简单定义中走出来，要从物业为主的物质化和技术化管理中走向社会化、治理化、人性化、生活化、共享化的管理模式，同样，以社区团购、外卖组合为主的新商业业态也为旅游客源组织和旅游活动组织提供了新的借鉴。同时疫情防控常态化形成的堂食新标准、景区容量控制等硬性标准也为旅游企业组织提出了新的规则性约束和业态创新空间。如游客在疫情后更加注重高品质的旅游设施和服务的选择，“五一”假期的游客调查显示，假期出游的人们，更加关注高品质住宿，高端产品的搜索量和销售显著上升，高星级酒店的预订数量占比较高，在汽车市场不佳的情况下旅游房车的订购和销售量明显增加，体现了人们对于出游住宿安全的考量。

第三，从旅游媒介体分析，应该是疫情后旅游经济运行和生产过程受到挑战最强、影响最明显、变化最显著的方面。疫情弱化了一些传统形式的旅游产品提供方式和中介构成，如大众密集型观光旅游、大型会议展览、奖励和商务旅行活动等呈现下降趋势，而健康旅游、低密度低聚集度的旅游活动将会受到青睐，科技和数字平台在旅游交易和活动中的应用实现大幅度升级。最为重要的是这次疫情中逐渐兴起的到店预约和无接触配送盛行，到店预约制成为新兴服务需求，无接触服务打破了传统的基于面对面接触的服务方式，为服务消费新模式发展注入了新的内涵、新的需求和新的就业渠道。过去由于制度、习惯和成本等因素制约，无接触服务在某些领域进展缓慢，但是在疫情中，近距离的物理空间接触和交易过程可能会威胁健康，这在客观上推动了行业的变革，催生了服务消费方式的迭代更新。疫情过后，消费者对于无接触或少接触服务的需求将会延续，基于这种变化的无接触门禁系统、无接触导游、景区内无人驾驶观光车、旅游商品自选自助系统以及线上预订等各种新媒介方式将会使传统旅游实现从预订方式到出游方式、从物理空间管理到智能空间管理、从有人管理到无人管理和自助化管理的转变。

三、疫情后旅游业有序复兴、振兴崛起的思考与建议

第一，提振信心，总结经验，构筑文旅特色的抗灾和灾后“四助”系统模式。

最近很多人都在探讨如何在疫情后复工复产的问题，但是实际上我们应该从这次疫情中走出来，站在整个产业复兴和大规模整体转型发展的角度考虑如何凤凰涅槃、浴火重生的问题。

一是政府政策性救助，为企业生存保住底线。首先是舆论支持，要提振企业的信心；其次是政策性救助，如目前国家已经出台了大众优惠政策和扶持措施，但是早期的减免政策对小微旅游企业见效甚微，因为税收减免等政策实际上对于已经没有收入的企业起不到多大作用。但是随着灾后产业复兴，政府政策优势随着消费热潮的爆发会逐步显现。如杭州发放了两次消费券，两天内就显现了 15 倍的拉动效应，截至 2020 年 4 月初，带动杭州消费 4.53 亿元。日本政府拿出了 120 亿美元的救助资金刺激国内旅游的启动，用发放消费券和给企业补助方式完成高达 50% 旅游产品的折扣。澳大利亚旅游部门为了鼓励国民在国内休假，推出了“还是澳大利亚好”(There is still nothing like Australia) 以及“今年休假在国内”(Holiday here this year) 的旅游复苏宣传活动。3 月 30 日，中共中央、国务院发布了《关于构建更加完善的要素市场化配置体制机制的意见》，意见核心就是要坚持全面深化改革，坚实“让市场在资源配置中发挥决定性作用”。在这重要的历史关头，旅游业必然再次发挥重要的引领作用，为我国按照十八届三中全会确定的“让市场在资源配置中发挥决定性作用”、十九届四中全会提出的“提高国家治理体系和治理能力现代”的法治的市场经济道路做出更大贡献。

二是企业内生性自助，为企业复活留住内力。首先需要企业领导人有足够的定力，体现发展的信心，确定企业的生存策略，不断提高企业的抗风险能力和抗打击能力；其次需要企业的凝聚力留住中坚力量；再次是寻求发展出路、思考产品创新，为复兴崛起做足准备。

三是行业抱团性互助，为灾后复兴守住阵地。这种抱团不是像刺猬一样地抱团，而是像企鹅一样，先用自身的热量温暖别人，通过相互的

热量温暖环境，实现在寒冷中生存下来和繁衍后代、等待春天的目标。建立企业产品合作为基础、产业链合作为方式、利益合理分配为主导的合作方式。

四是学界智力型援助，为产业发展增强活力。中国旅游业的发展一直是企业在探索和成长中为学者和学术界提供了众多成功的案例和鲜活的经验和实证，灾难面前没有人可以独善其身，现在到了学界、业界共同团结应对、共进共退的关键期。学术界重要的是为行业和企业提供智力型帮助，特别是理论指引和实践规划，同时包括智力咨询和人才培训，再次是营销和市场帮助。

第二，按照疫情防控常态化的要求，在旅游产业复工复产中把握好“序”，掌控好“度”。

“序”是作为具有时空特点的旅游产业发展的必然规律。从疫情传播的规律和防控的安全角度来考虑，国家已经对区域疫情进行了不同程度的划分，并对出行和人员空间流动采取了比较明确的限流措施。因此，旅游复工从地域范围来讲，要由近及远，从近郊游向中远途有序延伸；从产品序列上，从一般观光向休闲度假和康养延展；从要素上，从餐饮、观光、近郊休闲向深度旅游发展。工业、农业不能够错时补救，旅游可以通过市场置换、产品空间和时间的调整实现错时、错峰的时间大挪移和空间有效置换，实现旺季延伸、淡季不淡，要从旅游产品和消费能够实现空间转换和时间转移的规律来主动安排产品、节事活动和休闲时间以及空间的布局，真正将失去的损失补回来。同时，预约制将成为控制旅游规模序列的有效手段，“无预约，不出游”是疫情倒逼出来的新风潮，并必将成为人们出游选择的重要前提，旅游管理部门、企业要为预约提供更好的服务和平台。

“度”是按照防控常态化的要求必须考量的复工和出游标准化、制度化安排。“疫情防控不放松、限量管理不放松、安全生产不放松、市场监管不放松”是基本要求，要求景区和旅游目的地地区必须采取“限量、预约、错时、错峰”措施，在新标准掌控、承载量控制、旅游客流统计等方面准确掌控，在线实行精准化调度、智慧化管理、实时化监测、人性化服务，这应当成为旅游管理和运营的新常态并长期坚持和不断探索创新。

第三，复工先行，复产跟进，复能最重要，关键是产能的恢复和新动能的创造、旅游品质的提升。

通过山东全省旅游产业的常态化规模对比分析可以发现，2019 年接待游客总数 9.38 亿人次，其中接待国内游客 9.33 亿人次，旅游总收入 11087.3 亿元，日均 30 亿元左右，人均消费 1181 元，而过去的 2020 年“五一”节，迎来旅游业恢复的第一个“黄金周”，全省共接待国内游客 1265.8 万人次，实现国内旅游收入 68.3 亿元，日均 13.66 亿元，人均消费 539 元，复工规模和产出都低于历史平均水平。目前旅游景区复工率不断提升，但是复产还具有较大的差距，景区限流、室内场所限制开放的管理措施和游客避免集聚而选择非景区化旅游等都对旅游生产的规模形成显著影响。这就一方面要求景区必须从追求规模数量尽快转型升级，实现产品品质化、消费高端化，如苏州周庄旅游股份有限公司实施精致化提升工程，打造“夜周庄”，同时深化文化挖掘和生活体验空间，增加特色餐饮和住宿产品，逐步从传统意义上的观光景点迈向休闲度假的复合型旅游目的地，为留住游客提供更多产品形式和消费业态，就是一种有益探索。

第四，加快供给侧体系改革，强化供应链，完善产业链，创新链。

改善和优化旅游供给体系，主要是政策供给体系、产品供给体系、服务供给体系、设施供给体系、市场供给体系，加大对国内中高级市场的适应性和产品对接。

一是加大管理和服务供给。这次民间自组织体系在保障医护人员交通、餐饮甚至医疗资源的合理配置等方面都发挥了不可替代的作用。旅游行业在推进自救、自助方面发挥了极为重要的作用，因此加大政府改革力度，释放社会组织系统的潜力，简政放权成为必然趋势。疫情中出现的共享员工的创新，为长期以来旅游产业的用工制度提出了新课题，实现推进导游、客房服务员等共享员工的发展，应该作为管理改革的重点，让共享员工成为时尚，如可以组建单一的导游公司、客房服务公司、景区运营代理公司等，为各种业态提供共享员工。

二是加大自组织系统的替代性，强化产业生态的构建。要注重新社区形态的市场开发和组织，创新思考旅游产品和活动的新组织者的出现，疫情期间武汉外卖系统在城市供应体系中的突出作用和外卖小哥的出色表现为我们提供了旅游组织的另外一种方式，即非旅游化自组织系统的形成，他们与需求方（客源）和产品之间建立了一种直连而又不见面的消费活动组织方式，这种近似于平面化的代理人的高效组织方式打破了市场层次的分级和沟通渠道的分层，出现了社会化无接触服务和社区为主的团购组织。所以要改善旅游组织方式特别是通过数字化、智慧化以及社区团组，引入和创新营销模式特别是中介体系，从旅行社来讲要向垂直产业链方向延伸，构建产品研发与生产、流程服务提供、社区市场直销、社区化营销的新发展方式，同时认真研究社区化服务和影响模式，构建新组团方式，从做线路产品向目的地产品方式转型。导游人员要不断推动自身的职业能力升级和就业方式扩容，注重从导游向研学导师（具备导游服务基础和教育教学能力的新型研学导师）、体验引导师、体验导服等方向转型。

三是加大产品研发和供给力度。供给侧改革的重要方向，是研究新需求、应对新需求。疫情期间的需求调查结果显示，有 87.7% 的消费者最看重健康卫生，位列第一，有 43.6% 的消费者选择“有些服务可以线上完成就尽量线上完成”，还有 43.1% 的消费者选择“人员少接触甚至无接触”，由此可以看出，健康卫生是生活服务消费的底线，部分线下服务转为线上服务是大势所趋。新需求引发新市场，新市场需要新产品，特别是健康产品。海南省推出的疫情后旅游业复兴计划，专门提出大力发展健康旅游的政策，出台推动海南加快健康旅游发展的指导意见，制定了高质量推出医疗旅游、温泉养生、森林旅游、中医康养、气候医疗等健康旅游产品的具体措施。山东要加大研学旅游、健康旅游、体育旅游等重点产品的研发和提升力度，适应疫情后市场需求的新变化。

第五，推进空间集聚集约集群发展，打造新的增长极，培育新的产业增长带。

山东文化旅游发展在空间布局和空间生长上来讲，不完善、不均衡的矛盾十分明显，最突出的问题是中心城市的极化效应不足、空间集聚性不强、新的生长空间发育弱、城乡文化旅游一体化融合不够、聚集度不高。各级城市各自为战，空间协同和产品空间协作较差，导致在全国旅游地域分工中位置不突出，尤其是国际旅游竞争力弱。要按照产业集聚、空间集约、优势集中的思路，完善和优化空间体系，提升文化旅游的空间生产能力，强化城乡一体化发展优势，真正形成中心城市极化带动、核心轴带强力支撑、新生空间创新引领的新空间发展格局。

（1）培育增长极。按照胶东半岛城市群、省会城市群、鲁南城市群三大核心空间区域的概念，以济南、青岛、临沂为中心，带动周边城市，形成省会城市（济南—泰安—曲阜）优秀传统文化增长极、半岛（青岛、烟台、威海、日照）海洋文化旅游增长极、鲁南（临沂、枣庄、济宁）红色文化旅游增长极，以中华优秀传统文化创新发展示范区、温带海滨休闲度假连绵带、革命文化创新发展高地为增长极特色，突出核心优势，引领创新发展，以城带乡、文旅融合，构建具有国际影响力、国内竞争力的核心区域。

（2）壮大支撑轴。以济青横向轴为主干，西至聊城、东接烟台、威海，中联淄博、潍坊，形成海陆联动，两核引领，多元互动的横向发展轴。以济南、泰安、曲阜为主干，北达德州通京津冀，南通枣庄接沪宁杭，形成国家级京沪南北文化旅游轴的核心段，融入中国传统文化精华，引领文化传承创新示范高地，打造国际文化旅游目的地城市群。

（3）构筑新生带。借助国家文化遗产公园建设和新京沪大通道建设的契机、黄河流域文化旅游高质量发展的机遇，重点建设大运河文化旅游带、齐长城文化旅游带和新京沪大通道产业新隆起带、黄河沿线生态文化旅游高质量发展带。

第六，打破增长瓶颈，加快体制机制改革，提升旅游治理能力和治理体系现代化水平。

疫情将促进我国文化旅游治理能力和治理体系的变革，并将导致文旅产业全维度革新。旅游产业发展的新形势要求重构旅游产业新生态体系，因此，构建后疫情时代的文旅新产品体系、新营销体系、新服务体系、新管理体系、新运营体系势在必行。

（1）加快资源改革，提升文化旅游资源现实生产力。山东必须摆脱粗放式增长的路径依赖，防止慢性思维形成的路径锁定，目前山东大型国有企业已经大规模介入旅游产业，但是大部分企业没有明晰的发展战略，缺乏科学的总体思维，少有创新性突破措施，单纯依靠景区设施投入、广告投放、门票打折等形式已经行不通，没有体现和引领山东旅游产业转型的能力。所以山东旅游已经进入整体化改革的关键期，必须置之死地而后生。近期召开的中共中央政治局会议部署统筹做好疫情防控和经济社会发展工作，强调“要积极扩大有效需求，促进消费回补和潜力释放”。要充分研究市场需求的新变化，加快推进国有景区的体制机制改革，实现所有权、经营权的有效分离。同时加快文化资源向文化资产、文化资产向文化资本、文化资本向文化产品、文化产品向文化产业的转型，使很多著名的文化旅游资源尽快转化为现实的生产力。

（2）深化体制改革，提升文化和旅游治理能力。当前文旅融合发展已经进入关键期、深水期，需要从综合治理能力和治理体系建设的高度和深度思考问题、实施决策。要打破事业、企业的藩篱，推进国有文化旅游企业的改制、混改，主动引入社会资本注入国有旅游企业，引一泓清水入潭，焕发新的生长力和创造力。推进和完善国民休假制度，时间是影响旅游消费的重要因素，在保证职工劳动时间总量稳定的前提下，探索更为合理的中长节假日安排和更为灵活的弹性休假模式。

（3）优化区域文化和旅游治理模式。旅游综合治理不仅是政府的事情，也是政府、企业、旅游者共同参与的产业优化工程。全域旅游是当前国家政策层面关于区域旅游治理模式的有效安排，但是这不是单一的部门行为，而是政府综合治理、企业广泛参与、社会统筹协调、全民共建共享的综合性旅游治理和发展趋势。山东有些市提出了“旅游富民”“旅游富市”的发展战略，绝不是单纯的文化和旅游的产业发展定位，无一不是站在区域发展的宏观视野和强化“四个自信”的角度提出的，富有深意、值得借鉴、值得推广。所以必须加大全省全域旅游发展尤其是示范区创建的力度和深度，真正使疫情后文化和旅游业的发展纳入区域经济社会发展、区域文化复兴、生态文明建设、乡村振兴齐鲁样板打造的高度来定位和决策。

山东文学旅游资源与“文学山东”

李领娣

摘　要： 山东文学旅游资源承传久远，数量丰裕类型多样，广布于全省诸多区域。在国内旅游产业由大众观光游向内涵式发展转型的时代语境中，深入挖掘山东文学旅游资源的社会历史文化价值及审美内涵，实施整体性规划设计与开发，遵循建构主义真实性原则，将真实性文学地方与社会建构结合，构建“文学山东”旅游空间和旅游目的地形象，具有拓展山东省作为“文化圣地”之内涵、丰富山东地方形象和提升山东文化软实力的重要意义。

关键词： 文学地方　文学山东　文学旅游资源　地方形象　社会建构

在学界，文学地方（literary place）这一概念尚无定论，但是从基本的层面而言，是指那些“与作家或作品相关的地方”，在此关联中，“地方”获取并承载起丰富的社会文化意义。文学地方往往围绕作家、作品中的人物和作品背景相关的地理空间发展、生长而来，与文学文本（literary text）、文学旅游者（literary tourist）等元素互动形成文学旅游（literary tourism）实践。这些原本世俗寻常的地方通过作家作品的神奇力量，脱颖而出变形为具有丰厚文化价值和审美意趣的文学旅游目的地，吸引文学旅游者朝圣般的驻足凝视。山东正是这样的文学地方。钟灵毓秀、人杰地灵的山东拥有丰裕的文学遗产，这些文学遗产的文化旅游价

本文为2018年度山东省高校科研计划项目（人文社科类）“山东省作为‘文学旅游目的地’形象建构研究”（项目编号：J18RB213）资助项目，发表于《山东青年政治学院学报》2019年第3期。

值需要进一步梳理研究，尤其是在国内旅游产业由大众观光游向内涵式发展转型的时代语境中，整合山东文学旅游资源，将山东这一文学地方打造为文学旅游目的地，构建“文学山东”形象，具有拓展“好客山东”作为“文化圣地”这一形象内涵的重要意义。本文在概括山东文学旅游资源的基础之上，结合英国文学旅游发展实践中的成功历史经验，提出建构“文学山东”的初步设想。旅游空间的建构方式之一是旅游客体真实性叠加旅游主体的想象，英国旅游学者约翰·尤瑞（John Urry）也曾在其代表作《游客凝视》一书中指出：“凝视某个地方受到个体经历和记忆的限制，受到规则和风格的制约，也受到流通的图像和文本的影响。”基于山东作为文学地方的真实旅游资源，辅以多元途径激发的想象，建构“文学山东”旅游空间正是本文的基本逻辑所在。

一、山东作为文学地方：世代传承的文学旅游资源

唐朝诗人杜甫的诗句“海右此亭古，济南名士多”，是描述济南城市景观及名士文化的千古名句。在现代旅游产业高速发展的当下，“诗圣”留存的这两句名诗也被重新发掘和赋予时代意涵，幻化为大明湖历下亭和济南市文学旅游的标志性宣传话语之一。事实上，当顺延着这两句古诗将视野放宽至全省范围时会发现，自古山东名士多。从孔子（公元前551—前479年）到李清照（1084—1155年）、从蒲松龄（1640—1715年）到莫言（1955年—），2000多年来山东名士们承续文脉，为后世留下宝贵文学遗产，主要包括传诵千古的有形文字作品，如《论语》《李清照诗词》《聊斋志异》《红高粱》等，还有广布山东这片土地上的与名士相关的自然景观、人文建筑等。此外，从山东作为名士们的书写对象这一维度而言，许多非山东籍的作家也留下吟诵山东社会文化的名篇，如《江城子·密州出猎》《水调歌头》（苏轼在今山东诸城任职时所作），《水浒传》（江苏人施耐庵创作的发生在山东梁山泊的故事），《老残游记》（江苏人刘鹗创作，描写清末山东社会生活，如大明湖上黑妞说书），《济南的冬天》（老舍在济南工作时创作）等。

概而言之，作为历史文化大省，山东具有承传千年的文学遗产和文

学旅游资源。在历史演进中，围绕作家们的出生之地、居住之地、任职之地、游览之地、安葬之地以及作品描摹之地等，生成“山东文学旅游”这一文化现象和经济现象。山东作家及有关山东地方色彩的文学作品具有点石成金般的力量，将“地方”化为“游览胜地”，从而拉动消费，带动地方旅游业发展。英国著名地理学家多琳·梅西提出，“空间是展开无数故事的一个切入口，我们每个人都生活在故事的一个瞬间”。这些与文学旅游相关的地方与空间在历史时光流转之间，层累起诸多亦真亦幻的故事，吸引和召唤一代代文学旅游者亲身到访，用文字和行动参与山东文学旅游书写。如果实现这种地方性旅游消费的整体规划，“文学山东”这一旅游空间及形象建构就有了顺理成章生成的可能。

时至今日，山东文学旅游凭借其悠久承传的历史、多元丰富的类型、审美独特的景观，成为“好客山东”旅游品牌之“文化圣地”不可或缺的组成部分，创造出可观的社会经济效益。随着经济社会进步和文化休闲旅游时代的来临，旅游者的旅游频次、旅游密度也加倍提升，如何为旅游者提供更为深刻多元的旅游体验和更为愉悦美好的旅游心理感受，是需要深入思考和解决的时代问题。经过十年多精心培育深耕，山东省作为“好客山东”这一旅游目的地形象已在全国甚至世界范围内成功树立。在此基础上，应进一步深化细化“好客山东”文化旅游形象和理念，尤其是拓深“文化圣地”这一人文旅游维度的意涵，打破许多旅游者对山东持有的“一山一水一圣人”刻板文化印象，探索建构山东省作为“文学旅游目的地”形象的途径，以适应越来越多元化的旅游市场需求。在这一方面，作为近代文学旅游起步最早、也是世界著名文学旅游目的地的英国，是思考山东文学旅游发展的参照和坐标。

二、山东文学旅游资源开发：对先行者成功实践的参照与创新

从社会实践层面而言，无论中外，文学旅游现象均自古有之，源远流长，如中国封建社会历朝历代对孔庙、孔府的维护与扩建，希腊化时期战火纷飞中对诗人品达故居的保护，对意大利诗人维吉尔墓地的朝圣，

威斯敏斯特教堂的诗人角成为到访伦敦的必行之地等。英国是世界上第一个率先步入现代化的国家，英国文学旅游也伴随国家现代化进程最先成熟完善起来，并且拥有伦敦、爱丁堡等联合国教科文组织评选的世界文学之都。“1769 年 9 月 6 日到 8 日，斯特拉特福莎士比亚诞辰周年纪念活动成功举办，标志着近代英国文学旅游的诞生。”英国文学旅游历经几百年发展演进，积累下许多可资借鉴的有益经验，在此结合山东文学旅游资源开发分析如下。

（一）文学旅游开发围绕相关“地方”展开，以博物馆化为主要途径，辅以多元方式

如前所述，文学旅游发展往往基于作家、作品相关的地方，而这其中又以作家出生、生活之地、任职之地、墓地、作品描述之地等为主。英国文学旅游肇始于作家墓地游，而后衍生出故居游。西方有朝拜作家安葬之地的久远传统，罗马帝国时期，诗人维吉尔墓地朝圣旅行就是例证之一，而在英国，则始于文学之父——杰弗雷·乔叟（1343—1400 年）。1400 年，文人官员乔叟安葬在威斯敏斯特教堂的墓地，这是他生前任职地及租住房屋所在教区的教堂。在某种意义上，这是历史的偶然事件，但历史的偶然却铺陈出日后英国文学旅游发展的源头之一。16 世纪英国宗教改革后威斯敏斯特教堂地位上升，几十位为英国民族国家语言文化事业做出卓越贡献的作家陆续在此长眠，如莎士比亚、简·奥斯汀、劳伦斯等。作家云集的教堂一隅因而得名“诗人角”，成为英国文学旅游最亮丽的符号。将作家故居纳入文学旅游场域是相对晚近之事，在英国，故居游开始于对诗人弥尔顿故居的记录与关注，后来莎士比亚、司各特、奥斯汀、彭斯、蒲伯等作家故居持续激发文学旅游者跋山涉水去探访凭吊朝拜。从 1832 年至 1931 年的百年间，英国本土主要作家的故居历经博物馆化，这些作家故居博物馆是英国文学旅游主体性资源。从 20 世纪 30 年代至今，英国文学旅游进入资源开发形式多样、旅游体验更为多元的新阶段。1983 年，英国旅游局出版文学英国地图，是英国文学旅游走向完善的标志之一。英国文学旅游几百年的发展演进有其成功理念与经验，山东文学旅游可以择而取用之。山东文学旅游“地方”资源丰富，经过几十年设计开发建设，也实现

了几乎所有重要作家故居的博物馆化。麦肯耐尔指出："景观作为值得保存的文物从相似物体中分割开来，便是景观神圣化的第一阶段。"尤其是自改革开放以来，作家故居作为独一无二的文学旅游资源成为产业开发的重点对象之一，其独特属性使其独立于其他建筑进而分立出来。在政府主导市场引导下，分布于山东各地的文学旅游景点大批落成，如蒲松龄纪念馆、李清照纪念馆、青岛市康有为故居纪念馆、济南老舍故居等，文学家的私人空间和公共生活实现共融，充分发挥文学旅游资源的文学性、文化性、审美性、历史性等对旅游者的独特吸引力。大批文学家故居博物馆的建成也折射出旅游经济朝气蓬勃的发展。山东省的地理空间被重新编码，山东成为具有多样文学旅游景观的文化圣地（见表1）。

表1　部分已经博物馆化的文学旅游景点

文学旅游景点名称	地址
李清照纪念馆	济南章丘明水大街136号百脉泉景区附近
李清照纪念堂	济南趵突泉公园内
老舍故居	济南历下区和市中区交叉口南新街58号
辛弃疾故居	济南遥墙镇四风闸村
辛稼轩纪念祠	济南大明湖景区内
南丰祠（曾巩）	济南天下第一泉风景区大明湖东北岸
白雪楼（明代李攀龙）	济南趵突泉公园的东南侧
张养浩故居	天桥区北园办事处柳云社区
周永年故居	五龙潭公园贤清泉附近
王士祯故居	济南大明湖新区秋柳园街21号
路大荒故居	济南市曲水亭街8号
萧红萧军故居	青岛市观象一路1号
梁实秋故居	青岛市于鱼山路33号
康有为故居	青岛市福山支路5号
康有为墓	山东省青岛市崂山区浮山上
陆侃如冯沅君故居	青岛市鱼山路36号
沈从文故居	青岛市福山路3号
闻一多故居	青岛市南区鱼山路5号

续表

文学旅游景点名称	地址
罗贯中故居	泰安东平县城新区罗庄村
房玄龄故居	淄博市齐都镇政府驻地西南 2.5 公里处
蒲松龄纪念馆	淄川区洪山镇蒲家庄
管仲故居	临淄区齐陵街道办事处北山西村
墨子故居	枣庄滕州市荆水河滨、龙泉塔畔下的龙泉广场
孔融祠	潍坊潍城区十笏园西北方向
青州李清照纪念馆	青州古城西门外洋溪湖畔
刘墉纪念馆	潍坊高密逄戈庄村
莫言旧居	潍坊高密市东北乡
臧克家故居	潍坊市诸城市
范仲淹故居	滨州邹平长山镇
孔府	曲阜城中紧邻孔庙
孔尚任墓	曲阜孔林中
孟府	济宁市邹城市亚圣路 1498 号
季羡林故居	聊城市临清市康庄镇管庄村
诸葛亮故居纪念馆	沂南县砖埠镇孙家黄疃村
王羲之故居	临沂市兰山区洗砚池街 20 号
宋琬故居	莱阳市中心大街中部东侧

当对照文学旅游的先行者——英国的发展实践时，山东文学旅游处于正在发展之中的特点较为清晰地呈现出来。纵观英国文学旅游发展，博物馆化是文学旅游前期发展阶段的重要特点。随着向纵深发展，更为多元的开发途径和方式就会生发，如建设文学主题公园，设计追寻作家或作品人物足迹的文学之路，超越作家故居真实性，建构文学文本中虚拟人物相关景观，将新兴的“文学土地”（literary land）或“文学国家”（literary country）观念应用于旅游开发实践等。在比较的视野中可以观察到山东文学旅游拥有可供参照的多样发展方式和广阔的开发空间。

（二）充分利用互联网、手机终端等时代新媒介

除了“地方”开发，新媒介的使用对文学旅游规划与开发也至关重

要。“在空间维度里，事物是同时并存的，具有发生的同时性。可以说，空间是多重性的维度。”信息时代的互联网、手机终端、虚拟现实等媒介和手段对于实现空间的多重性，帮助游客跨越时间阈限，实现体验和交互式文学旅游提供了技术支持。20 世纪上半期，英国文学旅游紧密融合广播、电视等新媒介实现新发展，且与“地方”开发形成积极互动。进入网络时代之后，在逐步探索中生成互联网 + 文学旅游的新型开发模式，如将英国文学旅游景点整合，开发网络版英国文学地图，为全球文学旅游者提供一目了然的景观信息大全；在线观看 3D 版文学景观，感受身临其境的在场感；将已有文学旅游景观进行整体开发，形成手机 App，文学旅游者可以利用手机终端进行虚拟在线游览，如世界各地的游客均可使用手机终端下载 MapVille London App，跟随英国文学史上 150 多位诗人、小说家、剧作家，在电子地图中浏览近 300 处伦敦景点。上述虚拟文本的生产、传播及消费，消解了时间和地理空间的有限性，实现了随时随地虚拟游览的无限性。

山东文学旅游可选择性借鉴这些实践，尝试拓展在场参观之外的文学旅游新形态，超越地域和空间的界限，将虚拟旅游与现场凝视结合，丰富文学旅游观感与体验。旅游业追求的一个目标就是发展，不断吸引大量游客来凝视同一产品。而文学旅游者凝视的本质则是当代体验的一部分，体验式文学旅游是新媒介 + 旅游的核心所在。

（三）文学旅游资源的社会建构

文学旅游者往往将真实性作为文学旅游审美的重要标准，追求旅游客体的真实性。但是随着时代的发展变迁，愉悦性体验逐渐超越对真实性的求索，真实与虚构之间的界限也开始模糊和消解，如伦敦贝克街 221B 已建成福尔摩斯博物馆，虽然历史上或现实中从未存在福尔摩斯和 221B 号；J. K. 罗琳用文字创造的哈利 · 波特魔法世界也于 2014 年建成主题公园；凯瑟琳 · 库克森笔下的英国南泰恩赛德区也已建构成热门旅游目的地。正如有些主张从建构主义真实性原则进行文学旅游资源开发的学者论述的：“今天的文学旅游地早已不限于历史事件发生地、作家出生或逝世的地方，它们同样是社会构建的产物，被创造、扩大，通过营销手段吸引游客。游客也抱着休闲、娱乐等多重目的对旅游地做出自己的解读。文学旅游地的构建过程实际上是开发者和旅游者共同构建真实性并最终使其得到接受和认可的动态过程。”约翰·尤瑞持有类似观点，他认为：“人们会选择要去凝视的地方，因为他们对强烈的愉悦感有着期待，特别是通过幻想产生期待。这种期待是被建构起来的，并且通过各种各样的非旅游的东西加以维持，如电影、电视、文学作品、杂志、录音和录像等，这些非旅游的东西建构了旅游凝视，并且强化着它。”国内当下旅游产业转型与旅游者对愉悦感的期待有不谋而合之处，都是追求更加深层次的旅游体验，因此，山东文学旅游资源开发应着重建构旅游者对愉悦感的期待和文学旅游目的地形象塑造，通过多元文本的生产和传播，将两者系为一个整体，在产业转型中打造“文学山东”这一形象，提升山东旅游产业竞争力。

三、“文学山东”：山东作为文学旅游目的地形象建构

目前，山东文学旅游发展已形成一定规模，且拥有知名度非常高的旅游景观，如莫言旧居、李清照故居、老舍故居等。尤其是莫言旧居，自莫言获得诺贝尔文学奖后，其人、其作品、其旧居、其家乡迅速变身为最具标识性的山东文学旅游符号，独一无二的旅游价值带动了高密当地旅游产业开发与建设。在现有规模之上，山东文学旅游应进一步通过机械复制与社会复制，建构传播“文学山东”形象，进行文学旅游整体性开发，建立起地方历史、文化、社会之间的关联性，构建文学山东旅游世界。

（一）“文学山东”地方形象的机械复制与传播

麦肯耐尔提出，现代社会景观神圣化的做法之一是圣物的机械复制：印刷品、照片、模型或物体的肖像等创造物，它们本身就有价值，并被展示出来。正是神圣化的机械复制阶段，才使观光者真正动身开始寻找真实东西的旅程。山东文学旅游在已有发展基础之上，应进一步借助文字、图像、模型、声音、视频、动画等可视技术和有声技术，在机械复

制中表达和建构山东省作为文学旅游目的地的形象。遵循建构主义真实性原则，将真实性文学地方与神圣化的机械复制结合，旅游者才会认为景观连同其复制品是真实的东西。

（二）社会复制与“文学山东”整体化开发

其次，将不同社会结构元素集合，把山东作为文学地方整体进行开发，用“文学山东”这一话语统领和包罗山东文学旅游及其资源系统，标识山东文学旅游世界，因为“简而言之，旅游世界本身就是完整的，但它是按照不同的社会模式所建造的”。山东文学旅游资源在地理空间上分散性分布不利于山东省作为文学旅游目的地形象的整体性建构，下一步应加强区域资源聚合、整合和总体开发，梳理汇总城市区域内文学旅游资源，并跨出地市区域，进而加强城际合作，如将文学旅游景观、交通、公共服务、城市街道、行业人员等社会结构元素整体化。“景观神圣化的最后阶段是社会复制，即团体、城市或地区为景观命名。旅游景点并不仅仅是物质景观的任意收集。它们往往也具有普遍性，将自然、社会、历史、文化等范畴融合起来，并通过旅游的形式单一地体现出来。”因此，应把山东作为文学旅游开发的整体对象进行系统考察，形成“文学山东”这一涵盖山东地域的旅游目的地形象。

（三）丰富“文学山东”形象内涵：文与旅的融合

将历史、审美等文化元素融合进当下山东文学旅游结构中，紧扣时代特点，顺应旅游产业从大众观光游向文化休闲旅游转型的潮流。文学旅游的特点之一是其历史性，即主要是对历史上存在过的作家、作品、地方等的追溯与重建、留存与维护。唯有了解过去的历史，才能更好地理解文学旅游景观的内涵与外延。“文学山东”概念隐含文学史的时间维度，因此，将历史的完整性融入文学旅游景观，把文学史融入山东文学旅游发展，用文学史丰富山东作为文学旅游目的地的形象，是“文学山东”形象建构的另一要点。此外，随着旅游者审美趣味的培育与提升，带有浓郁人文气息和文化内涵的文学旅游面临发展挑战，因此，审美性是文学旅游景观设计的重要原则之一。“文学山东”形象应蕴含美的观感、美的体验、美的记忆，带给旅游者审美愉悦，甚至审美认知提升。

四、结语

山东省作为文学旅游目的地形象建构以山东绵延千年的丰厚文学旅游资源为出发点，以提升山东省作为“好客山东”“文化圣地”这一旅游内涵为目标。山东文学旅游几十年的发展实践证明，建构“文学山东”形象符合旅游产业转型发展需要。休闲旅游时代旅游者对文化审美保有更高期待，追求更为深刻的旅游体验，英国文学旅游的发展轨迹提供了最好的历史佐证与参照。山东文学旅游可以选择性借鉴英国成功经验，结合山东文学旅游资源客观现实，紧扣文学旅游特点，遵循景观开发客观规律，实现“文学山东”形象建构，丰富山东地方形象，提升山东文化软实力。而有关文学旅游与“文学旅游目的地”形象的研究也将持续向更加深入、更加广阔的论域开展。

【参考文献】

[1] Squire S J. The Cultural Values Of Literary Tourism [J]. Annals of Tourism Research，1994（21）：103-120.

[2] Urry John, Larsen J. The Tourist Gaze 3.0 [M]. London：Sage Publications Ltd.，2011：2，4.

[3] 多琳·梅西，奈杰尔·沃伯顿. 多琳·梅西论空间 [J]. 席志武，译. 美育学刊，2015（3）：23.

[4] 李领娣，刘英. 文本·读者·地方——英国文学旅游的演进轨迹 [J]. 名作欣赏，2016（9）：123.

[5] MacCannell Dean. The Tourist [M]. Berkeley：University of California Press，1999：44，45，51，45.

[6] Nicola J Watson. The Literary Tourist [M]. New York：Palgrave Macmillan，2006：11.

[7] 贾鸿雁，王金沁. 从建构主义真实性看文学资源的旅游开发 [J]. 旅游学刊，2009（5）：28.

"齐盐鲁豉"之美的历史钩沉及其文化解读

金洪霞

摘　要：两件出土的陶制"盐豉共壶"调味品器具，因为上面刻有"齐盐鲁豉"的文字，成为本文钩沉历史和文化解读的话题。在我国古代的较长时间里，从贵族到民间，以食盐和豆豉作为最简单有效的调味品一直和餐桌结缘。于是，便有了专用的盛装食盐和豆豉的共用器皿"盐豉共壶"。在目前发现的几件存世出土"盐豉共壶"物件中，上面都刻有"齐盐鲁豉"的文字，证明在我国古代，齐鲁大地出产的食盐和豆豉是令无数人称道和赞美的食品。于是，"齐盐鲁豉"在一段时间内成为古代调味品的代表和象征，以至于在亲人死后随葬盛装调味品的器皿上都刻有"齐盐鲁豉"的字样，从而揭示了古代齐鲁盐豉的生产水平以及所产生的巨大影响力。

关键词：齐盐鲁豉　盐豉共壶　调味品　文化解读

一、"白盐河东来，美豉出鲁门"之历史探赜

唐代著名书法家虞世南编写的我国现存最早的类书《北堂书钞》的卷146"豉"条记载"美豉出鲁，古艳歌云'白盐河东来，美豉出鲁门'"。其中，"白盐河东来"一般认为是指山西的池盐，但另有"白盐海东来"的版本，则有可能是指齐鲁东部沿海地区所出产的食盐。而"美豉出鲁门"则是明确地说明是古鲁国地域当年生产的"豆豉"。因为这两样调味品在古代人的生活中意义非同一般，甚至在一定的年代里成

为人们不可或缺的生活必需品，竟成为那个时代调味品的代表。之所以这样说，是因为有出土的汉代随葬陶器为证。

（一）从出土汉代陶制“盐豉共壶”说起

图 1、图 2 是现存的两件出土的汉代“盐豉共壶”的实物图片。这两件几乎完全相同的出土陶器，一件现存于陕西历史博物馆，另一件被山东兖州一位收藏家所收藏。这两件陶器均为长方形双口调味料壶，陶器表面的文字已经说明了它的用途。问题是，这两件盛装调味料的陶器壶，器型都不大，因为不是生活实用器而是随葬品，又称为“冥器”。如陕西历史博物馆所藏的这件陶制器皿，长方形顶部双口，似罐似壶，一面并排刻写有“齐盐”“鲁豉”的字样。山东兖州收藏家收藏的这件类似的陶器，同样在调味壶的一面烧制上了“齐盐”“鲁豉”的文字。

图 1　山东兖州石厚堂存汉陶制盐豉调味壶

图 2　陕西历史博物馆陶制盐豉调味壶与文字拓片

把生前所喜欢的生活用品与食品和死者一起随葬，是源于我国汉代人的丧葬习俗，而且这一习俗在后世的中原地区被沿袭。在随葬的食物中有盛装盐和豆豉的器具，说明盐和豆豉在我国汉代及其以前是人们生活的必需品，或许在当时是人们生活不可或缺的调味料。实际上，在我国古代社会很长的时间里，从贵族到民间，以食盐和豆豉作为最简单有效的调味品一直和餐桌结缘。于是，便有了专用的盛装食盐和豆豉的共用器皿——“盐豉共壶”。在目前发现的几件存世的出土陶制“盐豉共壶”中，虽然它们不是来自同一个地区，但有意思的是上面都刻有“齐盐”“鲁豉”的文字。当代学者杨之水先生认为，所谓“齐盐”“鲁豉”，乃意在夸耀，犹曰好盐豉。这足以证明在我国古代较长的时间里，由于齐鲁大地出产的食盐和豆豉质量上乘，成为令无数时人称道和赞美的佳品，以至于在调味料的盛器上都刻有“齐盐”“鲁豉”的文字。这也表明，“齐盐”“鲁豉”在当时已经成了调味品的代表和象征，以至于在亲人死后随葬盛装调味品的器皿上也要刻上“齐盐”“鲁豉”的字样。用最好的东西随葬去世的亲人，从一个方面表达了生者对逝者的孝心与诚挚之情，也从另一个方面揭示了古代齐鲁盐豉的生产水平以及在当时社会中深厚的影响力。

在我国古人那里，把两种主要的调味料盛放在一个器皿中，是极其常见的事，可能是为了使用方便的缘故。把食盐和豆豉共放一壶中，史料多有记载。《太平御览》卷855“豉”条引：“谢乘后汉书：‘羊续为南阳太守，盐豉共壶。’”因为羊续生活简朴节约，吃饭的菜品非常简单，常常是在一个调味壶里盛放些食盐、豆豉而已。本文“盐豉共壶”之名称也是由此而来。羊续用的“共壶”同时盛放两种调味品，这种“壶”是一个大敞口，还是两个并排小口，史料未载，不得而知。如果按照古人制作随葬的器物是仿照真实生活思路的话，羊续用的应当是一个长方形的双口调料“壶”，一如出土陶器的器型。《太平御览》“豉”条还有：“《三辅决录》曰：南阳旧语曰：‘前队大夫范仲公，盐豉蒜果共一筒。’言其廉俭也。”说的也是汉代及其以前的事情。不过，根据资料记载表明，两汉时期，这种盛放调味料专用的器具，没有固定的名称，可以叫作“壶”“筒”，也有称为“椭”的。汉《史记》卷129《货殖列传》注引《三仓》云：“椭，盛盐豉器。”对于“椭”是什么，《急就篇》颜师古

注："椭，小桶也，所以盛盐豉。"由此看来，汉代的"椭"就是类似竹筒一类的器物。无论是叫椭、壶或筒，不过是各地取其形而形成的习惯叫法。

关于这种陶器的名字或其他信息，不是本文研究的重点，此次要探讨的是汉代的"齐盐""鲁豉"为什么会成为汉代人的生活必需品。

（二）"齐盐""鲁豉"是我国古代调味品的代表或象征

一般来说，用于随葬的东西、物件一定是人们认为生活中最好的东西，随葬的调味品也是如此。古人之所以用"齐盐""鲁豉"作为常用的随葬品，应该是因为我国历史上，"齐盐""鲁豉"是最好的调味品，几乎是那个时期调味品的代表或象征。古谚诗"白盐河东来，美豉出鲁门"就是有力的证明。除此之外，西晋孙楚《出歌》中写道，白盐出河东，美豉出鲁渊。姜桂茶荈出巴蜀，椒橘木兰出高山。当然，诗歌中的"白盐""美豉"，其意义自然是在赞美或夸耀，说明齐鲁出产的食盐和豆豉，由于质量上乘，美名远播，而成为人们印象中最好的调味品。人们不仅在日常生活中这样认为，而事实上也的确如此。所以，给故去的亲人做随葬的调味品时也以此佳好盐豉为之，并且要在盛装盐豉的壶上特别说明是"齐盐"和"鲁豉"，以表达对逝者的孝敬和诚意。

二、"鲁豉"之美的文化解读

鲁豉之美，汉代以前的史料不载。豆豉的制作技术始于何时，至今是个有待研究的课题，因为"豉"或者"豆豉"之名最早见诸史料的是在汉代。《史记·货值列传》有"蘖曲盐豉千荅"的记载，但没有说明产地。《太平御览》卷855"豉"记载："《楚辞·招魂》曰：大苦酸咸。"文下有注说"大苦谓豉"。此注一般认为是西汉刘向所为，"大苦谓豉"可能是汉人的臆想，未必是屈原时代的史实。

我国豆豉的生产起点，历来被人们所关注，普遍认为始于秦汉时期。主要是根据目前可能见到的历史资料。其一，西汉音韵学家史游在《急就篇》中有"芜荑盐豉"的句子。这大约是记载"豉"的最早典籍。其二，东汉经学家许慎《说文解字》卷七："尗，豆也，象尗豆生之形也。叔，配盐幽尗也，从尗支声。豉，俗叔从豆。"说明了豉是用大豆经过发酵生产的。其三，汉末训古学家刘熙《释名·释饮食》云："豉，嗜也，五味调和须之而成，乃可甘嗜也。故齐人谓豉声如嗜也。"其他史料也有零星记录，但大都是东汉或东汉以后的事情。

在前面列举的三条资料中，最有意思的是《释名·释饮食》的记载，因为他明确说明"豉"的名称由来是因为齐人"嗜"的发音与"豉"同，就约定俗成地称为"豉"。古代齐、鲁两国仅一城墙所隔，民间地方语言基本相同，而因为鲁地出产的豆豉广为时人推崇，故汉代人有"鲁豉"的流行语。

许慎《说文解字》中把豆豉又称为"配盐幽尗也"，为后人留下了耐人寻味的文案，并由此引出了许多佳话。其中，最著名的是宋人周密在《齐东野语》记载的一条关于"配盐幽菽"的解释，云："昔传江西一士，求见杨诚斋，颇以该洽自负。越数日，诚斋简之云：'闻公自江西来，配盐幽菽欲求少许。'士人茫然莫晓，亟往谢曰：'某读书不多，实不知为何物？'诚斋徐检《礼部韵略》'豉'字示之，注云：'配盐幽菽也。'然其义亦未可深晓。"宋朝诗人杨万里应该是个豆豉的嗜好者，有一天遇上从江西来求见的一个读书人，此人知识渊博但也非常自负。于是杨便对读书人说，听说你是从江西来的，能给我点"配盐幽菽"吗？读书人听了莫名其妙，根本不知道"配盐幽菽"是什么东西。就老实承认了他的不足，并请杨万里指教。杨万里随后拿出一本书，翻到"豉"字，下面注释："配盐幽菽"。原来杨万里向读书人要的是江西豆豉。因为，周密是山东人，自然对齐人的发音谙熟，于是记载了杨万里用"配盐幽菽"来难为书生的故事。所谓"配盐幽菽"，明杨慎《丹铅杂录》："盖豉，本豆也，以盐配之，幽闭於瓮盎中所成，故曰幽菽。"《广雅》也解释说："幽与郁同义，以豆郁之。"《齐民要术》"作豉法"则说："先做暖荫屋，坎地深三二尺。"做豆豉必须室内温暖，不见阳光，即所谓"幽菽"。豆豉的制作，需要在一定温度下将大豆发酵，使大豆的蛋白质分解成氨基酸，这是豆豉富有醇香浓郁特色之所在，也是豆豉美味所在。

秦汉以降，关于制作、食用豆豉的记载资料逐渐增多，尤其是《齐民要术》记录的是“齐民”之生活技术，把豆豉的制作技术进行了全面的总结与介绍。而在他记载的食肴制作中，民间老百姓对于“豆豉”与“豉汁”的运用是非常广泛的，几乎达到了无肴不用的程度。这说明，豆豉是当时用于调味效果最好的复合调味品，这在《齐民要术》中多有反映，对豆豉之美大加赞扬。贾思勰在书中至少有五六处称豆豉为“香美豉”或“香豉”，而对于用麦豉提取的“豉汁”更是认为“热、香、美，乃胜豆豉”。而且，“豆豉”一名是贾思勰首次在书中使用的。如此上等的调味品，人们自然是要作为首选之品的。其实，《齐民要术》所描述的豆豉之美，与汉代人的总结是一脉相承的。《释名》所云：“豉，嗜也，五味调和须之而成，乃可甘嗜也。”一个“甘”字，把“豆豉”的美妙进行了完美的诠释。贾思勰是山东人，对当地生产的豆豉情有独钟，于是详尽地记录在书中。由此来看，“豉”至少在汉魏间，是人们用于调味的最佳之品，因为它具有“五味调和须之而成”的效果。只要在食肴中调入豆豉或豉汁，就会在非常短的时间内达到“五味调和”的目的，似乎美味唾手可得一般。正因为此，人们才对“豉”达到了“甘嗜”的地步，甚至把“豉、嗜”混而为一。这算不算是我国古代人民的一种“嗜豉情结”呢，倒是一个有趣的话题。

另外，汉魏以来豆豉的普及，可能与生产方式也有关系。三代以前人们使用的主要调味品是醯、醢或酱。但酱的制作是以甕为单位的，数量少，加工时间又长，费工费时。民间家庭所制，不过豆酱或面酱一甕而已。但豆豉不同，可以用一个独立的大房屋，一次能加工十石、几十石，甚至上百石的量，而且是量多为好。《齐民要术》说：“三间屋，得作百石豆。二十石为一聚……极少者，犹须十石为一聚；若三五石，不自暖，难得所，故须以十石为率。”即便是适合于家庭制作的“作家理食豉法”，虽说每次可以一石豆为单位制作，但因加工比较方便，尤其不需要制作蘖曲，所以成本也就相对较低了。毋庸置疑，豆豉在我国古代是一种物美价廉的调味品。

齐鲁大地有生产豆豉的历史传承，而且技术领先于其他各地，北魏时贾思勰在撰写的《齐民要术》中所记录的“豆豉”制作方法，就是对齐鲁当地民间豆豉制作技术进行的详细记录和总结性介绍。至今，地处古鲁国境内的山东临沂出产的“八宝豆豉”久负盛名，其制作技术就是在传承传统制作技艺的基础上，使用大黑豆、茄子、鲜姜、杏仁、紫苏叶、鲜花椒、香油、白酒八种原料酿制而成的，故名“八宝豆豉”，在明清年间是著名的贡品。由此看来，“鲁豉”之美源远流长。

三、“齐盐”之美的历史钩沉

齐盐之美，由来久矣。《尚书·禹贡》即有“海岱惟青州……厥贡盐絺，海物惟错”的记载。春秋时期的齐国，尤其盛产海盐，管子使齐国经济强盛的措施之一，就是发展鱼盐之利。《管子·地数篇》记载说：“齐有渠展之盐，燕有辽东之煮……请君伐菹薪，煮沸水为盐……”我国东部盐海自古就有“煮海为盐”的传承，春秋时期其煮盐的技术水平已经达到了臻美境地，尤以齐地为最，所以齐国的海盐也最为有名。《礼记·曲礼》：“醯醢之美，而煎盐尚之，贵天产也。”由此可见，我国自三代以来，均已海盐为尚。

我国发现和使用盐的历史非常久远，据考古学认为，我国最早有意识发现和使用的调味品就是食盐。《世本》《淮南子》《说文》等史籍中都有关于食盐发明的记载。如“夙沙氏，黄帝臣，始煮海为盐。”“古者宿沙氏初煮海为盐。”宿沙氏是黄帝时代生活于黄河下游沿海地区的一个部落，发明煎煮海卤摄取食盐的事情是可信的。因为宿沙氏煮海为盐发明调味品的巨大贡献，后人曾在河南的安阳为他修过盐宗庙，用以祭祀纪念之。据罗泌《路史》云：“今安邑东南十里有盐宗庙，吕忱也云，宿沙氏煮盐之神，谓之盐宗。”除了海盐，先民们还陆续发现了池盐、井盐、岩盐等。如三代时期，黄河上游的青海所出产的岩盐，已很有名气，被《吕氏春秋》列为中国珍贵的美食资源之一，称为“大夏之盐”。关于大夏之盐，有学者认为是天然盐矿所产，不是人为的生产所得，属于一种摄取自然的行为。汉代许慎在《说文解字》也说：“盐，卤也。天生曰卤，人生曰盐。”如晋人对河东盐描述说：“其河东盐池，玉洁冰鲜，不劳煮沃，成之自然。”这就是历史上著名的“河东盐”，古谚中的“白盐河东来”，也是指的河东池盐。由于没有经过加工的盐卤苦涩，味道欠佳，不如煎煮的海盐味美，所以古人喜欢煎煮的海盐。这或许就是秦汉以后人们的生活中，视“齐盐”（齐盐是海盐）为珍的原因所在吧。

盐在中国古代是被当作重要的调味品和祭祀品的，在我国先秦的诸多史籍中屡有记载。《尚书·说命》就有：“若作和羹，尔惟盐梅”的记载，说明在商代人们就已经知道用盐做调味品，用来配制美味的羹汤。但那时用的什么盐呢？《尚书·禹贡》载“海岱惟青州……厥贡盐絺”，说明在夏朝时，古代齐地就有“贡”给奴隶主的海盐。当时这种盐因为数量少所以很珍贵，在很长一段时间里，海盐是被当作珍贵的“贡品”来上缴的。由于珍贵，所以在先秦的祭祀供品中，盐成为必备之物，在周人的祭桌上，有“型盐”“卵盐”之供。

三代时期的青州，就是后来的齐国古地，也包括鲁国的部分属地。管子治理齐国时期由于大力发展鱼盐产业，使齐国一度强盛而成为春秋时期的霸主。“齐盐”之美以及生产状况，在汉魏时期的文人作品中多有描述。

西汉扬雄《青州赋》云：“茫茫青州，海岱是极。盐铁之地，铅松怪石。群水牧归，莱夷作牧……”文赋中对汉代山东青州的盐业历史状况，给予了全面的概括与总结。汉魏时期的山东人左思，在所作的《齐都赋》中也说：“齐国之盛……人民寡，地泻卤……太公即封于营丘，劝农桑，通鱼盐，人物归之，货资辐凑……春秋战国，齐之强胜，无国可比。故司马迁曰：泰山之阳则鲁，其阴则齐。齐带山海，膏壤千里，宜桑麻，多布帛鱼盐。”三国时代的刘桢写有《鲁都赋》，其中云：“其盐则高盆连冉，波酌海臻，素鹾凝结，皓若雪氛……又有盐池漭沉，煎炙旸春，焦暴濆沫，流盐自殷，挹之不损，取之不勤。”描写的是齐鲁沿海生产海盐的盛况。西晋时的张融，在所写《海赋》中，对两晋时期胶州积卤煮海盐的生产场景进行了描述：“漉沙构白，熬波出素，积雪中春，飞霜暑路。”其盛况可见一斑。而齐鲁盛产海盐的事实一直延续到今天。

“齐盐”不仅成就了齐国的霸业，不仅成为秦汉人的生活珍品，而且自古以来的齐鲁之盐，也成就了著名的中国鲁菜。《黄帝内经·素问》：“东方之域，天地之所始生也，鱼盐之地，海滨傍水，其民食鱼而嗜咸，皆安其处，美其食。”早期海盐的获取，必煎煮海水而成。经过水火相济而生产的海盐，称为“熟盐”。《明史·食货四·盐法》有“盐有生有熟，熟贵生贱”之说。“齐盐”之美，当与熟盐有关。齐鲁大地出产的海盐，咸味馥郁而不烈，咸味之外略有煎香之气，而四川自贡出产的井盐则咸味柔和甘醇，回味时略有甘香的感觉。对此，医圣陶弘景早有鉴定云：“蜀中盐少淡，广州盐咸苦。”这就从某种意义上揭示了四川菜与调味品之间的密切关系。事实证明，川菜调味之美，有赖于川盐之功。而鲁菜调味之和，也得益于齐盐的馥郁醇美。这个道理，早在先秦典籍中已有论述，“醯醢之美，而煎盐尚之，贵天产也”。历史上齐国的海盐很有名气，被时人推崇，就是这个道理。

至少在魏晋南北朝以前，人们对于食盐品质的高下、生熟的区别，已经有相当精准的把握。《世说新语》卷六引裴景仁《秦书》云：“朗字元达，苻坚从兄子……善识味。会稽王道子为设精馔，讫，问‘关中之食，蔡若于此？’朗曰，‘皆好，唯盐味小生。’即问宰夫，如其言”。古人从菜肴中能够辨出盐味之生熟，不仅说明了古人辨味水平之纤微精妙，也证明了生盐熟盐是有区别的。

中国人调味用盐，除了重视盐的咸味之外，更在意咸味以外的韵味。唐代司空图在《与李生论诗书》一文中有一段关于用盐咸味的论述，颇有见地。云：“愚以为辨于味，而后可以言诗也。”为什么？他说：“凡足资于适口者，若醯，非不酸也，止于酸而已；若鹾，非不咸也，止于咸而已。中华之人所以充饥而遽辍者，知其咸酸之外，醇美者有所乏耳。”盐味之美，在于味外之味，这似乎已经超出了烹调用盐的范畴，而上升到哲学之美了。古代“齐盐”之美，是否也包括如此的鉴赏层面，今人不得而知。

四、结语

由两件出土的陶制“盐豉共壶”调味品器具，而引发出关于对“齐盐”“鲁豉”的历史探讨与文化解读，不是区区几千字的短文所能够完成的事情，因为其中还蕴藏着更深刻的文化内涵，有待进一步深入探讨。

无论是“盐豉共壶”还是由此引出的“齐盐”“鲁豉”，除了饮食烹饪文化层面的含义之外，还有包括秦汉时期的随葬习俗、“齐盐鲁豉”的历史地位、生产工艺与供应方式等，当然还包括盐豉对于华夏民族群体繁衍昌盛发展的生理作用，以及“齐盐”“鲁豉”在中国历史上的影响范围和影响时间等。后世被公认的鲁菜是中国最有代表意义的菜肴体系，其影响时间之久远、影响范围之广泛，已经是众所周知的事情。由此看来，鲁菜之所以能够以其深厚的文化渊源与文化内涵成为中国最富有影响力的菜肴体系，并非无水之源。仅从“齐盐”“鲁豉”的历史钩沉和文化解读中，就可窥其一斑，而更深层次的研究内容远非本文所能及。

【参考文献】

[1] 钦定四库全书·北堂书钞（刻本影印）[M]. 北京：商务印书馆，2005.

[2] 杨之水. 两宋茶事 [M]. 北京：人民美术出版社，2005.

[3] 宋·李昉，等. 太平御览（影印）[M]. 北京：中华书局，1998.

[4] 北齐·颜之推. 颜氏家训 [M]. 檀作文，译注. 北京：中华书局，2007.

[5] 汉·班固，汉书（影印）[M]. 宋·颜师古，注. 北京：中华书局，1997.

[6] 明·张溥. 汉魏六朝百三家集 [M]. 长春：吉林出版集团有限责任公司，2005.

[7] 汉·司马迁. 史记·殷本记 [M]. 北京：中华书局，1997.

[8] 汉·许慎. 说文解字（影印本）[M]. 北京：中华书局，1983.

[9] 清·王先谦. 释名疏证补（影印本）[M]. 上海：上海古籍出版社，1984.

[10] 宋·周密. 齐东野语 [M]. 张茂朋，译. 北京：中华书局，1983.

[11] 明·杨慎. 丹铅杂录 [M]. 北京：商务印书馆，1966.

[12] 清·钱大昭. 广雅疏义 [M]. 黄建中，李发舜，点校. 北京：中华书局，2016.

[13] 后魏·贾思勰. 齐民要术校释 [M]. 缪启愉，校释. 北京：农业出版社，1982.

[14] 尚书 [M]. 徐奇堂，译注. 广州：广州出版社，2004.

[15] 管子 [M]. 李山，译注. 北京：中华书局，2009.

[16] 礼记集说（影印本）[M]. 陈澔，注. 上海：上海古籍出版社，1987.

[17] 宋·罗泌. 路史（影印本）[M]. 北京：中华书局，1989.

[18] 吕氏春秋 [M]. 张双棣，等，译注. 北京：中华书局，2007.

[19] 清·严可均. 全上古三代秦汉三国六朝文 [M]. 北京：中华书局，1958.

[20] 梁·萧子显. 南齐书·明帝 [M]. 北京：中华书局，1997.

[21] 黄帝内经·素问 [M]. 北京：人民卫生出版社，1963.

［22］清·张廷玉，等．明史·志第五十六·食货四·盐法［M］．北京：中华书局，1997.
［23］明·李时珍．本草纲目［M］．北京：人民卫生出版社，1982.
［24］宋·刘义庆．世说新语·汰侈第三十［M］．石家庄：河北大学出版社，2006.
［25］夏传才．古文论译释［M］．北京：清华大学出版社，2007.

传统语境中“自然”在生态旅游中的意义

岳永洁

摘　要：“自然”是生态旅游的关键词，但由于中西方思维方式的不同，使得它在中西方的文化解读中有着不同的内涵。在中国，“自然”一词最早出现于先秦时期，在漫长的文化发展和传承中被赋予深厚的内涵，它深刻揭示了中国人的天人关系，传递了国人的审美情趣，最终成为人们的心灵归宿。这为当前的生态旅游提供了深厚的文化基础和生态教育内容，因此，深刻挖掘“自然”的丰富内蕴，“唤醒”旅游者的这种潜在的文化因子，在传统文化的基础上修正人跟自然的关系，在审美体验中完成生态教育这应该是当前生态旅游的基础和突破口。

关键词：生态旅游　自然　物　大众旅游

（一）

生态旅游是随着旅游业的迅猛发展，在西方生态学、生态哲学、生态伦理学以及环保主义思潮的影响下出现的一种旅游形式，它试图解决或缓和旅游业的极速发展，特别是人们日益增长的自然旅游的需求与自然旅游资源可持续发展之间的矛盾，被认为是21世纪旅游发展的主要趋势之一。不过，由于受人们对旅游内涵的理解、旅游业发展的复杂性以及文化差异等诸多因素的影响，目前国际上对生态旅游仍然没有较统一的界定。但综合生态旅游定义可见，“自然”是最为基本的关键词。在这些定义中，“自然”基本上都是作为名词使用，可以是“第一自然”，也

发表于《江南论坛》2020年第9期。

可以是第二自然。从词源来说，“欧语的 Natuta 系源自希腊文 Physis，蕴含‘诞生’‘生成’之意，可解为‘自然而然的出生、成长、衰老、死去’，并兼具‘本性、本质、秩序’的含意，可以表示森罗万象之物（包括宇宙本体）。”目前我国的生态旅游研究也基本是在这一层面使用这个词语。

其实，“自然”一词在中国先秦时期就已出现，就目前的研究来看，一般认为它最早出现在《老子》一书中，用以表述“道”的存在状态，常常被理解“自然而然”“自己如此”，有时还可以指人或事物的本来天性。

人法地，地法天，天法道，道法自然。《老子·二十五章》曰：“太上，不知有之；其次，亲而誉之；其次，畏之；其次，侮之。信不足焉，有不信焉。悠兮其贵言。功成事遂，百姓皆谓：‘我自然’。”

《老子·十七章》“道法自然”中的“自然”就是“自己如此”的意思。第二段引文中的“自然”说的是百姓本来的心性就是希望统治者能够无为而治，可以理解为“本来如此”。庄子承袭了老子对“自然”的理解，但也更进一步用“自然”一词来形容人或物的最初的、最素朴的、生来就有的真本性，以此来召唤当时的生存个体返璞归真，达到精神层面的无拘无束。庄子曰：“是非吾所谓无情者。吾所谓无情者，言人不以好恶内伤其身，常因自然而不益生也。”《庄子·德充符》中这里的“自然”是指人的素朴本性。“汝游心于淡，和气于漠，顺其自然而无容与私焉，而天下治矣。”《庄子·应帝王》中这里的“自然”则是指物的本性。庄子认为，人只有回归和守护自己的素朴本性、遵从物的规律和法则才能更长久、更自由地生存。

（二）

确切地说，对于西方语境下作为名词使用的自然，在中国古代典籍中很难找出与之精确对应的词。“‘自然界’以及‘自然界中的事物’，这两种意义上的自然，对应于中国哲学的分别应该是‘天地’以及‘天地中的万物’或称‘天地万物’。”其实，“天地万物”应该更合适一些。

“天地”和“万”在这里分别是从性质和数量上修饰“物”的，指称自然而然生长出来的众多自然存在。“物”这一词汇出现的比较早，《周易》“厚德载物”的“物”就是指世间万物，许慎《说文解字》也解释为：“物，万物也。”

在《老子》一书中“物”字出现的频率很高，有十七次之多，它有时指“道”，如“有物混成，先天地生”(《二十五章》)，有时也指依道而生的“万物”，如“道生一,一生二,二生三,三生万物。万物负阴而抱阳，冲气以为和”(《四十二章》)。

具体而言，老子笔下的“万物”主要包括遵循“道”的规律而生、遵循“道”的原则自化的人、事、物三个方面的内容。从这一点来看，它当然包括西方生态旅游语境中的自然。《庄子》继承发展了老子的这一命名，“物”和“万物”在《庄子》那里除了指人类以及与人类相对称的自然界之外，还包括我之外的“物”，指出“我”与“物”是有分别的，当然这种分别不是“我”“物”对立，不是人凌驾于物之上，《庄子》已经敏锐地察觉到“役物”和“役于物”对人的心性造成的伤害了，极力强调物我平等的观念。可以说，庄子的“万物”比老子的“万物”更具体了。如果说老子从“道”的高度强调了人与万物平等的话，那么庄子的“物”更突出和深化了人与物的相处之道。总之，道家的“物”或“万物”与人是平等的，且在这种平等的基础上充分体现了人对“物”的尊重和感同身受，因为它们都秉承了道的特点，万物自有价值而不仅仅是对人有价值。

儒家在对待人与物的关系上虽然突出了人的能动性，但仍然强调了人对物的尊重和人同物本身就是一体的观念，同时又似乎比道家多了一些朴素的伦理内涵。在其典籍《中庸》中儒家明确提出了“尽物之性”之说，指出要尊重事物的本性，任由它们释放天性。荀子更是提出了“明于天人之分”的观点，强调人在自然面前应该“知天命而用之”，只有在顺应自然、尊重自然的前提下才能更好地发挥人类的主观能动性。从审美的角度而言，一般认为这是人与自然的审美关系处于“比德”的阶段，人与自然是一种观物而深自省察的关系。孔子说“智者乐水，仁者乐山”，是拿山水的特点与君子的德行做比较，借以启迪众人反思自我，深刻省察自己的内涵修养。

综上所述，就人与自然的关系而言，尽管各家有差别，道家强调价值平等，儒家突出尊重，但这都为后来的人与自然的关系奠定了基础。

魏晋时期在人与自然的关系方面仍然沿袭了先秦平等与尊重的观点，但在“人的自觉”的时代大背景下更强调人的心性自然，嵇康在《释私论》中说“矜尚不存乎心，故能越名教而任自然，情不系于所欲，故能审贵贱而通物情”，他在《述志诗》中说“冲静得自然，荣华安足为”，还有陶渊明“久在樊笼里，复得返自然”，无不在抒发一种挣脱束缚、回归自在自我的精神状态。

在人与自然的关系方面，魏晋人开辟出了新的天地。人们与大自然有了第一次审美情感上的亲密接触。宗白华先生说:“晋人向外发现了自然，向内发现了自己的深情。山水虚灵化了，也情致化了。”人们发现，原来于我之外还有一个美的自然界，它本来就很美，而且这种美会影响人、感染人，人的情感可以与它们共呼吸。于是，作为名词的“自然”出现了。阮籍在《达庄论》中说“天地生于自然，万物生于天地。自然者无外，故天地名焉。天地者有内，故万物生焉。”这里的第一个自然是“自然而然”的意思，第二个“自然”就是指天地万物的统称了，作为名词使用（但此后很少被作为名词使用）。于是，山水诗出现了，山水园林出现了，山水写意画也在酝酿之中。魏晋人跟自然这种关系的确立，以及他们在艺术领域对自然的理解直接影响铸就了后人看待自然的眼光。美国学者 Weaver 曾经指出，包括中国在内的东亚的生态旅游者更关心自然景观（植被与地质景观），他们对这些吸引物有较为强烈的美学与哲学联系。唐宋时期，人们与自然的关系进一步增强，与魏晋人更多从山水自然中获得哲学思辨不同，唐人与自然的关系变得轻松而亲密，他们在诗歌、游记、绘画等艺术形式中尽情地展示从山水自然中获得的喜悦、感悟，借以传达个体的审美体验，抒发性灵。而到了明代，人们则更热情投身到自然山水中去。黄省曾在《吴风录》记载了苏州一带人们游览山水自然的盛景，“春初西山踏青，夏则泛观荷荡，秋则桂岭九月登高，吹沸山川以往”。而这一时期的“公安三袁”、徐霞客等人的游记也进一步激发了人们走向山水的热情，甚至把山水搬到家里的私家园林在这一时期也迅猛发展起来。

而且，在人们一步步走向自然的同时，自然也逐渐成为评价其他艺术形式的尺度，从书法的模仿自然到诗歌的“出水芙蓉”，再到绘画和园林的“自然之境”，这无不表现出人们对“自然”的尊崇，充分体现了人们的审美情趣。

更进一步说，在中国人的文化心理中，自然其实是人们心灵的原乡。人类最初从大自然中走出来，依附自然生存，逐渐改造自然，使自然为我所用，进而慢慢地远离自然，迷失在非自然的境遇中。但在人性迷失的情况下，人类可以重回自然，从万物自然中寻找自我，获得启示，重塑自我。同时，自然本身蕴含更为深邃的美、更为完美的善。从老子的“小国寡民”、庄子“鼓腹而游”的“无何有之乡”到陶渊明的桃花源与田园都包含“真意”。“山气日夕佳，飞鸟相与还。此中有真意，欲辩已忘言。”天气向晚，鸟倦归巢原是动物的本能，自然而然，但陶渊明由此了悟，鸟累了尚且知道归林休憩，“我”累了回归田园自然也是本性流露，所以，在目睹飞鸟归林的一瞬间，陶渊明豁然开朗，完成了心灵的自我调度和自我救赎。现代人又何尝不是如此呢，从“老树画画”到李子柒的田园其实就是这种文化基因在现代人心中的呈现。

（三）

综上所述，在中国的传统文化中，人们在与自然相处时表现出超越道德和伦理情感的平等、尊重态度，他们借自然万物来抒发情感，寄托审美的情趣，在自然中完成对自我生命的体认，进而把自然当作心灵的故乡和归宿。简而言之，就是人们在跟自然相处时能够体自然之德，观山川之美，觅休憩之所。但是现在生态旅游中的自然，受研究尚待深入、大众旅游背景以及西方生态旅游研究的影响，并没有真正承担这样的角色，生态旅游研究还没能实现与这种传统充分衔接和融合。因此，当前的生态旅游应该在学习传统文化的基础上“唤醒”这种沉睡文化因子，以传统自然观的基础，重新修正人与自然的关系，在审美体验中完成生态教育。

首先，把传统文化中的自然观和生态理念真正融入现在的生态旅游教育中来，积极探索传统自然观在现代生态旅游中的呈现形式，这不但是生态教育的内容，也是生态旅游摆脱目前困境的必由之路。这就需要把眼界放大，不要单纯地依赖说教和旅游者的道德自律来实现生态教育。生态教育具体到旅游者身上主要表现为带着生态的观念去旅游；在旅游过程中体现生态意识，接受生态教育；旅游过程结束后对自然生态教育的进一步回味和体认。其中，旅游之前的生态观念的养成主要通过传统文化来实现。从这一点来说，生态旅游不仅仅是旅游界的事情。在旅游过程中，旅游者的生态意识和生态教育主要由景区来完成，而旅游者在旅游活动结束后对生态观念的持有和加强主要来自旅游过程中的生态审美体验的获得和心里预期的满足，所以，探索最能为游客接受的教育形式，充实生态教育的内容是重中之重。如上所述，在我们的传统文化中，从理论到形式都充分阐释或演绎了人与自然的关系以及人从自然中的所感所得。单就艺术形式而言，山水诗、山水游记、山水画、园林艺术等都是不错的突破口，也是在当前的生态旅游过程中有意为之就可以融入并产生良好效果的生态教育内容，因为，"中国的生态资源并不是单纯具有'自然美'的自然景观，还包括许多与自然伴生的文化景观"。当前提倡文旅融合，其实是一个很好的背景和契机。

其次，依托传统文化实现对每个旅游者的情感教育，保证旅游个体审美体验的获得。基于自然的生态教育是生态旅游的本质特点之一。旅游者对自然生态的保护不仅仅应该是一种伦理或道德上的理性自律，更应该是一种基于审美体验获得后的情感追随和情感回馈。从狭义角度而言，旅游本来就应该是旅游者主动的精神诉求，是在物质基础得到基本满足后更高一级的精神追求，这种精神诉求的根本是获得一种体验，这种体验从最初的目的上来说可以是审美娱情，也可以是猎奇探险、增长知识，但审美体验才是这种体验的最主要方面。生态旅游更是如此，旅游者只有达到"登山则情满于山，观海则意溢于海""物色之动，心亦摇焉"的境界才能真正迸发出保护自然的热情。儒家讲求"礼乐教化"，突出音乐对人由内而外的陶冶；道家讲求"体道"、讲求"得意妄言"，都突出了情感体验在教育中的重要作用。而我们的传统文化中从来不缺乏这样的情感，在山水文化中这种情感更是比比皆是，重新回归或者深入沉浸其中就能重温这种情感。比如，最近几年时兴的沉浸式旅游，就是关注到了旅游者的这种体验需求而开展起来的，生态旅游最好的实现形式就是对这种沉浸式生态环境的营造。

进一步而言，结合传统文化，关照旅游者的审美体验最终都要落实到具体的旅游者身上才能最后实现真正的生态教育。这一点看似与本文论题无关，其实尤其重要，因为体验和情感永远都是个体的主观感受和主观获得。加拿大著名生态旅游学者戴维·A. 芬内尔在《生态旅游》一书中给生态旅游的定义是“旅行的主要目的是出于对目的地自然历史感兴趣，是局域自然旅游的一种，强调在目的地第一手资料的学习、可持续性（保护和当地参与）和有道德的规划、开发和管理”。这一界定突出了对自然的保护，强调了旅游者的动机是对旅游目的地的兴趣和学习，突出了旅游者的主导地位，强调了旅游者的主动性与道德因素。这一定义虽然与我们目前对生态旅游的界定不完全一致（在 2018 年新出版的《中国旅游生态旅游发展报告》中张玉钧认为生态旅游是以可持续发展为理念，以实现人与自然和谐为准则，以保护生态环境为前提，依托良好的自然生态环境和与之共生的人文生态，开展生态体验、生态认知、生态教育并获得身心愉悦的旅游方式，比较全面地概括了目前学界对中国生态旅游这一概念的理解），但就他突出旅游者的地位这一点来说是很值得我们借鉴的，这在当前大众旅游大行其道的背景下尤其重要。因为大众是一个散在的、不确定的群体，特别是目前的大众旅游也正在转型，逐渐由原来的组团旅游转型为散客游。同时，大众群体中的个体存在诸如旅游需求、教育背景等各种各样的差异。从芬内尔的观点来看，生态旅游者一般都是受过高等教育的、旅游动机是出于对自然的热爱和保护，单就这一点来说，在目前中国大众旅游迅猛发展的情境中就不易达到。但是我们可以也只能依靠人们对传统文化的认同感来尝试，教育的内容和形式如文中所述。

最后，从景区角度而言，加强责任感，调整思路，以长远的目光来看待生态旅游，才能真正实现自然资源的可持续发展。就本质而言，生态旅游本不应该只是一种经济行为，它应该有着更深远的情怀。芬内尔在《生态旅游》中引用了赫兹曼的观点，赫兹曼指出旅游业已成为越来越重要的一种经济事务而不是体验，而这就使旅游丧失了其最根本的本质，即从体验中获得愉悦。目前我们的生态旅游的处境也多是如此，它常常被景区作为招徕游客盈利的法宝。先秦的道家讲求人在面对自然事物的时候要顺应自然，不勉强作为，这就要求旅游资源管理者和开发者以体验者而不仅仅是管理者和开发者的身份对旅游资源进行适度开发，也能观山川之美、体自然之德，力求把自然最传统、最本真的一面呈现给旅游者，才能真正实现资源的可持续发展。

【参考文献】

[1] 陈玮芬．日本自然概念考辨［J］．中国文史哲研究集刊，2010（3）：103-135.

[2] 赵卿．中国山水画论笔墨说的形而上底蕴——以唐岱的天地观与笔墨说为考察核心［J］．济南：东岳论丛，2016（3）：108-116.

[3] 宗白华．美学散步［M］．上海：上海人民出版社，2003.

[4] 叶文，张玉钧，李洪波．中国生态旅游发展报告［M］．北京：科学出版社，2018.

[5] 戴维·A. 芬内尔．生态旅游［M］．北京：商务印书社，2017.

国外健康旅游的发展路径与启示

李新泰

摘　要： 自 2018 年年初以来，我国各级政府先后出台促进中医药健康旅游发展的政策，各级别示范项目建设快速推进。本文首先对健康旅游的含义和研究范围进行了界定，然后分别介绍了泰国普吉岛、立陶宛国家公园、日本森林疗法、印度政府扶持健康旅游发展的经验，并对其典型的发展路径进行了概括性描述，最后围绕促进中医药健康旅游发展提出了建议，以期对政府管理和项目建设有所启发。

关键词： 健康旅游　中医药文化　康养旅游　文化旅游

中国特色社会主义进入新时代以来，国内旅游市场快速发展呈现供需两旺态势，国内旅游人数连年增长且旅游投资持续扩大，旅游已经融入百姓生活。全域旅游顺应时代潮流，拓展了旅游的发展空间，人民群众旅游消费个性化、多元化、品质化的特点也日益凸显。“中医药健康旅游”在国家相关政策文件中有明确表述，国家旅游局和国家中医药管理局共同协调启动了中医药健康旅游示范项目建设，该项目促进了中医药健康旅游的产业化发展，也推动了中医药健康服务业与旅游业的深度融合。

一、研究背景和问题提出

相关政策按照颁布时间顺序如表 1 所示，其中《关于促进中医药健康旅游发展的指导意见》最为具体，国家旅游局已经公布包括山东日照

本文系山东省中医药发展现状和战略研究（2018 年）研究成果，发表于《人文天下》2019 年第 5 期。

在内的13个中医药健康旅游示范区、72家示范创建单位，山东省公布中医药资源条件较好、旅游基础设施完善的68家单位为首批中医药健康旅游示范创建单位。

中医药健康旅游已经从概念发展到落地实施。国家旅游局、山东省旅游发展委员会均将中医药健康旅游作新业态列为2018年度重点工作。随着自2018年年初启动政府机构改革，挂牌后的文化和旅游部已经开始运转，山东省的文化和旅游合并工作也有条不紊地逐渐展开。文化和旅游的合并益处多多，既使文化传播如虎生双翼，也使旅游发展行稳致远，对于消费者而言则是诗与远方的兼得。2018年9月，山东省委、省政府印发《大力推进全域旅游高质量发展实施方案》，山东省全域旅游建设进入快车道，提出打造"文化圣境·健康福地"国际旅游休闲度假目的地构想，该方案中对依托孔孟儒家文化等资源打造东方文化圣地旅游目的地有详尽描述，但对如何构建"健康"旅游目的地缺乏深入解析，中医药健康旅游如何切入大有作为。

表1　含"中医药健康旅游"的相关政策汇总

发文时间	发文机关	文件标题
2014-08-21	国务院	关于促进旅游业改革发展的若干意见
2015-4-24	国务院办公厅	中医药健康服务规划（2015—2020）
2015-08-11	国务院办公厅	关于进一步促进旅游投资和消费的若干意见
2015-12-16	国家旅游局、中医药局	关于促进中医药健康旅游发展的指导意见
2015-12-30	山东省旅游发展委员会	山东省中医药健康旅游示范基地评定办法
2016-02-22	国务院	中医药发展战略规划（2016—2030）
2016-07-28	国家旅游局、中医药局	国家中医药健康旅游示范区（基地项目）创建工作通知
2016-11-15	山东省旅发委等五部门	关于加快山东省饭店业发展的意见
2017-02-03	国家发改委等八部委	"十三五"时期文化旅游提升工程实施方案
2017-03-30	山东省人民政府	贯彻国家中医药发展战略规划的实施方案
2017-05-17	国家卫计委	促进健康旅游发展的指导意见

续表

发文时间	发文机关	文件标题
2018-01-04	山东省旅发委、中医药管理局	首批中医药健康旅游示范创建单位名单公示的通知
2018-03-13	国家旅游局	国家中医药健康旅游示范基地创建单位名单公示
2018-09-19	山东省委、省政府	大力推进全域旅游高质量发展实施方案

资料来源：笔者根据各级政府公开发布的内容整理所得。

中医药文化作为中华传统文化的重要组成部分，中医药健康旅游可实现中医药文化的快速传播，在传承和创新发展原则指导下不断形成新特色、新优势，促进齐鲁中医药薪火相传。且可以促进消费人群健康意识的普及，使游客以寓教于乐的形式接受健康理念，助力“健康山东”战略。所以，中医药文化旅游、中医药健康旅游发展意义重大、发展前景广阔。

需要指出的是，当前的中医药健康旅游还是新生事物，概念如何确定、包括哪些范畴、是否有技术标准、产业如何推进等，这些都值得探讨，本文据此搜集国外典型国家的健康旅游情况，重点围绕其发展路径、特点，以期为我国的中医药健康旅游发展提供参照和启示。

二、概念辨析与界定

（一）Health Tourism & Wellness Tourism（健康旅游和康养旅游）

由国际旅游组织联盟（IUTO）定义，该联盟的前身是联合国世界旅游组织，该组织在 1973 年提出“利用该国的自然资源和卫生设施，特别是矿泉水和气候”；Goeldner 在健康旅游文献评论中，将健康旅游定义为：“①远离家乡；②健康为最主要的动机；③在休闲环境中完成”。健康旅游在英文文献中出现的频次较高，Health Tourism 用于标记“预防医学”产品，如物理疗法、维生素治疗或饮食需求评估等。Wellness Tourism 这个词在英语环境中用来描绘温泉、SPA、按摩中心、精神疗养院等。这两个词语的含义十分相近，前者相对正式和规范，直译则与汉语语境中的“健康旅游”对应，后者相对偏向于健康体验、疗养、保健，与“康养旅游”更为切近。

早在18世纪的欧洲，各地陆续建起旅游设施，其中多以矿泉疗养胜地的形式出现，且配备各项设备，可以开展舞会、仪式庆祝、社交联谊等活动。英国最早的温泉疗养胜地位于斯卡伯乐（Scarborough），短短的几十年内便发展成为旅游胜地，吸引大量的游客到此，能够产生如此之大吸引力的原因在于：人们相信泡温泉可以使许多身体疾病得到缓解甚至康复，这促使了健康旅游、康养旅游的快速发展。再加上英国海岸线绵长，具有类似康复功能的海水浴也借此出名，海滨旅游逐渐火爆，并逐渐发展成为海滨度假胜地。19世纪以后旅游设施升级，规划了花园、道路、公共配套建筑等，温泉旅游、滨海旅游实现升级，除去基本康复功能外，游客还被清新空气、优美环境、隐私空间等吸引。

（二）Medical Tourism（医疗旅游）

Medical Tourism含义接近“医疗旅游”，其涉及参与整容手术、心脏手术、整形外科手术的旅行，该术语主要由媒体和商业机构使用，多是宣传明媚阳光和治疗过程的兼得，而实际情况可能并非如此。此外，还有媒体报道器官移植等旅游个例，常被用来指代夫妇前往目的地国家的生育诊所和体外受精（IVF）中心，开展该项目的国家包括印度、法国、比利时、以色列、巴巴多斯、越南等。

发达国家的健康旅游市场一直在增长，医疗旅游业务也快速增长。全球多个国家通过提供各种各样的产品来争夺这类业务，为患者提供医疗、外科、牙科服务等。印度旅游与旅游管理研究所报告称，2011年医疗旅游市场估计约为400亿美元，年增长率为20%，其中，泰国、新加坡、马来西亚、菲律宾、印度等南亚、东南亚国家名列前茅，主要是由于区域气候适宜、语言便利、技术人员专业性程度高、完善的医疗基础设施和治疗成本可控等。

在西方高度发达的商业活动中，因为有不同的健康需求，所以医疗旅行者主要分为三类：①高价值患者。主要来自欧美等发达国家和地区，个体医疗保健需求较高或在本国负担不起，这些患者大多数年龄超过 50 岁，有医疗需求且能够支付目的地国家和地区的医疗护理费用。美容和整形手术在西方世界流行，这类患者需求旺盛且支付能力很强。②访问患者。来自优质医疗保健提供不足的地区，譬如美国、加拿大的公共卫生系统过度负荷，人满为患已成常态，患者需要等待较长时间才能接受治疗，来自这些地区的患者需要寻找适合的其他国家以获得快速诊治。还有来自少数国家的富裕患者，希望到发达的医疗保健地就医，从而形成跨境医疗旅游。③优质医疗需求患者。为在旅行中获得最佳的医疗诊治和高科技手术，为享受最好的医生和护理，此类患者一般不会考虑成本限制，尤其是那些需要重症监护的患者。

总体而言，我国健康旅游处在起始阶段，民众更多地倾向观光、游览、康复体验阶段，现行的医疗保健制度也不鼓励患者异地就医，医疗机构能够为本地居民完成医疗服务保障就已经不错，即使是在海南等亚热带区域，公立医疗机构尚不具备为大批量外来游客开展医疗旅游的能力。所以，本文重点围绕探索其他国家如何发展健康旅游和康养旅游。

三、典型国家或区域的健康旅游发展路径

（一）泰国普吉岛的健康旅游管理

泰国的健康旅游业持续稳步增长，在与新加坡、马来西亚等邻国的竞争中处于优势地位，这与泰国在服务和运营方面具有优势是密切相关的，譬如接待人员温和礼貌，游客留下了良好的印象。泰国健康旅游的目标消费者是全球旅游市场，又对具体的目标市场做出区分，重点围绕中国、中东区域国家两大目标市场，主要是这两个区域的游客购买力高。因此泰国鼓励越来越多的中东游客、中国游客前往，为此要为不同游客准备目的地产品。调查发现，中东游客更倾向于健康服务，如泰国传统的健康疗法、化妆品、水疗、美容疗法，尤其是传统的泰式按摩世界闻名。

根据泰国商贸和投资服务中心的介绍，目前泰国相对成熟的健康旅

游管理模式主要包括泰国传统医疗旅游、草药美食之旅、当地草药旅游、自然农业之旅、温泉之旅、冥想训练和康复之旅、游览自然栖息地。各类旅游景区是旅客的兴趣点，它们由许多元素组合而成，概括而言包括四类个基本要素：景点、设施、交通和热情好客。这些分类明确的管理方式促进了泰国健康旅游的迅速发展。

当地政府和商业机构非常重视对消费者行为的调查，健康旅游的消费者有其特点和共性，可以通过消费者调查加以刻画和把握。游客消费者侧重于使用他们的可用资源：时间、金钱、努力，以此消费商品或服务。商家进行信息搜索和信息获取，评估产品方案并致力于促成消费意图，及时评估购买后行为。

在泰国，各种健康旅游活动的元素都是安排在景区之中，这些设施也是吸引游客前来参观的因素。例如，参观旅游景区的线路应该是舒适的，这意味着游客应该很容易进入，从线路的开始就应道有清晰的标牌指示直到目的地。除此之外，出售纪念品应该价格公道。概括而言，泰国发展健康旅游的要点可归纳为：旅游景区和设施必须给游客留下深刻印象，线路设计使游客轻松舒适抵达，配套设施方便，使游客能逗留更长时间。

泰国普吉岛针对中东国家游客的健康旅游进行深入研究，目前正推进互联网通信发展智慧旅游，当地协会呼吁各商家不要进行价格战，而是应该提升健康旅游的质量，采用更高的美国或瑞士医疗标准等。

（二）立陶宛国家公园开展健康旅游

通常而言，国家保护区由于拥有自然或者文化资源，因此备受旅游者的关注。例如，立陶宛的库尔斯沙嘴国家公园、奥地利的高陶恩国家公园、哥斯达黎加的阿雷纳火山国家公园、加勒比海的陆地和海洋公园等，由于其独特的自然资源，管理者最终都倾向于发展健康旅游。

立陶宛的库尔斯沙嘴国家公园作为度假胜地，是波罗的海的最大潟湖，只能乘渡轮到达，白色的沙滩和清澈的海岸是具有吸引力的自然资源。当地政府在可持续发展原则的基础上，实施健康旅游，解决了自然保护与旅游业发展之间的矛盾。借鉴奥地利 Hohe Tauern National 开发新的旅游产品的案例，充分利用Krimml瀑布资源，宣传其适合于哮喘和过敏性疾病的病例患者康复的优势。同时，库尔斯沙嘴公园也在着手推进海水浴疗法健康旅游的发展。

（三）日本开发森林疗法旅游

在日本乡村旅游中，“森林沐浴”或“森林疗法”经常互换使用，有证据表明其在实现心理健康方面的疗效显著。2015年，日本为振兴偏远森林社区，颁布实施“森林治疗计划”，成为新农村发展的商业机遇。游客通过健康旅游可实现心理上的放松，进而缓解心理疾病。

关于“森林治疗基地规划”的讨论始于2003年，在国家森林机构政策制定者的倡议下逐步实施。森林治疗认证包括两类：森林治疗基地和森林治疗之路，两者区别很简单，取决于效果的广泛程度。当整个候选区域的治疗效果均等时称为“基地”，当仅限定在森林路边的区域时被认定为“道路”，“道路”的治疗效果变得区域化则可以提升为“基地”。森林治疗基地和道路通过认证后获得执照，截至2015年年底共有55个基地和5条道路获得执照。为促进森林治疗发展，当地政府颁布了森林治疗师指南，治疗师是对放松效果有更多了解的森林导游，由专门机构负责实施培训，截至2015年4月份共有872名森林导游和705名森林治疗师。

申请审查分为两个阶段，第一阶段为资料评估，评估包括自然和社会条件，包括如何为森林治疗计划和环境做好准备，可进入性，检查住宿硬件、软件条件，行政办公室状况，游客的容纳能力和森林治疗计划等；第二阶段在现场评估，治疗效果由来自外部的专家得出，通常持续两天，利用对照实验评估生理和心理维度，这是建立可信证据的必要和独特程序，也是证明森林疗法益处的科学程序。

（四）印度政府扶持健康旅游发展

印度政府极力扶持其国内健康旅游的发展，为此专门构建制度框架，涉及范围包括瑜伽、阿育吠陀、Siddha、Ayush等。目前已经组建国家医疗保健旅游局，分别组建三个次级委员会分别负责签证、认证服务、营销，共同促进健康旅游发展。

通过印度旅游局2017—2018年度报告可以知晓，健康旅游的作用在于可以通过旅行维持健康和幸福感，因此拥有巨大的潜力。印度古老的系统疗法，可以向世界游客可以提供低成本的医疗保健，大多数酒店和度假村设有阿育吠陀中心，旅行社也有推介阿育吠陀的小册子。印度旅游部已经发布促进健康旅游产品的指导方针，其中包括高质量宣传材料、机构和能力建设、服务者素质教育、市场的财政援助、健康旅游交易会、健康博览会路演等。除此之外，政府积极拓展海外市场，通过制作小册子、CD、电影和其他宣传材料将泰国健康旅游推广到国际平台，譬如伦敦、伊斯坦布尔、柏林等。

四、对发展中医药健康旅游的启示

健康旅游作为具体形式因社会制度、发展阶段、经济水平、文化信仰等不同而存在差异。国家旅游局以及山东省所推荐公示的首批中医药健康旅游示范创建单位所属行业繁多，包括中医药教育、农业种植、工业生产、商业流通、卫生健康服务等不同的产业门类，涵盖传统旅游的食、住、行、游、购、娱六个方面。这些示范项目千差万别，目前诸多项目处于既无经验可循也无政策可依的“摸石头过河”状态，为此，本文结合所述典型国外案例，为中医药健康旅游的发展路径提出如下建议：

（一）遵循“资源—市场—产品”的基本发展规律

企业是市场的主体，根据旅游“资源—市场—产品”三者关系，调查分析项目内部的资源特性、外部市场需求特征，从研究的视角提出名类产品的实现路径。

具体而言，首先要通过田野调查收集样本单位的旅游资源情况，摸清楚现状并归类，总结重点旅游吸引物特点以及可进入性等，梳理既有政策、法规、标准、品牌、市场等利益相关者条件，以及企业的人员资金和技术实力等；调研全省中医药健康旅游业的发展现状，包括中医药文化书籍、影像作品、中医药博物馆、健康旅游业等，尽量做到全覆盖。

其次，建议调研福建、浙江、云南、广东、安徽等先进地区，重点调研其中医药健康旅游发展思路。根据山东中医药健康旅游的不同类别，鼓励探索不同的发展路径，同时利用德尔菲法、标杆企业、成功案例、发展趋势等做好综合研判，具体包括与“好客山东”品牌的融合、培育健康旅游市场，切实做好市场营销和服务品质提升等，摸准健康旅游的消费特征，设计出能够产生较大利益的产品。

最后，突出健康旅游产品的游客体验独特性，强调游客体验的重要性。以提升游客体验为导向构建体验过程，包括产品效能、管理、服务、氛围、舒适度等。譬如五禽戏、武术等项目就非常适合在度假区让游客学习体验，这不但能够实现中医药文化的传播，还可实现企业经济利益。

（二）拟定产业标准，引领中医药健康旅游的发展

中医药健康旅游作为新业态，现实情况下既有示范项目是通过“旅游+”或“+旅游”形式逐渐开展的，绝大部分示范项目有其原有的经营模式和范畴，那么相关行业标准的设置就显得尤为重要。若是有相关行业标准设置并作为门槛，在示范项目遴选过程中就会起到事半功倍的作用，也会为后续发展奠定良好基础。为此，应借鉴泰国普吉岛和日本森林旅游的经验，探索拟定中医药健康旅游的行业标准，以标准为抓手推动行业的整体发展。

五、结束语

经过良好设计的中医药健康旅游产品能够实现消费者得健康、中医药文化可传承、旅游业态能创新的共赢局面：共赢之一是消费者获得健康的理念和体验，尤其是本着健康理念设计的中医药旅游产品会让消费者受益。共赢之二是中医药文化以新的方式得以传承，中医药文化作为我国的“国粹”，如何传承与发展是重大课题，而当这种文化深入民间成为消费者的日常行为以后，则是传承的最好归宿。中医药旅游能够让参与者理解中医药文化，也就使中医药文化得以广泛传承，共赢之三是中医药旅游作为新业态，可以融合健康旅游、医养结合、文化旅游、特

色产业、温泉旅游、观光旅游、遗产旅游、乡村旅游、工业旅游等多种新业态，中医药健康旅游是融合度很高的新业态。

【参考文献】

[1] International Union of Tourist Organizations（IUTO）. Health Tourism，1973.

[2] Goeldner C R . English workshop summary [J] . Tourist Review，1991：4–5.

[3] John Urry，Joans Larsen.The Tourist Gaze 3.0 [M] .SAGE Publications of London，2012.

[4] Canales M，Kasiske B，Rosenberg M. Transplant Tourism：Outcomes of Inited States Residents Who Undergo Kidney Transplantation overseas [J] . Transplantation，2006（82）：1658–1661.

[5] Guidelines for Classification/Reclassification of Legacy Vintage Hotels [R/OL] . http://tourism.gov.in/guidelines–schemes.

[6] Chomvilailuk R，Srisomyong N . Three Dimensional Perceptions of Medical/Health Travelers and Destination Brand Choices：Cases of Thailand [J] .Procedia–Social and Behavioral Sciences，2015（175）：376–383.

[7] Oraphan Chanin，Ploykanok Khunchumnan.Guidelines on Health Tourism Management for Middle Eastern Tourists in Phuket Province [J] . Procedia Computer Science，2015（65）：1146–1153.

[8] Ausrine Armaitiene，Renata Bertuzyte.Conceptual Framework for Rethinking of Nature Heritage Management and Health Tourism in National Parks [J] . Procedia–Social and Behavioral Sciences，2014（148）：330–337.

[9] Yasuo Ohe，Harumi Ikei，Chorong Song.Evaluating the Relaxation Effects of Emerging Forest–therapy Tourism：A Multidisciplinary Approach [J] . Tourism Management，2017（62）：322–334.

红色研学旅行的思想政治教育价值及实现路径

王伟亚

摘　要：红色研学旅行作为一种体验式教育和研究性学习的教育旅游活动，能够创新思想政治教育载体、丰富思想政治教育内容和拓展思想政治教育形式，有助于提升思想政治教育的成效。本文旨在通过分析红色研学旅行的思想政治教育价值，立足红色研学旅行中存在的问题，探索红色研学旅行思想政治教育价值的实现路径。

关键词：红色研学旅行　思想政治教育价值　实现路径

一、红色研学旅行与思想政治教育之关联

红色研学旅行是以红色旅游为载体的研学旅行，是把素质教育融入教学全过程，通过游览观光、参观体验、研学教育和学习探讨等多种形式提高学生的综合素质。

思想政治教育需要通过一定的教育载体才能有效进行，不同时代的思想政治教育必须紧跟时代发展而更新，当今正处于中国特色社会主义新时代，思想政治教育客观上需要承载力更高、覆盖面更广和操作性更强的有效载体，而红色研学旅行作为一种新型活动载体，可以成为思想政治教育的有效载体。

红色研学旅行与思想政治教育结合，是基于新时代思想政治教育载

本文系 2020 年山东省学校思想政治课教学改革项目新时代高校思政课“四位一体”教学模式研究与实践（项目编号：SDS2020B29）的阶段性成果，发表于《教育学文摘》2020 年第 33 期。

体的创新需求，二者的结合彰显了红色研学旅行的思想政治教育价值。红色研学旅行具有鲜明的政治性、思想性、文化性和实践性，这些特性有利于创新思想政治教育的功能体现，对思想政治教育的开展具有不可替代的作用。

二、红色研学旅行的思想政治教育价值

（一）红色研学旅行可以创新思想政治教育载体

习近平总书记明确要求，要把红色资源利用好、把红色传统发扬好、把红色基因传承好。

第一，红色研学旅行能够承载思想政治教育的信息，并能为思想政治教育者所操作。红色旅游资源能够弘扬民族精神、激发爱国情怀、增进国家安定。我国红色旅游资源分布广泛且形式多样，红色观光、红色美食、红色商品等突出革命特色、传统特色和地方特色，丰富的红色旅游资源有助于学校组织学生接受革命文化教育。思想政治教育借助以深度体验为基础的红色研学旅行活动，有助于提升对受教育者的思想政治教育成效。

第二，红色研学旅行作为联系主客体的一种形式，主客体可借助这种形式进行互动。红色研学旅行将红色旅游资源寓教于旅行活动中，改变传统的灌输式、说教式和填鸭式思想政治教育方法，使受教育者在轻松愉悦的环境下接受思想政治教育，自我思维更为开放、思考问题更加深刻、接受教育更加深入。受教育者通过自己的亲身体验接受思想政治教育，使思想政治教育更好地内化于心。

（二）红色研学旅行可以丰富思想政治教育内容

第一，红色旅游资源中蕴含着爱国主义精神、理想信念教育、以人为本准则、艰苦奋斗精神和集体主义精神等内容，这些内容是对思想政治教育内容的具体化、形象化和立体化，能够帮助受教育者用更加易懂的方式理解其内涵，红色研学旅行是新时代开展思想政治教育不可或缺

的方式。

第二，思想政治教育内容作为思想政治教育的实质，不仅规范了思想政治教育的范围，而且体现了思想政治教育的目的和任务。思想政治教育内容的选择、组合和利用影响着思想政治教育的实效性。当前开展的思想政治教育内容重复性较强、针对性较弱，红色研学旅行内容不仅丰富多彩，而且形式多样，因此可以成为新时代思想政治教育的生动素材。

（三）红色研学旅行可以拓展思想政治教育形式

第一，提升思想引导功能。习近平总书记指出："好的思想政治工作应该像盐，但不能光吃盐，最好的方式是将盐溶解到各种食物中自然而然吸收。"将红色研学旅行融入其他类型的旅行，可以更好地调动学生的积极性。将红色研学旅行与乡村旅游、生态旅游、传统文化游和历史古迹游相结合，提升红色研学旅行的效果，使学生充分认识国情，自觉捍卫社会稳定，维护和平繁荣。

第二，提升政治素养功能。红色研学旅行采取红色旅游的方式进行研究性和探究性学习，通过搜集资料、参观访问、实地体验等方式了解和学习红色文化、突出红色内涵、传承红色基因。从旅行准备阶段、旅行实施阶段、旅行后评价阶段三个步骤完成红色研学旅行，研学的出发点和落脚点都在于教育，边参观边记录，边旅游边学习，使红色文化真正入眼、入脑、入心，有利于学生群体拥护祖国统一和民族团结，将个人命运与祖国命运紧密地联系起来，提高政治觉悟，提升政治素养。

三、红色研学旅行存在的问题

第一，红色研学旅行存在的主体因素问题。在红色研学旅行中，研学旅行指导师起着至关重要的作用，是整个研学旅行过程中不可忽略的重要力量。目前，研学旅行指导师的知识素养、职业道德、技能还存在着欠缺。合格的研学旅行指导师需要具备鲜明的政治意识、崇高的职业理想、安全的思想意识、乐于奉献的精神、完备的学科知识和教育教学能力。

第二，红色研学旅行存在的客体因素问题。红色研学课程的开发没有将重点放在思想政治教育上，而是变相吃喝玩乐，把红色景区当作娱乐的工具。红色研学旅行不仅是让受教育者在旅行中开阔视野和拓展见闻，还要在研学旅行指导师的指导下继承革命传统，传承革命意志，发扬革命精神。研学课程应该将红色研学基地的特点和受教育者的兴趣结合起来，遵循课程开发的安全性、教育性、实践性、融合性和整体性原则，合理制定红色研学旅行手册，避免“走马观花”式学习。

第三，红色研学旅行存在的体制因素问题。红色研学旅行的管理体制不够完善。目前，红色研学旅行这一领域没有专门的相关法律法规，也没有行业标准和专门针对红色研学旅行的监督体系。思想政治教育的开展是一个动态循环的过程，在开展过程中根据反馈的信息来进行完善，通过这样的方式使红色研学旅行思想政治教育价值得到最大和最优发挥。但目前红色研学旅行中思想政治教育实施过程中，评价机制和反馈机制不够完善，直接影响到红色研学旅行中思想政治教育的效果。

四、红色研学旅行思想政治教育价值的实现路径

第一，不断提升理论研究，为红色研学旅行思想政治教育价值提供理论指导。现阶段关于红色研学旅行的理论研究缺乏健全的理论，应强化理论研究，提升理论学习。积极组织相关专家和学者进行研讨，通过红色研学论坛和组织专题研讨等形式，不断促进红色研学旅行和思想政治教育的深度融合，最优化地发挥红色研学旅行的思想政治教育价值。

第二，构建专业人才队伍，为红色研学旅行思想政治教育价值提供人才支撑。建设一支政治强、素质高、专业好的人才队伍是红色研学旅行中开展思想政治教育的重要保证。目前我国研学旅行整体上处于起步和探索阶段，保证红色研学旅行的高质量发展，无论是研学旅行指导师、研学旅行计调师、研学旅行外联人员，还是研学旅行生活辅导员等，都是研学旅行队伍的重要组成部分，因此，培养合格的研学旅行执业人尤为重要。

第三，规范研学课程开发，为红色研学旅行思想政治教育价值提供内

容基础。红色研学旅行课程资源的正确选择和合理使用，是红色研学旅行活动的重要环节，精心设计丰富多彩的活动课程是提高研学旅行质量的根本保证，在课程学习中起到“润物无声”和“潜移默化”的育人作用。规范的红色研学旅行课程应包括课程主题、课程目标、课程时空、课程内容、课程评价和课程保障等要素。红色研学旅行课程开发是红色实践育人的有效载体，只有不断反思和提升才能够实现立德树人的总目标。

第四，着力打造制度建设，为红色研学旅行思想政治教育价值提供制度保障。红色研学旅行中蕴含着丰富的思想政治教育内容，二者相互联系又各具特点，因此应根据思想政治教育的特性，使两者有机融合。确立开展红色研学旅行和建设红色研学旅行基地的思想政治教育工作制度，保证每一次红色研学旅行活动具有明确的教育主题和目标，在制度层面落实红色研学旅行的思想政治教育价值。加强红色研学旅行中思想政治教育的评价机制和反馈机制的建设，从旅行准备阶段、旅行实施阶段、行后评价阶段三个步骤做到有调研、有依据和有反馈，不断完善红色研学旅行活动的体制建设。

【参考文献】

[1] 吴涛 . 红色研学旅行中的社会主义核心价值观教育研究 [J]. 湖北理工学院学报，2017（3）.

[2] 李亚，宁春花，徐秀平 . 红色旅游视角下高校思想政治教育路径研究 [J]. 黑龙江教育，2017（10）.

[3] 方小英 . 以红色旅游为依托加强大学生思想政治教育的新途径 [J]. 高教研究，2017（21）.

[4] 张羽，余维祥 . 红色旅游与思想政治教育的创新 [J]. 思政教育，2018（10）.

[5] 成宏峰 . 协同育人视角下大学生红色研学旅行实现途径研究——以山西省为例 [J]. 高职教育，2019（3）.

[6] 何嘉，邹霞 . 红色旅游思想政治教育功能的实现路径 [J]. 重庆理工大学学报，2014，28（2）.

[7] 王煜琴，赵恩兰 . 研学旅行执业实务 [M]. 北京：旅游教育出版社，2020.

基于5G通信技术的乡村旅游智慧化发展研究

王依鹏

摘　要： 随着未来5G通信网络的建设与应用，基于万物互联的高度发达物联网体系即将得以实现。智慧旅游离不开物联网技术的支持，在即将到来的万物互联时代，乡村旅游将逐步实现随时随地的VR全景、无处不在的智慧导览、贴近用户的智慧营销，随着5G通信技术的普及将催生乡村旅游行业新的变革。

关键词： 5G　VR全景　智慧导览

一、引言

李克强总理在2018年政府工作报告中提出，我国经济正处在转变发展方式、优化经济结构、转换增长动力的攻关期，要深入推进供给侧结构性改革，发展壮大新动能，继续破除无效供给，新旧动能转换将是经济领域的一个重要课题。由于多种原因，山东形成了资源型、重化型产业结构，产业层次低、质量效益差、污染排放重，成为山东难以去除的痼疾。近年来，山东以壮士断腕的决心，在淘汰落后产能方面不留退路。2018年国务院正式批复《山东新旧动能转换综合试验区建设总体方案》，这是党的十九大后获批的首个区域性国家发展战略，也是我国第一个以新旧动能转换为主题的区域发展战略。

发表于《现代经济信息》2019年第19期。

2018年山东旅游总收入突破1万亿元，增长9%；接待国内外游客8.6亿人次，增长13%。实际完成投资2231.8亿元，同比增长11.2%。全省旅游总收入相当于GDP的12.6%、服务业增加值的24%，财税贡献率超过10%，旅游业已成为山东省名副其实的战略性支柱产业，在我国《"十三五"旅游业发展规划》中明确指出旅游业要转型升级、提质增效，推动全域旅游，为实现这样的产业结构调整，大力发展智慧旅游，让新动能取代旧动能势在必行。

二、基于5G的乡村旅游智慧化转型升级

纵观现有的智慧旅游项目，宏观上主要是针对著名的旅游目的地，具体建设实施对象大多为行业管理者、星级酒店和A级旅游景区。而由于我国农村基础设施不完善，部署传统的通信网络、各类传感器、信息采集设备的成本较高，因此放眼全国智慧旅游很少有下沉到乡村旅游这个层面上的项目。而未来5G通信技术的普及将带来更低的硬件设备部署成本和更高的网络传输带宽，为乡村旅游的智慧化建设带来了转机。

（一）基于5G的VR全景系统在乡村旅游行业的应用

限于成本，大部分乡村旅游推广宣传的主渠道是依靠互联网，主要包括各类旅游资讯网、旅游局的官方微博、微信等。而目前新兴的360°实景展示技术可以为旅游景区建立网上实景展示系统，这是一种成本低、展示体验效果好的宣传推广手段，可以将美景通过网络原汁原味地展现在游客面前。以往在景区应用时，VR全景最大的障碍就是对高带宽、大流量的依赖，一般需要游客提前下载包含全景资源库的App，或者借助景区中的Wi-Fi实现实时浏览，这些条件限定了VR全景很难在乡村旅游景区实施。而随着未来5G通信网络的普及，这些问题都将迎刃而解，VR全景技术也将在旅游行业迎来重大的发展。

（二）基于5G的乡村旅游智慧导览

随着移动互联网的不断发展，信息的维度从单点演化到立体，我们

接收信息的方式也发生了重大的转变，互联网真正成为人类感官的延伸。大量的业态因为移动互联网的普及而发生深刻的变革，很多以往不能实现的应用，在移动互联网时代，随着移动技术的发展、智能手机的普及都变得有可能了，而智慧导览就是一个典型的例子，它使我们能够给游客提供更加优质的服务。

智慧导览软件把整个景区采集的图、文、音、像按照景区进行分类，然后将数据信息保存在云端。利用电子地图技术，在目前第三方地图数据和景区提供的地图信息的基础上，通过对景区的实地考察与勘测，标注景区内所有景点的详细经纬度，可实现游览景区地图的缩放、平移功能，同时实现位置查询、路径引导以及包括文本、音频、视频在内的多媒体景点介绍等。当游客在移动设备端开启了“自动导览”模式时，游览过程中会获得 GPS 的实时定位，当游客走近某景点时移动终端会自动从云端获取相应景点的多媒体数据。

因此，基于云技术的智慧导览系统，需要通过 GPS 或北斗卫星定位技术实现游客在景区的精确定位，并借助移动互联网与云端存储技术可以实现在游客的游览过程中进行图、文、音、像并茂的实时展示。以往在乡村旅游景区，尤其是位于山区的旅游目的地很难部署和实现智慧导览系统，而随着将来 5G 网络的应用，通过移动网络实现终端与云端的无缝大流量数据传输将成为现实。另外，通过 5G 基站辅助定位，在卫星信号弱的情况下也可以确保导览服务的连续运行。

（三）利用 5G 技术构建乡村旅游智慧平台

携程旅游、去哪儿网等 OTA 的地推业务最多下沉到县级市，除了比较著名的乡村旅游目的地外，多数乡村旅游目的地无法被 OTA 的服务所覆盖，甚至有的偏僻村落还不具备商业推广的条件。在这种情况下可以将分散的众多乡村旅游目的地信息汇集到一个统一的平台，这种汇集不是像门户网站那样简单地将信息聚集，而是每个乡村目的地的相关信息可以相互串联，比如地理位置相近的目的地可以串联成一条出行线路；结合 360° 实景系统可以浏览景区概况；加入百度地图信息可以形成移动导览；通过游客的 SNS 交互信息可以获取周边的餐饮、住宿、交通等相关情况。此外，根据不同乡村旅游目的地的概况还会有很多的信息汇聚起来。总之，汇聚的信息越多，平台越智能，最终构建形成乡村旅游的智慧平台。而这一切离不开5G的基础设施建设，将来随着5G的普及，廉价的流量惠及游客，大家能够实时分享自己的出行信息，平台有了足够量级的数据信息才能够利用大数据分析，为游客提供出行信息和辅助决策等一系列服务。

三、结论

乡村旅游的智慧化将为游客带来全新的游览体验和更加个性化的服务，同时提升了旅游景区的影响力，降低了宣传与运营成本，这一切都离不开5G技术的发展与应用，随着未来基于5G的高度发达的万物互联体系的形成，乡村旅游的智慧化进程也必将迈入一个新的阶段。

【参考文献】

[1] 郭文荣 . 智慧旅游何以更加“智慧”[J]. 人民论坛，2019（8）.

[2] 高文知 . 论智慧旅游与智慧乡村建设[J]. 山西青年，2019（4）.

[3] 姚志国，鹿晓龙 . 智慧旅游——旅游信息化大趋势[M]. 北京：旅游教育出版社，2013.

[4] 李云鹏 . 智慧旅游：从旅游信息化到旅游智慧化[M]. 北京：中国旅游出版社，2013.

酒店如何进行在线声誉管理

侯兴起　秦　娜

摘　要：随着互联网技术的发展，传统媒体下的广告等信息传播效果大大减弱，甚至失去作用，而作为顾客自身产生的在线点评成为顾客关注热点。酒店可以充分利用在线声誉管理体系，统一全店思想，优化工作流程，减少失误，提高工作效率，让更多的顾客自发地分享消费体验，给出好的网络在线点评，让网络在线点评放大"广告"作用，吸引更多的顾客。

关键词：酒店　在线声誉　在线点评

随着互联网技术从Web 1.0时代的静态阅读向以分享、互动为特征的Web 2.0、Web 3.0过渡，顾客在酒店的消费习惯也发生了很大变化。在Web 1.0时代以前，顾客基本按照1898年广告学家E. S. 刘易斯提出的顾客决策购买模式，首先注意到（Attention）广告，产生兴趣（Interest），随即产生购买欲望（Desire），然后记住（Memory）该广告的内容最后产生购买行为（Action），这就是著名的AIDMA法则。进入Web 2.0后，顾客购买行为发生后，消费的过程没有结束，而是消费后的评价和分享（Share），转变成了AIDMAS。据美团网报道，2016年全年顾客在美团网上的点评超过3.2亿条，《2017年中国饭店网络口碑报告》显示在主流OTA上，顾客的点评超过3200万条。这些顾客评价和分享成为酒店在互联网上的信誉评级，会对其他顾客的决策产生积极和消极的影响。酒店的在线声誉管理在当今酒店新常态下显得越来越重要。

发表于《中国旅游报》2018年1月18日第A02版。

一、酒店在线声誉对酒店经营管理的影响

（一）顾客点评树形象

互联网 Web 2.0 以前的时代，顾客不满和投诉，往往是口耳传播，虽然“好事不出门，坏事传千里”，但影响面和影响的时段毕竟有限的。而现在每个消费者的手机都是一个现场直播的“麦克风”“摄像机”，如果出现投诉和差评，会借助互联网的传播优势，呈现指数级的增长。不仅影响酒店的效益，而且严重的投诉有可能会彻底摧毁一家酒店。与此同时，如果网络在线点评好，酒店不用花一分钱，顾客就自动地为酒店做“广告”。因此，在新常态下，提升在线声誉，树立酒店良好形象，事半功倍。

（二）良好声誉促收益

相关研究表明，超过 80% 的顾客在选择一家酒店之前会翻阅其他顾客的历史评论，而按照木桶效应的法则，往往个别差评就会导致顾客否定一家酒店，从而将预订跳转至其他同类型酒店。康奈尔大学酒店研究中心的 Chris Anderson 研究发现：每当酒店的 Global Review Index TM 指数（总分为 100）提升 1 分，酒店价格的增长将高达 0.89%（对酒店的日均房价进行测量），入住率将有所提升（增长高达 0.54%），每间可用客房收益（RevPAR）也将提升 1.42%。这些数据可能会因酒店类型、客源市场的不同有所差异，但在线声誉管理影响酒店收益成为酒店行业的共识。

（三）运营管理分维度

我们常说，1 个投诉的顾客背后有 24 个不满的顾客。很多顾客对酒店的服务和产品感到不满意，会选择沉默，甚至转换酒店。仔细收集、认真整改顾客意见是提升服务和管理水平的得力举措。顾客在互联网上的评价也是如此，更为重要的是，线下的顾客投诉和意见会被层层过滤，不能及时反馈到酒店高层，而互联网上的投诉、不满会快速地没有任何

修饰地呈现到酒店和顾客面前。酒店管理者可以将收集到的线上、线下的投诉进行分析，可以很容易找到酒店服务和管理存在的不足和盲区，做好有针对性的整改工作。

（四）竞品比较知行情

顾客点评是顾客的真实感受，酒店通过阅读竞争对手的顾客在线点评，很容易获得竞争对手在服务、产品和管理上的优势以及存在的问题和不足，可以有针对性地采取措施，不断弥补短板，并采取精准的竞争策略，提升自身竞争优势。

（五）顾客参与管员工

以往的管理是管理者管理和评价员工，管理者掌管着员工的日常绩效评价、薪酬发放甚至职位升迁。但员工劳动成果与顾客对服务的感受和体验紧密相关，顾客比管理者在评价员工绩效上更有发言权。酒店应转变原有的管理模式，借助于网络在线点评或者其他 OTA 点评工具，把员工置身于顾客监督的“汪洋大海”里，让顾客来评价员工的表现，以点带面，全面提高酒店员工的服务水平。

二、顾客在消费决策时的酒店在线点评关注点

顾客在查看以往顾客消费点评时，对其影响最大的有三点：一是网评分数；二是差评；三是点评数量。

（一）提升网评分数

网评分数是已消费顾客对酒店服务、产品和体验的一种综合评价，对搜索中的消费决策产生重大影响。顾客通常认为网评分数较低的酒店，服务产品一定不好，网络在线点评分数高于 4.8 分，网评 5000 条以上的酒店，一般都不错。因为即使酒店采用作弊手段获取分数，但很难达到 5000 条之多，还依然能保持较高水平。

（二）避免产生差评

顾客有可能对其他顾客对酒店的好评将信将疑，但对差评往往深信不疑，担心前期不好的消费经历也发生在自己身上，因此顾客遇到过多差评，会跳转到其他酒店。酒店要采取有效措施，将顾客的投诉、抱怨处理在顾客离店甚至是评价之前，降低网络在线点评的差评率。

（三）增加顾客点评数量

许多顾客在搜索酒店时，把顾客在线点评数量作为酒店生意好坏的一个重要标志，点评数量多，顾客前往消费的就多，点评数量少，顾客往往会认为酒店生意差而选择其他酒店。此外，在线点评数量还是确保高分酒店品质的重要支撑，即使有些酒店网络评价很高，但在线点评数较少，其可信度较差，往往影响顾客的选择。酒店在线点评数量少，由于基数原因，网评分数会经常发生变动。总之，酒店想吸引更多顾客，确保酒店点评高分值的同时，必须用点评数量来辅助。

三、充分理解顾客在线点评的内涵

（一）在线点评当作每日的“星级考核”

顾客在线点评是顾客的真实感受，可能有些点评会受到顾客个人的习惯或偶然原因的影响，但确实能反映酒店的真实服务现状。酒店可以把顾客作为“星评员”，把每日的在线点评作为星级考核，来反思服务和管理上存在的问题，进行有针对性的整改，从而提升服务和管理水平。

（二）放大在线点评的广告作用

随着互联网技术的发展，信息“去中心化”特征日益明显，以往传统媒体下的广告等信息传播效果大大减弱，甚至失去作用。酒店可以充分利用这一资源的独特优势，通过优质的服务感动顾客，让更多的顾客主动分享消费体验，给出好的在线点评，让在线点评放大“广告”作用，吸引更多的顾客。

（三）回复点评不是售后而是二次营销

在线点评的回复不是“售后”，仅仅帮助客人解决消费中的投诉，其最终目的是二次营销，要让顾客感受到关注和关心，密切客我关系，不断将新客变成熟客，将熟客变成老客户。尤其在回复顾客在线点评时，应积极介绍酒店及附近的产品和服务，为老顾客和新顾客光临酒店提供更多吸引点。

（四）在线网络点评帮助酒店提供个性化服务

顾客投诉是提升服务水平的机会。针对顾客投诉的点，酒店可以有针对性地重新设计服务流程，解决服务中的痛点和盲区，提升个性化服务水平。与此同时，还可以通过学习借鉴其他酒店的个性化服务举措，提升服务水准。

（五）诸多因素影响顾客点评分数

不同类型客人对酒店服务和产品的感受是不同的，不同问题对在顾客心中的影响度不同，导致了一些不错的酒店也可能出现点评分数不高，甚至很多差评。资料显示，经常入住酒店的点评达人比点评新星给差评的概率要高出30%左右；女性顾客比男性顾客给出的差评率高10%左右；甚至南方客人比北方客人差评率高出20%左右。除了以上影响因素外，顾客最关注的网络速度、卫生状况、服务效率、客房噪声、异味等也容易引发投诉和差评，做好这些基础工作可以降低差评率，提升酒店网评分数。

四、酒店在线声誉管理策略

（一）形成酒店在线声誉管理体系

在线声誉管理体系可以统一全店思想，优化工作流程，减少失误，提高工作效率，更好实现在线声誉管理的目标。图 1 是一家五星级酒店的在线声誉管理体系的完整操作流程，将职责细分为点评管理组、责任部门（培训、修订 SOP）、质量考核、产品设计小组和 PR/ 酒店危机小组等，分工明确，责任清晰，形成闭环，不断提升品质。

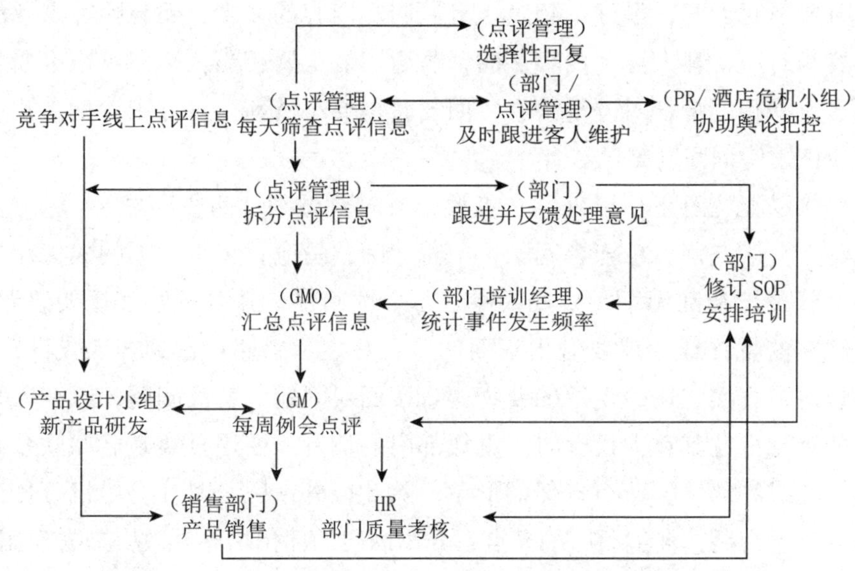

图 1　在线声誉管理体系操作流程

（二）制定团队提高声誉的目标

目标具有导向、凝聚和激励的作用。目标确定后，各责任部门会积极围绕着目标采取措施，减少差评，并积极争取客人的好评，逐步实现提升服务、提升在线声誉的目标。

（三）酒店应追踪竞争对手的在线声誉

在线声誉作为竞争优势在吸引客源中的作用越来越突出。为吸引更多客人，除自身声誉外，竞争对手在线声誉的高低也会影响顾客间的争夺。因此，在做好酒店自身在线声誉管理的同时，要时刻关注竞争对手的在线声誉管理。要在网评分数上和网络点评量上超越竞争对手，同时避免竞争对手发生的问题，这样才能在竞争中赢得更多客源。

（四）做好在线网络点评的回复

在线点评的回复是在线声誉管理的重点环节。任何网评都要回复，而且要及时回复，最好不超过次日。回复内容的多少，要与顾客点评的内容相对应，客人点评内容多的，酒店回复也要相当。语言风格也要与顾客点评相匹配，对方小清新，回复时也要小清新，对方用诗词，我们也应该用诗词回复等。

除以上注意事项以外，在点评回复时要做到"四要四忌"：忌语言空泛，套话空话；忌拖沓冗长，不着边际；忌应付了事，无的放矢；忌多头管理，杂乱无章。要专人专管，个性回复，并对顾客表扬要感谢，对顾客的批评或建议要做出正面回应，并表示感谢；遇到客人投诉时，要坦诚、真实，切中点评的要害，直接面对问题，解决问题，给客人真诚的感觉；尤其重大投诉时，责任部门的负责人要用真实姓名和联系方式，在线答复，塑造负责任的形象；除此以外，回复时，要尽量宣传酒店的特色产品，宣传酒店的亮点，介绍酒店的促销措施，放大广告作用。

（五）借助科技手段做好在线声誉管理

用人工手段收集顾客在线点评既费时费力，还往往不能及时获取。目前市面上研发了一些基于小程序或二维码等技术的在线声誉管理系统，比如兰豆云、途说等软件系统会给在线声誉管理提供更多方便。

虽然介绍了很多策略，但在线声誉管理的根本还是服务、产品的质量，离开产品和服务的质量，再好的策略也是无源之水，因为良好的在线声誉管理是建立在优质的服务和产品基础之上的。

【参考文献】

[1] 徐华丽. 基于低碳环保理念的海南绿色酒店创建方式研究［D］. 桂林：桂林理工大学，2013.

[2] 付建坤，侯伦，方佳明. 考虑品牌声誉影响下的在线评论有用性研究［J］. 软科学，2014：57-61.

5G技术背景下智慧旅游应用场景的设计与应用

柳　青

摘　要：本文以智慧旅游的应用场景作为研究对象，充分挖掘旅游者在5G下的新需求，设计智慧旅游创新应用场景，提供更丰富的旅游模式，总结5G+VR全景直播、5G+智慧景区、5G+智慧酒店、5G+AI旅游服务、5G+社交分享等模式下的具体应用场景设计，为游客提供更智慧的旅游体验，为企业发展智慧旅游提供借鉴，来实现更好的智慧旅游。

关键词：5G　智慧旅游　应用场景

一、5G通信关键技术及应用场景

5G通信技术全称第五代移动电话行动通信标准，平均网速可达到10Gbps左右，是4G网络的100倍以上，5G不仅是网速和流量的极大提高，而且能够实现低成本、海量机器互联和高稳定性。5G通信关键技术有智能化技术、多天线传输技术、同时同频双全工技术、新型网络构架技术和密集网络技术。

基于5G移动通信可以构建多个应用场景，比如车联网、物联网和大数据中心，同时也可以在智能家居、智慧旅游和智慧工厂等领域得到应用，提高人类社会信息化水平。5G将助力文化旅游、智能家居、智慧

本文系2019年山东旅游职业学院重点科研项目：5G技术背景下智慧旅游应用场景创新设计与研究（LY2019-05），发表于《魅力中国》2020年第39期。

医疗、智慧交通、工业互联网及智慧能源的发展、为C端用户带来极致娱乐与生活体验。基于5G“大带宽、低时延、海量连接”的技术特性以及与高清视频、AR、VR、AI等先进技术的结合，有助于旅游品牌提升和营销推广、旅游业务体验提升、景区游客管理与导流。

二、智慧旅游概念及存在问题

智慧旅游就是利用5G移动通信、云计算、互联网、物联网、智能数据挖掘等新技术，借助便携的终端上网设备，游客能够主动感知旅游相关信息，并及时安排和调整旅游计划，是更广泛的互联互通和更深入的智能化的旅游。它以融合的通信与信息技术为基础，以游客互动体验为中心，以一体化的行业信息管理为保障。智慧旅游的建设与发展最终将体现在旅游管理、旅游服务和旅游营销的三个层面。

目前国内智慧旅游仍存在一些问题：其一，在信息全面性和准确性上无法满足游客的需要；其二，没有充分分析应用场景，也没有充分挖掘旅游服务方和游客的痛点；其三，缺乏符合应用场景的推广机制。问卷和实地调查发现，智慧旅游景区建设过程中存在着一些实际问题，包括：智慧化传播普及率低，客源市场和游客类型单一，忽视细节体验效率低，定位导览和自助导览服务不健全等。随着5G技术的大规模商用，为智慧旅游应用新模式发展提供了坚实的技术支持和发展新机遇。

三、“5G+智慧旅游”应用场景的设计

在智慧旅游建设中，需要使用包括5G在内的各种新的成熟技术，对已有和在建项目的场景设计进行优化，针对游客痛点进行新的场景设计，这些碎片化的项目最终会形成完整的智慧旅游拼图，这个过程中恰当的场景挖掘和设计安排是重要的关键因素。

（一）“5G+智慧景区”应用场景

智慧景区是必然的趋势，通过数字大屏可以看到景区的关键数据指

标，如客流量、停车位数量、人均密度、消费数据等。景区增强移动宽带应用场景包括：AI 导游、AI 客服、VR 导游、3D 导览等；景区大规模物联网场景包括：手机扫码入园、扫码售票、刷脸入园、智慧厕所、无感停车、智慧酒店、智慧售货、智慧路灯等；景区高可靠低时延应用场景有：智慧安防、无人机巡防、景区直播、数据平台、舆情系统等。以导览为例，通过 5G 网络实现终端与云端的无缝大流量数据传输将成为现实，通过 5G 基站辅助定位，在卫星信号弱的情况下也可以确保导览服务的连续运行。

对于景区相关的互联网信息自动抓取收集以及 AI 语义分析进行智能理解和归纳，还可以得出游客对景区产品和服务的评价、不同区域游客对景区的关注热度、关注热点，识别出景区的产品、服务和不同市场的优势和不足。这样，就可以及时对景区的管理服务进行改进、对营销策略进行调整，也加快了旅游产品的创新。

在游客业务体验方面，5G+ 大视频、人工智能等技术将突破原有局限，为游客带来全新的、更惊艳的文化和旅游产品体验，如 5G 高清 / 超高清直播技术将带来极致高清的视觉体验，VR 技术将带来身临其境的沉浸式体验，AR+AI 技术将让景物活起来；在景区管理与服务方面，5G+ 人脸识别入园、景区交通工具自动驾驶与监控、MR 体验式导览、5G 无人机寻人、智能客服机器人、智能售卖机器人等将为游客带来更多的便捷服务；在景区营销与推广方面，5G 将助力文化和旅游产品、管理和营销的全面数字化升级，包括景区 5G 展示、产品 MR 协同设计、精准化市场营销、景区智慧大脑建设等。部分旅游景区开始部署视频监控传感器、空气污染传感器等，以便能够实时地监控这些旅游景区的周边环境信息，及时地为旅游景区的运营提供决策。

2019 年云台山推进 5G+ 智慧旅游项目，可满足 4K 高清视频传输、快速精细导航、大量人群高速上网等需求。游客可以通过直播实时看到云台山风景区：楼前绿地广场、红石峡、茱萸峰、小寨沟四个角度的实时场景。景区覆盖 Wi-Fi，在游客聚集区域为游客提供免费上网服务，还推出了云逗逗 AR 导游服务，下载“云台山 AR”软件，扫描云台山门票，景区 IP 形象云逗逗 AR 形象出现，以小导游的身份给游客介绍景区情况。

（二）“5G+VR” 的应用场景

VR 全景最大的障碍就是对高带宽、大流量的依赖，随着 5G 通信技术的普及，VR 技术将带来身临其境的沉浸式体验，AR+AI 技术将让景物活起来。通过真正的虚拟现实实现线上的旅游，沉浸式的景区体验等。AR、VR 技术的市场应用规模逐年提升。云 VR 视频业务属于 eMBB 场景，对时延要求相对宽松，在 40ms 时延内对用户影响不大，因此，基于 5G 的云 VR 传输方案能保障云 VR 视频用户的良好体验，将推动云 VR 视频应用场景的发展。基于 5G MEC 的解决方案是未来主流的解决方案，将进一步提升云 VR 视频用户的体验，同时基于 MEC 的 CDN 也将成为未来的发展趋势。

早在 2018 年 12 月，中国联通文化旅游 5G 创新应用示范基地在林州市红旗渠揭牌，景区的 5G+VR 全景直播等技术能让游客直观地体验当年修建红旗渠时的壮观景象。在都江堰景区，四川移动成都分公司围绕古城旅游区，成功开通 5G 基站，以“VR 全景成都”为切入点，推进 5G 景区试点，催化“5G 云 VR”产业，使 5G 建设、旅游大数据、物联网、景区 VR 等应用在成都“国际旅游城市建设”中发挥积极的作用。

（三）“5G+ 智慧酒店”应用场景

首旅如家酒店集团与中国联合网络通信有限公司广东省分公司在广州签署战略合作协议，共同推动酒店行业与信息通信建设深度融合，提高酒店精细化管理和智能化水平，并面向 5G 打造“数字酒店、智慧酒店”。打造新型智慧酒店模式，推动中国酒店行业管理创新、营销创新、服务创新，增强顾客体验和服务满意度。

2019 年 4 月，深圳华侨城洲际大酒店启动全球首个 5G 智慧酒店建设，这是 5G 网络、终端、云应用首次被端到端引入酒店商用场景，打造酒店套房的 5G 娱乐。深圳电信采用华为 5G 网络设备在华侨城洲际大酒店实现 5G 室内室外连片覆盖，人们可以通过 5G 手机、CPE 等终端，体验 5G 酒店创新应用。在酒店大厅，用户可以直接使用自己的手机通过 CPE 接入 5G 网络，体验 5G 下载、上传的高速率：当你办好手续，迎宾机器人便会指引你一路前行，到达你的房间。除此之外，还能体验5G智能机器人提供的信息查询、目的地指引、机器人送货等服务。这一流畅的智能交互，既提升了酒店的服务效率，更让旅客感受到“懂你所想”的贴心默契。覆盖了5G网络的总统套房还为住客提供了云VR划船机、云游戏、4K电影等5G酒店服务。通过5G智慧酒店系统，酒店管理者可以远程控制温度和湿度、体验VR游戏、进行人性化的简单操作。

另外，5G将加快智慧旅游平台建设，随着5G的普及，廉价的流量惠及游客，大家能够实时分享自己的出行信息，平台有了足够量级的数据信息才能够利用大数据分析，为游客提供出行信息和辅助决策等一系列服务。

四、结语

5G技术能够为用户提供强大的通信带宽资源，实现数据的高速传输，能够灵活地支持各种不同的设备。随着5G通信技术的发展，国内外景区和旅游单位纷纷尝试新的智慧旅游应用场景。酒店和航空公司可以利用先进的5G实现图片拍摄传输、酒店推荐、机票推荐等，景区亦可以加速智慧景区建设，通过真正的虚拟现实技术实现线上的旅游、沉浸式的景区体验，这样创新的应用场景将实现旅游活动的智能化和信息化，提高旅游者的旅游体验和满意感。

【参考文献】

[1] 王依鹏.基于5G通信技术的乡村旅游智慧化发展研究[J].现代经济信息，2019(19).

[2] 廖德龄，等.5G通信技术应用场景及关键技术探讨[J].通信设计与应用，2019(1).

谈孔子儒家思想的教育意蕴

宁顺颖

摘　要： 孔子是中华文化最杰出的代表，也是伟大的教育家，孔子的教育思想并不仅限于他的教育领域的实践和理念，他的思想主张和他自己的生动人生实践对于今天的教育而言都具有独特的宝贵价值，他由乐观的人生态度所奠定的乐教乐学的教育基调、“成人”的教育宗旨、寓道于伦常日用之中的教育特色等对解决目前教育中面临的许多难题都是极佳的借鉴。以立德树人为己任的教育最应立足我们的文化正统，从先贤智慧中汲取精神的养料，以培养出真正具有主体意识、充满文化自信、承担起中华民族伟大复兴重任的一代青年学生。

关键词： 论语　孔子　儒家文化　教育

今日的教育面临着许多难题，诸如教师厌教、学生厌学、重智轻德、重言轻行的问题最为突出，结果培养出来的多是知行不一的“语言的巨人，行动的矮子”，这些问题的出现固然有社会环境的原因，但作为教育者首先应从自身的教育理念、教育实践上进行反思。回到经典，对照我们的文化传统，当不失为反思的最佳途径。孔子是中华文化杰出的代表，中华文化历经数千年而不衰孔子当功不可没，“孔子者中国文化之中心也，无孔子则无中国文化。自孔子以前数千年之文化赖孔子而传，自孔子以后数千年之文化赖孔子而开”。孔子也是伟大的教育家，“至圣先师”，他在长期的教学中所主张并实践的教育目标、教育内容、教育理

本文为 2017 年山东省社会科学规划研究项目“儒家文化融入高校思想政治教育价值和实现路径研究”（17CSZJ50）、2016 年度山东旅游职业学院重点研究项目“儒家文化融入高校思想政治教育方法与途径研究——以《论语》为例”（LY2016-06）研究成果，发表于《中国成人教育》2018 年第 11 期。

念和方法给予我们许多启迪。然而孔子的教育思想并不仅限于他的教育领域的实践和理念，他的全部思想主张和他自己的生动人生实践对于今天的教育而言都具有独特的宝贵价值，对解决目前教育中面临着的许多难题都是极佳的借鉴。以立德树人为己任的教育最应立足我们的文化正统，从先贤智慧中汲取精神的养料，以培养出真正具有主体意识、充满文化自信、承担起中华民族伟大复兴重任的一代青年学生。

一、从道而行，乐在其中：积极乐观的教育基调

儒家文化是“乐感文化”。《论语》开篇即是孔子对快乐的诠释：“学而时习之，不亦说乎？有朋自远方来，不亦乐乎？人不知而不愠，不亦君子乎？”孔子幼年失父，少年丧母，社会理想屡遭挫折，外在的条件和人生境遇不可谓不悲苦，然而《论语》中有许多说及乐的地方，独不见一处“苦”字！孔子自述自我之乐：“饭疏食饮水，曲肱而枕之，乐亦在其中矣。不义而富且贵，于我如浮云。”（《论语·述而》）孔子的曲肱饮水之乐，当然不是来自粗茶淡饭、鞋破衣烂的苦中作乐，也不是摆脱人世烦恼而进入物我两忘的精神之乐。要理解孔子之乐，最好的办法莫过于从历史的记述中找寻答案。

孔子周游列国时曾于陈蔡之间陷入困境，断粮七日，仍弦歌不绝，子路因不满而提出质疑：“君子亦有穷乎？”孔子回答：“君子固穷，小人穷斯滥矣。”（《论语·卫灵公》）。孔子知道弟子们心存不满，于是适时教育，提出自己的考题：“吾道非邪？吾何为于此？”子贡认为老师应该把道德理想降低一点，现实一点：“夫子之道至大也，故天下莫能容夫子。夫子盖少贬焉？”孔子批评他：“今尔不修尔道而求为容。赐，而志不远矣！”同样的问题颜回给出了不同的回答：“夫子之道至大，故天下莫能容。虽然，不容何病？不容然后见君子。”孔子听后欣然而笑：“回，使尔多财，吾为尔宰。”（《史记·孔子世家》）从孔子欣然而笑的态度可知颜回说出了孔子的心声，个人的耻辱不在不容于世，而在道术不修。钱穆曾这样评价孔子的内心：“盖其心之仁，既不忍于忘天下，亦不忍于必谓天下之终于无道。”所以，孔子之乐当是高尚的道德信念和对理想的

执着追求产生的得道之乐，是乐在其中。

因为孔子一生所走是一条“志于道，据于德，依于仁，游于艺”的路，这本来就是一条快乐之路。他不仅是把“志于道”作为人生的最高追求，而且他的一切活动，包括教育活动，都是为了“道”的最终实现。所以，对孔子来说，道之所在就是乐之所在。“素贫贱，行乎贫贱；素夷狄，行乎夷狄；素患难，行乎患难。君子无入而不自得焉。”（《中庸》）孔子就是以这样弘毅而快乐的生命实践引着自己的学生们走向快乐之途、快乐之境，他说：“知之者不如好之者，好之者不如乐之者”（《论语·雍也》），又说“兴于诗，立于礼，成于乐”，他赞赏颜回的陋巷箪瓢之乐：“贤哉，回也！一箪食，一瓢饮，在陋巷，人不堪其忧，回也不改其乐，贤哉，回也！”（《论语·雍也》），从而使孔子的教和学生的学都确立了乐在其中的快乐基调、快乐原则。《论语》中有多处记载孔子和学生们在一起坐而论道的场景，有问有答，有说有笑，其乐融融，“闵子侍侧，訚訚如也，子路，行行如也，冉有、子贡，侃侃如也。子乐”（《论语·子路》）。教育之内涵不言自明。

乐在其中，既是心理、精神的最高境界，也是教育的最高境界。教师乐教，才有学生乐学，教育者如何也能乐在其中，必然首先要建立起自己对人生的信仰和追求，摆脱现实功利的羁绊，坚守教育的理想和信念，专注于追求教育之道。当他全身心地投入到这种生活中去，教育就不再是“春蚕到死丝方尽，蜡炬成灰泪始干”这样近似悲壮的单方面牺牲和奉献，而就是教师的生活本身，他并不会因这种奉献而感到任何的损失，实际上，他甚至不会意识到自己是在奉献，他只会从教育实践中感到生命的充实和生活的乐趣。

二、“成人”之学：儒家教育的宗旨

儒家教育全部的宗旨都在于“成人”。孔子说：“古之学者为己，今之学者为人。”（《论语·宪问》）对于“为己”，孔安国这样解释：“为己，履而行之；为人，徒能言之。”“为己”正是“躬行君子”之谓，明确指出了“学”的目的，即是为追求自己生命的完善，为以道德理想为核心的完美人格的建立而学，而不是“为人”，即为获得他人的认同，为世俗功利而学。杜维明先生说：“儒家传统的根本关怀就是学习如何成为人。关键不在于那与自然和天道相反的人，而是那寻求与自然和谐以及与天道相感应的人。”历史学家钱穆先生亦用“人统”来阐述这一观点，他认为中国传统教育虽兼有事统和学统，教人做事，教人研究学问，但更看重的是人统。他解释说：“人统，其中心是人。中国人说：‘学者，所以学做人也。’一切学问，主要用意在于如何做一人，如何做有理想、有价值的人。”

怎样才是“成人”？在孔子看来，“成人”是理想人格的代表。《论语》中子路曾向孔子询问怎样才是“成人”，孔子回答：“若臧武仲之知，公绰之不欲，卞庄子之勇，冉求之艺，文之以礼乐，亦可以为成人矣。”（《论语·宪问》）把他们四人的美德集一体于己身，再加以礼乐熏陶，才可以称为“成人”。“成人”也是情感与理性和谐统一的人，“质胜文则野，文胜质则史，文质彬彬，然后君子”（《论语·雍也》），“质”是人之真实生命的自然本性，重在情感，“文”是人为创造的文化成就，重在理性，“文质彬彬”的人既有“从心所欲”的自然，又有“不逾矩”的理性，是情与理均衡发展圆融统一的人。孔子“兴于诗，立于礼，成于乐”（《论语·泰伯》）的教育，目的就是培养“发乎情，止乎礼义”的君子、仁人。《论语》中孔子对自己从“十有五而志于学”，到“七十而从心所欲不逾矩”的一生的回顾和总结，描绘的就是一个生命不断展开和完善最终达到自由境界的成人过程。

教育的根本目的就是立德树人，这与儒家的“成人”意蕴相通，人是教育的目的，也是教育的主体，学的旨趣即在人作为主体的生成。在当今人被技术异化为物的时代，教育比任何时候都更有必要成为人的教育。我们要对学生这一学习的主体给予真正的尊重，我们的教育内容和教育过程要始终记得“成人”这个中心，围绕着做人处事之道，促进学生人性的成就与生命的成长，并且学习的方向与内容不仅限于书本，更重要的是引导学生在实际人生的情境中、在日常生活的体验中锻炼自己的心性，明白人生应有的价值与标准，掌握到真正的做人处事之道，不断启发学生经由道德的实践发现人之为人的美好，这样的教育必然不会让人厌学，而只能让人好学上进。

三、寓道于伦常日用之中：孔子教育实践的最大特色

真正的孔子从来不是神，他同我们一样，过着平凡的生活。“孔子行走、说话、吃饭、上课的方式，几乎毫无‘神奇’可言。他就像自己所说的那样，是一位孜孜不倦的学者和老师，他的人格也毫不神秘……他的伟大力量正在于朴素平淡”。“孔子乃是在人人可以实践、应当实践的行为生活中，来显示人之所以为人的‘人道’。”孔子也把对学生的教育落在最平凡的日常生活中，指导学生在人群相处之中、在言行坐卧的一举一动中完成自己的道德人格。比如，“仁”是最能体现孔子思想的核心范畴，然而“仁”究竟是什么，孔子却从不曾给过一个明确的概括。每次学生“问仁”，孔子给出的答案都具体平凡得让人不能置信，如司马牛问仁，孔子回答“仁者，其言也讱”，司马牛认为太过平常，追问说难道说话慢就是仁吗？孔子说：“为之难，言得无讱乎？”因为“为之难”，所以孔子平时一贯主张“君子欲讷于言而敏于行”，对“多言而躁”的司马牛而言，虽更为艰难，但却是极具针对性的行仁良方。孔子就是这样将道寓于伦常日用之中，看似平常，其中又自有其高深不可及处，正如程树德在《论语集解》里讲的：“夫圣人之道，固高明广大不可几及，然亦不过情性之间，动容之际，饮食起居交际应酬之务，君臣父子兄弟夫妇之常，出处去就辞受取舍，以至政事设施之间，无非道之寓。其所谓高坚前后者，他人于此，或未能无纤毫之私，或未能达义理之正，或未能通权变之宜，或未能及从容之妙。”能悟到这一层已是修养，而真正能将平常做到“随心所欲不逾矩”的恐怕只有孔子了，所以以颜回之德仍不免要感叹“虽欲从之，未由也已”。

比起外在的言行，孔子更为关注和培养伦常日用中人的内心情感状态。孔子把“仁”的基本含义解释为“爱”，钱穆进一步将其明确为“真情实感”，离爱便无“仁”（人），这是孔子对人性的基本界定，也是教育实践中孔子最为注重的。这首先表现为孔子把人的自然情感作为教育的开端，孔子的弟子有若说：“孝悌也者，其为仁之本与”（《论语·学

而》）。之所以是起点，是因为“孝”包含着人类最天然、最真挚的情感，如果失去了这种内心情感，就如孔子所言：“今之孝者，是谓能养。至於犬马，皆能有养；不敬，何以别乎”（《论语·为政》）。则尽孝养老与养狗养猫无异，只有人之真情才能把人与禽兽区别开来，也才能由这种自然的亲情之爱扩展开来最后达到“泛爱众，而亲仁”。其次，孔子把这种人伦日用化的真情实感作为基础和内涵渗透于一切伦理道德和行为教化之中。仁与礼是孔子儒家最重要的两个范畴，礼从本质上讲是人内心情感合乎规范的外在表达，人的情感要合于礼的规范，但礼更要以情为基本内涵，孔子说：“人而不仁，如礼何？人而不仁，如乐何”（《论语·八佾》），仁是爱人之心，如果失去这个中心，一切礼乐都要失去意义。从仁到礼、义、信、忠、恕等这些儒家思想重要范畴皆以内在的真情实感为基础，离却情本体，礼便无所依附，礼归于仁，就是一个人人格最终完成的境界和标志。所以，梁漱溟总结说：“周孔教化自亦不出于理知，而以情感为其根本……孔子学派以敦勉孝弟和一切仁厚肫挚之情为其最大特色。”

教育就是要培养有情有感真实生动活泼的人，情感是不容忽视的人之应有内涵，它关乎人格塑造、价值观的形成，既是教育的起点，也是一切教育过程和内容的基础。相比较知识的传授和技能的训练，情感的培育是更为细致因而更为困难的过程，因为人对于某种价值的认同，不仅是认知所及，而且是情感所致，只有通过情感体验，认知才可能把道德内容带进人的生活情境，与个体的生活经验及其感受联系起来，从而不仅理解价值而且体验价值、力行价值。没有情，就失去了德行赖以成长的人性基础，忽视情感的价值和培育，只能形成“伪善”而不能培养真正的人性。所以，我们的教育首先应是有爱的教育，教师要以真正的人出现在教学中，同时关注学生内在的真实情感，用真情培育真情，使教育内容和要求既合理又合情；教育也应该是有根的教育，我们的教育内容一定要与学生的实际生活结合起来，注重从近处、从学生的日常生活中培养学生，将教育要求落实到学生的日常生活中，解决学生现实中的问题，以知促行，以行促知，知行合一，培养既胸怀大志又脚踏实地的真君子。

四、对话教学：启发诱导、因材施教的最佳教学方式

孔子育人，善于在愤启悱发中对学生进行因材施教，而这都是在师生对话中实现的，可以说，对话教学是实现启发诱导、因材施教的最佳教学方式。“对话”是当今社会各个领域最流行的词语，然而其承载的平等、开放、自由、理解与建构等价值观却并非今日才有。2000多年前，孔子就以教学的实践展示了对话的真正内涵和最高境界。

教育之本真在于对话，整部《论语》就是孔子和学生的对话集，其中许多场景都可以作为对话教学的典范。比如，《论语·先进》篇中子路、曾子、冉有、公西华侍坐。子曰：“以吾一日长乎尔，毋吾以也。居则曰：‘不吾知也！’如或知尔，则何以哉？”子路率尔而对曰：“千乘之国……”夫子哂之。“求！尔何如？”对曰：“方六七十……”“赤！尔何如？”对曰：“非曰能之……”“点！尔何如？”鼓瑟希，铿尔，舍瑟而作，对曰：“异乎三子者之撰。”子曰：“何伤乎？亦各言其志也。”曰：“莫春者，春服既成，冠者五六人，童子六七人，浴乎沂，风乎舞雩，咏而归。”夫子喟然叹曰：“吾与点也！”这一段对话，思想之美与自然之美与人情之美浑然一体，既呈现了对话教学必不可少的几个要素：平等的对话主体、亲和融洽的师生关系、自由开放的心理氛围、情感与思想的自然流露，也为我们展示了对话这种最理想的教学状态：教学成为教师和学生的共同生活，他们在思想上和情感上彼此向对方开放，分享各自的经验和情感体验，丰富自己的精神世界，实现共同的成长。

对话之重要不在于形式，而在于它所承载的对话精神，它既不制造，也不强迫，而是在彼此信任相互尊重的基础上，师生双方精神世界的敞开和彼此接纳，是师生内在生命的真实展现，它不是外在于生活的，它就是师生当下的生活，是顺应自然的生命生长，这才是教育所要回归的真正功能所在。以这种理念实践对话教学，必然会尊重学生的个性差异，注重观察研究学生，必然会正确认识自己在教学中的作用，朱熹曾说：“书用你自去读，道理用你自去探究，某只是做得个引路底人，做个证明底人，有疑难处同商量而已。”终究学生才是学习的主体，教师的责任是作为学习的帮助者和引导者，激发学生的求知欲，适时适度因势利导，

使学生成为积极的意义建构者。一旦学生开启了思维，学习兴趣和主动性得以激发，就会感受到学习本身的快乐，从而产生欲罢不能的内在学习动力。

五、身教胜于言教：人格感化的力量

孔子一生有教无类，培养了很多学生，其中有大作为的就有七十二贤人，这与孔子高超的言教艺术有关，但更是孔子完美人格熏陶感化的结果。孔子主张“为政以德”，认为居于上位的人要“先行其言”(《论语·为政》)，“其身正，不令而行；其身不正，虽令不从”(《论语·子路》)，才能实现“居其所而众星拱之”的无为而治。为政之道如此，为师之道亦不例外，孔子一生言传身教一以贯之，所说即所做。孔子教育弟子学而不厌，他自己就是好学不怠的榜样。孔子谦虚，但并不隐讳自己的好学，他说自己并非“生而知之者”，不过是“好古，敏以求之者也”“十世之邑，必有忠信如丘者焉，不如丘之好学也”，他对自己的评价是“发愤忘食，乐以忘忧，不知老之将至云儿”(《论语·述而》)。颜回问仁，孔子告诉他“克己复礼”，“非礼勿视，非礼勿听，非礼勿言，非礼勿动”(《论语·颜渊》)，他自己就是这样的典范。《论语·乡党》中描述孔子“温而厉，威而不猛，恭而安”，中庸平和之态可掬，其中所记录的孔子的饮食起居、处事待人接物、一举一动一言一行，无不合乎礼。对孔子而言，这些都是极为率真自然的表现，并非是有意为之，所以孔子说：“二三子以我为隐乎？吾无隐乎尔！吾无行而不与二三子者，是丘也”(《论语·述而》)。对学生而言，这“无隐”恰是最好的教育，其人格感化的力量可以从学生们对孔子极尽推崇的溢美之词中真切地感受到。子贡评价孔子“温、良、恭、俭、让”，在孔子去世后更是赞誉有加：“夫子之墙数仞，不得其门而人，不见宗庙之美、百官之富。得其门者或寡矣。”“夫子之不可及也，犹天之不可阶而升也。”颜回对孔子亦是推崇之至，《论语·子罕》中记载，颜渊喟然叹曰：“仰之弥高，钻之弥坚，瞻之在前，忽焉在后。夫子循循然善诱人，博我以文，约我以礼，欲罢不能。”

孔子为人为师的修养无人能及，虽不能至，但可以心向往之，就像孔子所说的“譬如为山，未成一篑，止，吾止也。譬如平地，虽覆一篑，进，吾往也”，时代和外部条件或许会限制或阻碍人的志向的实现，但主观追求上不能停止，为师者要立定志向，要有“知其不可而为之”的决然，不随于世，不媚于俗，以“岁寒，然后知松柏之后凋”的独立自主、坚忍不拔的精神，时时激励自己、修养自己，不断提高自己的德行，“先行其言”，以身示范，才能实现对学生的教育感化。

【参考文献】

［1］柳诒徵．中国文化史［M］．吉林：吉林人民出版社，2013.

［2］李泽厚．论语今读［M］．上海：生活·读书·新知三联书店，2015.

［3］钱穆．论语新解［M］．成都：巴蜀书社，1985.

［4］杜维明．东亚价值与多元现代性［M］．北京：中国社会科学出版社，2001.

［5］钱穆．中国学术通义［M］．北京：九州出版社，2011.

［6］徐复观．中国人性论史［M］．北京：九州出版社，2014.

［7］梁漱溟．中国文化要义［M］．北京：学林出版社，1987.

美国乡村旅游发展研究及经验借鉴

王　真

摘　要：美国乡村旅游在美国旅游业中占有重要的比重，促进了美国乡村经济的转型与复苏。本研究从美国乡村旅游发展的原因，美国乡村旅游发展的特点和对中国乡村旅游发展的启示三方面进行分析阐释，为我国乡村旅游的发展提供经验借鉴。

关键词：美国　乡村旅游　环境保护

乡村旅游是指游客在非都市区域的活动和体验。旅游活动的地点在城市以外；旅游活动的内容具有乡土性，如亲近大自然，瓜果采摘，农活体验；旅游活动与当地的农户产生交集，如农家乐，当地民宿。乡村旅游之所以得到发展一方面得益于市场需求：由于城市生活节奏快，压力大，人们需要这样一种旅游方式来放松身心、回归田园。另一方面则是农村经济发展的需要。乡村旅游可以带动当地经济的发展，利用当地资源，增加就业机会，解决城乡二元结构问题，缩小城乡差距。乡村旅游发展主要有三大载体，即自然资源、历史文化遗产、农产品。

一、美国乡村旅游发展的原因

（一）公路网络的建立

美国州际公路网络的建立促进了美国乡村旅游的发展。美国的高速

本文系全域旅游战略下的乡村旅游发展模式研究——以山东省荣成市俚岛镇烟墩角村为例（项目编号：J16WF59）研究成果，发表于《旅游纵览》2017 年第 4 期。

公路四通八达，道路平坦，视线开阔。驾车驰骋的同时可以欣赏沿途的自然风光。另外，高速公路免费更为游客的出行提供了便利。在美国只要在手机下载谷歌地图，使用其导航系统，就可以驱车到访你想去的任何地方。

（二）国家公园的促进作用

美国的城乡生活水平差距不大，乡村旅游的发展很大程度体现在国家公园的建设上。美国是一个新兴的移民国家，早期英国人认为美国没有自己的文化根基，在政治经济各领域落后于欧洲。美国人需要找到一种特征来代表自己、证明自己，他们选择了“荒野”（wilderness）。荒野中壮丽的自然景观足以弥补历史文化的不足，而能够留住荒野，使其免受工业文明之害的最有效方法就是建立国家公园。因此兼具环境资源保护和休闲游憩功能的国家公园体系逐步建立。自从 1872 年美国第一个国家公园黄石公园成立至今，美国共建立 59 个公家公园。1964 年美国通过《荒野法案》，保护自然资源。值得注意的是，美国的国家公园门票收费很低，有的甚至免费，带有很强的公益性。

（三）复苏乡村经济

美国虽是头号发达国家，其乡村也存在自身发展问题。比如农业人口流失，农产品价格下降，农民收入得不到保障等。经济重组改革后，传统农业已不再是农村经济发展的支柱，政府和广大农户都在积极寻找经济替代形式，发展乡村旅游在这种形势下应运而生。

（四）强大的市场需求

美国作为世界经济强国，人民生活水平普遍较高，对旅游的需求也随之增长。美国人崇尚自由，喜欢旅行和探险，愿意亲近大自然，对乡村生活充满向往。美国又是一个爱玩的民族，他们喜欢徒步、滑雪、骑马、垂钓、漂流、冲浪、登山等户外项目带来的美好体验。所以，美国的乡村旅游发展有着强烈的客户需求和广阔的市场。

二、美国乡村旅游的特点

（一）规划合理

美国联邦政府把旅游规划的权力交给地方政府，地方政府结合当地资源特点，经过详细调研，确定游客市场需求，开发相应的旅游产品。严令禁止以牺牲环境获取短期经济效益的旅游产品的开发，避免了重复建设和资源浪费。

（二）群众参与性高

乡村旅游开发地的当地政府通过官方宣传，让社区民众深入了解发展乡村旅游的意义。如可以增加就业机会，提高当地居民生活水平，带动当地经济发展等。通过宣传，吸引当地居民主动参与乡村经济建设，有些退休居民成立志愿者组织，义务加入乡村经济的建设中。例如，犹他州杰克逊小镇的居民们就踊跃参与到乡村旅游建设中，通过开设饭店、咖啡店、当地特产店、运动用品店及开辟露营地来支持乡村旅游发展。美国国家公园虽由国家公园管理局直接管辖，但社区居民、游客及民间机构也积极参与其中。

（三）环保意识强

美国有很多环保组织和环保部门，在环保事业中起到积极作用。美国的自然资源保护委员会（NRDC），自 1970 年成立以来，成绩斐然。不仅帮助起草了《清洁空气法》，推动实现了全美汽油无铅化，也为保护自然资源和维护野生动物家园贡献了力量。美国国家公园管理局（NPS）针对国家公园系统进行了自然资源清查和生命体征检测，旨在随时监测掌握各种自然资源和野生动植物的变化情况，采取相应措施，更好地保护生态环境。值得一提的是还有游客体验和资源保护（VERP）技术。VERP 指标分为两大类：资源指标和社会指标（主要针对游客体验方面），通过得到的监测数据，把两者控制在合理范围内，使资源保护和旅游发展达到平衡。美国人民群众的环保意识也很强，垃圾分类做得很到位。例如，犹他州盐湖城附近的居民每家每户有可回收和不可回收两个垃圾桶，居民会对生活垃圾进行分类处理和投放，每周四上午由大型的垃圾车把垃圾运走。美国人在旅行中会自带环保袋，在享受美好风光的同时不忘维护这片美好的环境。为了保护自然资源，当游客过多超过景区接待能力时，会限制游客进入数量，在经济利益和资源保护相冲突时，前者总是服从后者。

三、经验借鉴

（一）保护乡村资源

我国幅员辽阔、地大物博，各种旅游生态资源丰富。但是一些地区，尤其是一些较为偏远的地区，当地政府和居民没有意识到生态资源的宝贵价值，导致生态资源遭到破坏和浪费。一些以自然资源为依托的旅游区，在开发初期没有经过深入的调研和长远的规划，仅凭有限资料进行开发，这种粗放式的开发模式破坏了生态资源，违背了发展的初衷。乡村性是乡村旅游的根本，发展乡村旅游，应该因地制宜，在当地的自然风光和自然资源基础上，适度地开发具有当地特色的旅游产品，严禁过度开发和以牺牲自然环境为代价的任何旅游项目建设。提高人民群众的环保意识，增强环境保护的主人翁意识和自觉性，制定相关法律和处罚措施。

（二）健全相关旅游法律法规

美国在 1964 年和 1968 年先后出台了《荒野条例》和《国家荒野和风景河流法案》，在开发旅游产品的同时，给予法律支持和保障。为了确保我国乡村旅游的健康有序发展，建立配套的法律法规十分必要。法律法规内容应当细致全面、操作性强。

（三）注重乡村体验，发展乡村度假游

研究表明，“一次令人愉快的乡村旅游体验，是由游客对农村的生活

形态进行整体性的接触而产生的。其中与农家人际交往，体验农家的生活劳作方式的经验是最令游客难忘的，从而产生巨大的回归吸引”（石金莲，崔越，黄先开，2015）。我国乡村游由于乡村住宿条件、卫生条件的限制，一般仅限于短期旅游，比如农家乐、果园采摘等。随着乡村旅游的不断发展，乡村旅游基础设施建设的不断升级完善，乡村旅游可以逐步向长期体验度假游过渡。

（四）更新发展理念，提高公众参与的积极性

理念指导实践，改变始终以经济效益为着眼点的发展理念，把目光放长远，向西方学习新的发展理念，如公益性发展理念、可持续发展理念。乡村旅游的发展应以服务社会、服务游客和居民、保护环境和资源为最终目的。政府也应加大资金支持力度，完善景区基础设施建设与维护，减少景区创收压力。管理权、经营权、监督权应分割清晰，做到各司其职。

【参考文献】

[1] 邓金阳，张耀启 . 美国乡村旅游发展［J］. 林业经济问题，2007（4）：336-337.

[2] 黄艳华，张兵，李佳 . 北美乡村旅游发展特点及对我国的启示［J］. 昆明大学学报，2006（2）：53-56.

[3] 石金莲，崔越，黄先开 . 美国乡村旅游发展经验对北京的启示［J］. 中国农业大学学报，2015（5）：289-296.

[4] 王瑞花，张兵，尹弘 . 国外乡村旅游开发模式初探［J］. 云南地理环境研究，2005（3）：73-75.

[5] 王永强 . 欧美国家促进乡村旅游发展的经验与启示［J］. 郑州航空工业管理学院学报，2009（3）：158-165.

文旅融合背景下民俗文化旅游研究

王洪涛

摘　要：本文首先详细阐述了民俗的含义，接着从民俗文化是重要的旅游资源、民俗文化丰富了旅游的文化内涵、民俗旅游促进了旅游目的地的经济发展三个方面解析民俗文化与旅游的关系，最后从体验参与、感受新奇，欣赏民间艺术之美，体会民族精神之美，感受民俗节日、促进文化交流四个层面讲述了民俗文化旅游的意义。

关键词：民俗　民俗文化　民俗文化旅游　文化内涵

一、关于民俗的含义

"民俗"一词，在我国的一些古代文献中时常可见，如"故君民者，章好以示民俗"（《礼记·缁衣》）；"古之欲正世调天下者，必先观国政，料事务，察民俗"（《管子·正世》）；"入境，观其民俗"（《荀子·强国》）；"国贫而民俗淫侈，民俗淫侈则衣食之业绝"（《韩非子·解老》）；"楚民俗，好庳车"（《史记·孙叔敖传》）；"交民风，化民俗"（《汉书·董仲舒传》）；"民俗既迁，风气亦随"（韩愈《朱文公校昌黎先生文集》卷九《送窦从事序》）；"方今士人名节不立，民俗礼义不修"（欧阳修《欧阳文忠公文集》之《奏议》卷十四《荐张立之状》）。

从所列举的这些语句来看，这里的"民俗"有三层意思：第一层即"民风"，是指民间的一种精神状态；第二层指民间节日、礼仪、祭祀等民间活动本身；第三层指前两层的交融，指的是民俗事象。因此，可以

发表于《人文天下》2019年第22期。

说，这时期的“民俗”与“风俗”“习俗”“谣俗”差别不大。

“民俗”一词由英国学者汤姆斯率先提出来之后，很快在英国学术界得到普遍承认和使用。19 世纪末，英国学者乔治·劳仑斯·高莫（L. Gomme）的名著《民俗学概论》传入日本之后，“Folklore”被确定为“民俗”学术术语。在我国，1922 年，北京大学的“歌谣研究会”首次使用学科性专用名词“民俗”。虽然“民俗”一词在我国自古有之，但是作为一个学术术语，“民俗”在我国还经历了一个争论的过程，出现了“谣俗”“民间风俗”“民间文学”等不同概念，直到 1927 年，中山大学成立“民俗学会”，并创办了《民俗周刊》，从此，“民俗”一词成为固定的学术名词。

关于民俗的定义，广义的民俗概念认为，民俗学是一门综合性学科，是以城乡民间生活为研究对象的；就民族而言，则既研究文明民族的民间生活，也研究后进民族乃至原始民族的民间生活。狭义民俗学对“民俗”概念的理解主要有四种：一是认为民俗为文化遗留物，是已经发展到较高文化阶段的民族中所残存的原始观念与习俗的遗留物；二是认为民俗就是精神文化；三是认为民俗为民间文学；四是认为民俗为传统文化。

从民俗的广义和狭义的内容我们可以得知，作为一个学术名词，无论是广义上的民俗，还是狭义上的民俗，都在以下三方面存在着共识。

第一，民众是民俗的创造者、承受者和载体。作为人类的一个分子，个体不可能不被某种民俗所影响、所制约、所规范和所指导，因为他不可能离开人群而独居。之所以使用“民众”一词，是相对于“官员”而言的。纵观民俗的内容，我们可以发现，民俗与民众之间有着紧密的联系，脱离了民众，民俗便失去了其自身的意义。

第二，民俗是被民众传承的一种文化事象。从时间的角度来看，民俗并不是即刻出现、即刻消失的，而从空间上来看，民俗又具有地域特征，在承载主体上，并不表现为个体性，因此可以说，民俗是不断传播并被某些群体所世代传承和延续的一种社会生活文化事象。

第三，民俗是培养群众观念意识和行为规范及社会不成文法规的存在，同时还能将民众集体创造的物质财富与精神财富展现出来。民俗与传统之间具有无法割裂的联系，民俗的核心正在于传统。

二、民俗文化与旅游的关系研究

（一）民俗文化是重要的旅游资源

旅游是一种离开自己的居所到异地他乡作短期停留的活动。异域的景色风光，尤其是不同于本民族的民族风情，常常会给游客带来一种从没体验过的文化享受。

我国作为统一的多民族的国家，每个民族都有自己独特的灿烂文化、民俗风情。不同的民族风俗也是存在较大差别的，就算是同一民族的不同地域，民俗也是不尽相同的。就是不同民族间民俗的这种差异性吸引了无数的外来游客，而这也是游客重要的游览内容之一，如各地端午节的龙舟赛、云南傣族的泼水节、广东春节花市等。在丰富的民族民俗内容中，人们从历史、文化、宗教、艺术各方面，均可获得有益的知识和美的熏陶。旅游者乐于去他乡异族旅游，就在于可以享受不同民族的民俗所给予他们的康娱和新奇。因此，各民族的民俗充实了祖国壮丽河山的旅游内容，有助于提高人们的旅游兴趣。

（二）民俗文化丰富了旅游的文化内涵

自古以来，我国就有许多文人学者，为了探索各民族的历史变迁、民俗风情，行万里路，越千重山，进行旅游采风，观风察俗。如我国汉代杰出的史学家司马迁，二十多年中几乎跑遍了全国各地，实地察看山川、江河、湖海的地理形势，研究各地经济物产、风俗民情和社会各阶层的生活习俗，调查古迹古物、传闻逸事，搜集史料、民谚和民间歌谣，并写进历史巨著《史记》中。

而今，旅游者已不满足于观光度假式的旅游，而更注重亲身体验的不同异质文化，无论是从内容和形式上来看，民俗旅游都具有民族性、地域性、文化性和参与性的特征，而这正好满足了旅游者追求异域情趣的需求，使游客能够获得原始的文化享受。所以，欣赏乡间风光、考察民俗活动的各类特色旅游开始出现，并且以最快的速度发展起来，受到越来越多人的欢迎。如常见的“农家乐”民俗游，游客吃和住都在乡间，在饱览田园风光的同时，品尝着城市中少见的风味小吃，还能参与田间劳作，亲身体验农家的民俗风情。

（三）民俗旅游促进了旅游目的地的经济发展

旅游的经济性和旅游的文化性是密切相关的。民俗旅游是民族民俗在旅游业中的运用和发展，也是利用民族民俗为经济建设服务的具体表现。发展民俗旅游能够实现当地民俗资源向实际旅游产品的转变，充分发挥旅游业的牵动作用，促进当地经济快速发展。一方面，旅游目的地可以利用当地的民俗文化旅游资源直接产生经济效益，如可以充分利用具有民俗特色的建筑、饮食、歌曲、舞蹈、游艺等建立相应的民俗文化村、民俗风情园、民俗博物馆、民俗风情微缩景区等。深圳华侨城就是一个最好的案例。自深圳华侨城的锦绣中华开业以来，共接待了海内外游客超 5000 万人次，营业额收入超过几十亿元。另一方面，还可以间接地利用民俗文化旅游资源为当地的经济服务，如利用民俗传统节日、民俗艺术节、民俗礼仪活动展演等吸引投资商，带动当地（尤其是第三产业）的发展，如潍坊国际风筝节、贵州蜡染艺术节等。特别是那些经济发展较为落后但是民族民俗风情较为丰富的地区，大力发展民俗文化旅游可以使当地获得更多的经济收入，促进市场经济的发展，推动其他产业的进步，改善当地经济结构，从而使区域经济水平得到不同程度的提升。

三、民俗文化旅游中的意义

在当代学术界，对于民俗文化旅游的概念，经过我国当代学术界探讨认为，“民俗文化旅游”就是“民俗与旅游的结缘，是以民俗事象为主体内容的旅游活动”。“民俗文化旅游”就是被异地或其他民族特有的民俗文化所吸引的游客，在旅游设施建设完好的前提下，离开自己长期居住的地区，前往某一特定的地域或民族区域观赏、消费当地民俗事项的文化旅游活动。与山水风光旅游、文物古迹旅游相比，民俗文化旅游的参与性更强，旅游者不仅能够欣赏到异域异族的民俗文化风情，还可直接参与其中，体会各民族深厚独特的文化内涵。

（一）体验参与、感受新奇

游客可以通过参与民俗旅游，置身于当地的民俗环境之中，不仅能够体会到新鲜事物带来的情感享受，还能接触到当地热情的居民，在特殊的氛围中同他们进行情感交流，获得内心的愉悦。比如旅游者到云南少数民族地区，不仅可以欣赏到当地美丽的自然风光，而且可以进到村寨，亲自感受少数民族的待客习惯和待客方式。如彝族人热情好客，与彝族人交朋友，首先得喝三杯酒，一是进门酒，二是转转酒，三是成为朋友酒；然后还要吃坨坨肉，坨坨肉有200~300克重，肉味纯厚、肉质细嫩且鲜美。而白族在招待远方而来的客人时，首先会敬“三道茶”：第一，“苦茶”，象征万事开头难，人在年轻时应该艰苦创业；第二，“甜茶”，表示吃尽苦后就能享福了；第三，“回味茶”，寓意人在老年时，回忆这一生的经历，百般滋味俱上心头。这样，旅游者可以直接与当地民众进行情感交流，体验独特的异域文化。

在浩如烟海的历史长河中，生活环境、历史发展、社会经济、文化传统、宗教信仰等方面的差异，使得各民族的民俗文化也是异彩纷呈、各式各样。这些民俗文化根植于当地人的生活中，具有广阔而深厚的群众基础，但是对于外来民族来说却十分新鲜。通过旅游活动走进不同的地区，体验不同民族的文化，给人们带来一种全新的精神享受。如到广西龙胜旅游，可以观赏壮族舞，品尝龙脊水酒，居麻栏木楼，还可一睹龙脊梯田的壮观景致；到内蒙古大草原旅游，可以骑马奔驰，住蒙古包，吃手抓羊肉及奶茶、奶酪，还可欣赏到“风吹草低见牛羊”的景象。这样，每到一处地方，旅游者都能欣赏到不同的景致，体验不同的生活。因此，民俗文化旅游能够满足游客求新、求奇的心理需求。

（二）欣赏民间艺术之美

在民俗文化之旅中，游客可以观赏到我国独有的剪纸、年画、泥人、蜡染等民间艺术，它们都体现了创造者意义非凡的美的情感。比如旅游者春天到山东潍坊去旅游，其中最吸引大家眼球的就是满街的风筝。风筝的种类是多样的，有天上飞的鸟、水中游的鱼，还有各式各样的人物脸谱、象征吉祥的图案等，内容十分丰富，而且无论是造型和颜色都与实物相似。风筝放飞现场，游客不仅可以欣赏龙、凤、蝶、燕等各类风筝在空中自由飞翔的美妙姿态，而且可以感受到一种脱离尘寰的美感。同样，游客到了我国的黔江地区，就可以欣赏到正宗的苗族刺绣、蜡染等纯手工工艺品。苗族的蜡染工艺是非常有名的，即使在国外也非常受欢迎，蜡染工艺表现出苗族同胞开朗豪放的民族性格。旅游者如在游览的过程中能亲自参与整个工艺的制作过程，必然对苗族服饰文化的认识上升到一个新的高度。

（三）体会民族精神之美

民俗文化是在悠久的历史长河中形成的，我国民族众多，文化风俗各异，民居民宅也各具特色。民居民宅，不仅仅是人类居住的空间，它还是人类按照自我形象创造他们自己天地的第一个表现形式。如云南哈尼寨的蘑菇房，传说远古时期，哈尼人是住在山洞中的，后来他们迁居到一个叫作“惹罗”的地方时，看到漫山遍野长着大大的蘑菇，它们不怕风吹雨打，还能让蚂蚁和小虫在下面栖息，所以哈尼人就照样盖起了蘑菇房，希望保佑居住在蘑菇房的村民能够安居乐业。还有苗寨的吊脚楼、布依族的石头房等，都可以感受到当地居民对大自然的描摹和认知。这些颇具风情的建筑艺术，不仅带给了旅游者视觉的美感，而且展示了各民族对人类自身的认识水平和对环境的认知能力。

我国少数民族的服饰更是绚丽多姿，维吾尔族的小花帽、傣族妇女的花筒裙、藏族的藏袍、苗族的银饰等，都可以算是旅游的景观，为游客提供特殊的审美对象。服饰不仅能够保护身体、维持生命，还是满足愿望的表现。少数民族经过长期的生产实践，逐渐形成了不同于其他民族的审美意识，最初他们都直接在身体上文饰，后来发现用遮挡物更为有效。少数民族服饰上的纹饰常见的多是部落图腾，早期图腾是居民对自然界、先人的崇拜，随着社会生产力的发展以及人类意识的进步，我们依旧可以从图腾中发现少数民族对自然界的崇拜。例如苗族，由于居住地和生活习俗存在的差异，不同部落群体都有自己区别于其他部落的象征性族徽，而这些族徽都体现在部落的服饰上，主要为龙、花、鸟、蝴蝶、麒麟等，它们都造型精致、色彩艳丽。

在民俗旅游中，许多旅游者对民族歌舞表演兴趣浓厚。民族歌舞的本质就是生命力的表现，如佤族特有的狩猎舞从佤族居民实际生活中取样而来，但是却与居民的生活实际存在较大的区别。跳舞者做甩发动作，在泥土上踩出响亮的节奏，把从自然中获得的感情和情绪传达给环境。这种舞蹈，实际上属于超自我的展示，它表达了情感的愉悦和向自然的炫耀。

（四）感受民族节日，促进文化交流

我国是一个多民族的国家，每个民族的节日和庆典都是非常丰富的，例如很多少数民族同汉族一样，每年都要过春节、元宵节、端午节和中秋节，傣族还有自己特有的泼水节，壮族有牛王节，藏族有雪顿节，蒙古族、鄂温克族、达斡尔族有“那达慕”大会等，这些活动为旅游者提供了感受和体验民俗文化的机会。例如火把节，在我国十几个少数民族中都有这个节日。节日当天，人们穿起民族中最盛大的服装，宰杀牲畜、举办庆典、庆贺节日的到来，这种少数民族的节日，为人们营造了特定的异质文化体验氛围，“旅游经历就将新鲜程度和亲切程度联系起来，将旧习惯的可靠性与环境变化所产生的兴奋联系起来”，使旅游者获得美的享受。

民俗文化旅游在跨文化交流方面起着重要的作用。民俗文化因具有特殊的知识和艺术价值而成为吸引旅游者的重要因素。民俗文化旅游的发展，打破了民俗文化不可分享、不可示人的封闭状态，有利于促进各民族地区的跨文化交流。

【参考文献】

[1] 王渝飞．实现再现情感的审美印象——浅谈中国民俗文化村的美学意义［J］．暨南学报（哲学社会科学），1994，16（4）：118–125.

［2］蒋淑娟．九寨沟旅游文化开发研究［D］．成都：西南交通大学，2006.
［3］罗玲．重庆民俗文化资源与旅游开发［J］．重庆大学学报（社会科学版），2003，9（2）：41–43.
［4］张阳．浅论我国民俗旅游的开发［J］．吉林省教育学院学报，2011（6）：57–58.
［5］王晓燕，王志强．浅议我国发展民俗旅游的原则［J］．中北大学学报（社会科学版），2019，25（5）：24–26，30.

文旅融合视域下旅游文创产品设计与开发策略研究

辛　冰

摘　要：旅游行业作为我国国民经济发展的重要组成部分之一，也在社会经济迅速发展的推动下进入了高速发展的阶段。随着文化创意产业的兴起，怎样才能充分开发和利用我国丰富的文化资源和文化产业优势，推动旅游产业的发展，已然成为当前我国旅游文化创意产业发展过程中关注的焦点问题。本文主要就文旅融合视域下旅游文创产品的设计与开发策略进行了研究和探讨。

关键词：文旅融合　旅游文创产品　开发策略

一、旅游文创产品开发设计意义

文创产品注重的是文化性和原创性，也就是原本没有的，具有独创性的事物，其最显著的特点就是创造性、创新性和文化性。文化产品与文化创意产业最大的区别在于，创意产品强调的是创造力，其主要是在产品不断改进和发展的过程中，通过对原有文化创意产品的延续，创造出更加经典且更有市场价值的产品。随着社会的不断发展和进步，我国在充分重视经济发展的同时，也认识到了发展民族文化创造力以及文化产业革新的重要性。我国相关部门在旅游文化创意产业的设计和开发方面所做的工作，对于文化旅游产业发展产生的积极作用主要体现在以下

发表于《魅力中国》2020 年第 48 期。

几方面:（1）推动了文化产业的全面发展。随着全球经济一体化的发展，相关部门应该深度地挖掘我国丰富历史文化内涵的方式，为文化创意产品的设计开发提供思路，并以此为基础建立集文化研究、文创产品研发生产和销售于一体的完整的产业体系，推动我国文化产业的升级发展。（2）推动了地域特色和民族特色文化的发展。旅游文化产品不仅具有显著的城市发展与民族发展特色，而且也是展示城市面貌与民族文化的关键。所以文创产品的设计和开发必须以展示不同地区、不同民主的文化特点为首要目标。（3）实现了旅游产品与审美统一融合的目标。传统的以纪念品形式出现的旅游文化产品，不仅创意少，而且无法满足人们提出的审美需求。所以，旅游部门应该在文化创意发展的背景下，将我国优秀传统文化、现代设计元素等融入旅游文化产品的设计中，将创造性、文化性与实用性统一融合在一起，才能满足人们提出的个性化审美需求。（4）促进了文化创意产品质量的有效提升。不同的旅游产品表现出的特色也各不相同，设计人员应该在精细的划分和研究文化创意产品内涵的基础上，积极地创新文化创意产品的设计思路，才能从根本上解决当前我国旅游文化产品出现的同质化问题。

二、旅游文创产品开发设计方法

（一）构建旅游文化创意产品品牌

首先，深入研究当地旅游资源，了解地区历史和文化发展的历程，充分重视当地旅游文创品牌创建的重要性，设计出能够充分体现地区人文特色和本土文化的旅游文化产品。这就要求，设计人员在设计开发旅游文化创意产品时，应该深入市场开展调研工作，深入地了解和掌握当地旅游景观和人文因素，并以此为基础进行全面的分析，确定符合当地旅游产业发展的文创品牌，充分发挥品牌效益的优势，提高当地文创产品的市场知名度。其次，建立完善的文创产品产业链。设计单位以及相关人员必须充分重视供货渠道选择的重要性，确保文化创意产品的质量满足设计要求，同时制定完善的文化创意产品售后服务制度，彻底解决产品品质和服务品质方面出现的问题，为当地文化创意产品树立良好的市场形象和口碑。

（二）结合本土特色设计

由于我国不同地区的旅游特色也各不相同，所以设计人员在设计开发文创产品时，应该以旅游主题为基础，确定文创产品设计的风格和结构，然后根据旅游主题的特点，完成旅游产品的深度开发，才能在充分发挥当地旅游文化价值优势的前提下，吸引广大游客的注意力，为广大游客提供能够体现本土特色且美观新颖的旅游文化产品。例如山东沂蒙地区，作为红色革命教育基地，无论是青少年研学教育还是党员学习，红色文化教育品牌的宣传与影响力意义深远。

（三）加强地区文化的保护传承

设计人员在设计旅游文化创意产品时，不能因为一味追求产品的新意而过分依赖现代科学技术和信息技术，忽略了保护和传承地区优秀传统文化的重要性，最终导致文创创意产品的设计和开发失去其应有的价值和意义。这就要求设计人员在设计和开发文化创意产品前，必须深入市场调查了解市场需求以及当前本地区文化发展和旅游产业发展的实际情况，然后将文化传承和保护工作融入文化创意产品的设计中，加大创意文化产品宣传的力度，提高文化创意产品的市场影响力和感染力，从而达到推动地区旅游文化产业全面发展的目的。

（四）结合市场进行文创产品设计

为了确保旅游文化创意产品的全面发展，相关部门必须严格按照市场经济发展的规律，深入地调查和了解市场对旅游文化创意产品的需求和发展趋势。在后期旅游文化创意产品的设计和开发时，定期进行游客与市场的调查工作，根据用户反馈的信息，及时进行旅游文化创意产品的优化和升级。才能在满足市场需求的基础上，扩大本地区旅游文化创意产品的市场影响力，推动地区旅游产业的健康稳定发展。

（五）重视旅游文创产品的长远经济效益

我国相关部门在开发旅游文化创意产品时，普遍存在着盈利模式单一、产业链短以及品牌效益不显著等各方面的问题。为了彻底解决这些问题对旅游文化创意产品发展和旅游行业发展产生的不利影响，相关部门在后期设计和开发旅游文化创意产业时，必须站在旅游产业整体发展的角度上，加快产业链扩充的步伐，在充分重视文化创意产品品牌形象塑造的基础上，加大文化创意产品产业链管理的力度，通过制定完善管理制度的方式，提高文化创意产品的品质和质量，才能在保证旅游文化创意产品产业链健康稳定发展的同时，推动地区旅游产业的全面发展，提高文化创意产品的经济和社会效益。

（六）加强生态保护

设计人员在设计开发旅游文化创意产品时，必须同时兼顾生态效益和经济效益。特别是针对一些自然环境依赖性较大的旅游区域，应该在充分发挥高科技产品优势的基础上，将自然与科技融合在一起，确保旅游景区整体环境、动植物保护等生态系统的正常稳定运行。

三、结语

总之，随着社会的不断发展和进步，各地区在大力发展旅游产业的过程中，也越来越重视旅游文化创意产品设计和开发的重要性。相关部门在积极设计和开发旅游文化创意产品时，应该根据本地区旅游产业发展的实际情况和文化特色，制定完善的文化创意产品设计和文化传承保护工作，才能将旅游产业在我国社会经济发展中的作用充分发挥出来。

【参考文献】

［1］于宁，刘建宇．文旅融合视角的孔子旅游文创产品设计开发浅析［J］．现代交际，2020（3）：83-84.

［2］肖瑱，刘芨杉，秦怀宇．文旅融合背景下手工艺类非遗旅游文创产品开发研究［J］．苏州工艺美术职业技术学院学报，2020（1）：31–34.
［3］徐媛，陈婧．文旅融合背景下的文创产品开发设计研究［J］．智库时代，2020（5）：9–10.

山东省旅游企业新旧动能转换现状与对策

马保烈

摘　要： 新时代旅游企业面临的内外部环境均发生了巨大的变化。这种变化对旅游企业的经营管理产生了广泛而深刻的影响。旅游企业必须实施“八大战略”，加快动能转换。这既是提高管理效能和经营业绩的自觉追求，也是因应环境变化求得生存发展的被动适应。

关键词： 新时代　旅游企业　新旧动能转换

党的十九大做出了“中国特色社会主义进入新时代”的历史方位判断和“我国社会主要矛盾已经转化为人民日益增长的美好生活需要和不平衡不充分的发展之间的矛盾”的重大理论判断。新时代本质的特征是中国继实现“站起来、富起来”之后，实现“强起来”的历史性转变。如何才能强起来？各行各业面临不同的任务。正是在这样的时代背景下，山东省推出《山东新旧动能转换综合试验区建设总体方案》，成为十九大后获批的首个区域性国家发展战略。方案提出重点扶持和发展“十强产业”，其中精品旅游位列传统改革升级产业之一。山东省旅游业面临新的形势和任务，新动能在哪里，如何从旧动能转换成新动能，这些问题困扰着业界、学界，成为亟待解决的关键问题。

一、山东省旅游业发展现状分析

应该看到，旅游业作为世界性的朝阳产业、国民经济的重要产业和

本文是 2018 年山东省社会科学规划旅游发展研究专题“新时代我省旅游业新旧动能转换的路径选择”（项目编号：18CLYJ02）的阶段性研究成果，发表于《人文天下》2019 年第 23 期。

第三产业的龙头，在整个经济社会转型升级、满足人民日益增长的美好生活需要中担负着特殊的使命，是构成人民日益增长的美好生活需求的重要组成部分。当前，山东省旅游业正在实现由旅游大省向旅游强省跨越的目标，内外部环境正在发生或者已经发生了巨大而深刻的变化。一个基本的判断是在产业宏观环境上持续向好机遇很多，包括：国家和山东省对发展旅游业的重视，旅游业发展进入新旧动能转换重点支持产业让山东省旅游业的宏观环境变得更加健康有利等；大众旅游、全域旅游时代旅游企业客源结构更加多元、数量增长更加迅速；信息化、智能化和移动支付等新技术为企业改善经营、管理、服务与营销提供了更坚实的支撑，等等。但在中微观环境上挑战不少，包括："旅游生态化"程度不高，不能适应生态文明时代、人们消费观念的变化以及由此导致的客源结构的深刻变化；"旅游智慧化"程度不高，对信息技术为代表的新技术应用程度不高；"旅游+"发育不足，旅游业与文化、信息、休闲、农业等产业的融合程度不高，新业态培育程度较低；"旅游新模式"创新不足，旅游企业原有的以公务活动为主的经营、服务和赢利模式不再有效，新的商业模式、管理模式、服务模式、赢利模式尚没有建立起来；旅游产品品质和旅游服务质量不高导致顾客满意度不高，长期处于产业链和产品链的中低端；旅游企业的集团化、品牌化发展不足导致竞争力不足；各类高素质服务人才特别是创新型管理人才严重缺乏；国外、省外品牌对山东省本土旅游品牌形成"挤压"效应，等等。山东省旅游市场主体的结构型失衡已经十分突出，传统经营方式已经不可持续，传统动能已经不能支撑旅游业持续发展和高质量发展，亟须寻找新的动能，开发新的旅游产品，打造新的经营模式。

二、关于旅游业新旧动能转换的研究现状

随着中国特色社会主义进入新时代，新旧动能转换成为政策性热词和国内外专家研究的热点。通过文献检索，动能原是一个物理学概念，是指物体因运动而具有的能量。而动能的形成，需要质量和速度。将动能作为一个完整的概念引入经济领域，是十八大之后伴随中国经济发展

进入“由高速增长到中高速增长”的新常态而提出来的。2013 年 12 月 10 日，在中央经济工作会议上的讲话中，习近平总书记首次提出“新常态”：我们注重处理好经济社会发展各类问题，既防范增长速度滑出底线，又理性对待高速增长转向中高速增长的新常态。此后，习近平总书记在多次讲话中系统阐述了“新常态”的内涵。2014 年 5 月 10 日，习近平总书记在河南考察时指出，我国发展仍处于重要战略机遇期，我们要增强信心，从当前我国经济发展的阶段性特征出发，适应新常态，保持战略上的平常心态。此后，围绕新常态这一中国经济新的大逻辑，政策界、学术界进行了深入的研究，逐步明确了新常态的主要特点是在速度上从高速增长转为中高速增长；在结构上不断优化升级；在动力上从要素驱动、投资驱动转向创新驱动。出于这样的判断和逻辑，社会各界提出了各种各样的经济发展“药方”，包括供给侧结构性改革、“互联网 +”、产业转型升级、去产能等。

2015 年 10 月，李克强总理在政府会议中对当时的中国经济进行了判断：我国经济正处在新旧动能转换的艰难进程中。这是“新旧动能转换”一词作为一个整体首次出现，此后迅速成为研究热点和政策热词。2015 年 12 月，国家行政学院王小广在“新旧动能转换：挑战与应对”一文中对新旧动能进行了系统阐述。2016 年以后，包括政府工作报告等文件或报告中，“新旧动能转换”多次出现。2017 年 1 月，国务院办公厅印发《关于创新管理优化服务培育壮大经济发展新动能加快新旧动能接续转换的意见》，是我国新旧动能转换的第一份文件，也标志着“新旧动能转换”由理论研究领域正式进入政策实践领域。习近平总书记在党的十九大报告中指出，我国经济已由高速增长阶段转向高质量发展阶段，正处在转变发展方式、优化经济结构、转换增长动力的攻关期。至此，新旧动能转换成为中国经济“适应、把握、引领新常态”这一大逻辑下的大战略，各地纷纷开展研究与实践。

山东省对于新旧动能转换实践走在了全国各省市的前列。2017 年 3 月，李克强总理在十二届全国人大五次会议上首次提出，希望山东在国家发展中继续挑大梁，在新旧动能转换中继续打头阵。2018 年 1 月 3 日，山东新旧动能转换综合试验区建设总体方案获国务院批复，标志着山东新旧动能转换综合试验区建设正式成为国家战略，山东将在全国新旧动能转换中先行先试、提供示范。2018 年 2 月 22 日，山东省委、省政府召开山东省全面展开新旧动能转换重大工程动员大会，迅速全面展开新旧动能转换重大工程，吹响山东向高质量发展的进军号，迈出经济文化强省建设新步伐。

实践是理论研究的沃土和源头。通过万方数据检索，学术界对于新旧动能转换的研究基本集中在党的十八大以后，以 2017 年、2018 年居多。研究热点多集中在必要性、新动能与旧动能的关系及其各自的内涵与特征、新旧动能转换与新常态、供给侧结构性改革及经济转型升级的关系以及新技术、新业态、新模式在新旧动能转换中的作用等。具体到旅游业来讲，相关的研究更是少之又少。而且从内容上看，这些文章仅仅把新旧动能转换作为旅游业发展的背景简单描述，并没有把旅游业作为新旧动能转换的主体产业进行深入研究，特别是旅游业新旧动能的含义、转换的路径、对策措施等基本没有涉及。

通过梳理发现，学术界对于新旧动能转换的内涵与特征基本形成了一定共识，即新动能是指具有创新特征、领先特征的新理念、新技术、新产业、新业态、新模式等；旧动能是指低效率、低质量、高耗能、高污染的传统产业和传统经营管理模式；新旧动能转换就是培育发展新动能、改造提升传统动能。所以是“转换”而不是“替代”，原因在于新动能尚未完全形成，旧动能还在发生作用，在转换期，不能出现真空，要稳妥续接。综上所述，无论是就新旧动能的整体研究还是对于旅游业新旧动能转换的专题研究，目前的研究依然处于比较初级的阶段，在研究内容和手段方面存在较大的局限性，研究成果相对较少，还没有形成相对成熟的理论体系和实践方案。

三、山东省旅游企业新旧动能转换的路径选择

当前，旅游企业面临的内外部环境均发生了巨大的变化。这种变化对旅游企业的经营管理产生了广泛而深刻的影响。旅游企业必须实施“八大战略”，加快动能转换。这既是提高管理效能和经营业绩的自觉追

求，也是因应环境变化求得生存发展的被动适应。

（一）创新驱动战略

当今时代是知识经济时代。在知识经济社会里，掌握知识是前提，应用知识是根本，创新知识是关键。知识创新决定一国经济成败并进而决定其综合国力。十八大以来，党和国家高度重视创新创业工作，提出了“大众创业、万众创新”的新要求，将增强知识创新、提升自主创新能力视为国家经济社会转型升级的战略支点和根本途径。在旅游企业的转型升级过程中，没有现成的经验，没有成熟的做法，必须实施创新驱动战略，将企业转型升级的动力转移到自主创新上来，通过创新解决发展过程中的一系列问题，实现创新驱动。重点做好以下工作：一是要在创新体制机制上下功夫。不断突破固有的观念束缚和体制机制限制，建立科学的管理体制、分配制度、运行机制，切实推动自主创新从数量扩张向质量提升转变。二是要在构建合作平台上下功夫。要大力推动产学研合作，构建多种形式的产学研合作创新平台。要确定一些重点合作领域和项目，集中力量重点突破，凝练一批大项目、好项目、新项目。要实现互利互惠，促进产学研各方深度融合发展，共建师资队伍，共建专业体系，共建课程体系，共建实习实训基地，共同开展科技研发，共同投资建设项目，共同改革人才培养模式，实现互利互补、共生共赢。

（二）文化重构战略

打铁还需自身硬，旅游企业转型升级归根到底还是要靠不断强化自身素质。只有自己素质强，才能做到沉着应对。其中，企业文化就是加强企业自身素质的最为关键的一环。企业发展已进入文化制胜的发展新阶段，文化建设对企业发展至关重要。对于企业来讲，企业文化是核心竞争力；对于顾客来讲，企业文化是核心吸引力；对于员工来讲，企业文化是核心凝聚力。没有文化的发展不可持续，没有文化的管理无法长期有效，没有文化的组织不能持久凝聚。旅游企业应加大文化建设力度，积极培育企业文化体系，树立科学的社会观、市场观、顾客观、员工观、服务观、文化观、利益观、机制观、学习观、发展观，为企业转型升级和下一步的发展奠定坚实的基础。

（三）管理提升战略

对于企业来讲，管理就是通过计划、组织、控制、协调、指挥等方式实现企业的正常运转，将人、财、物等一切资源有机整合，并且产生最大的效益。旅游企业要实现动能转换，就必须根据新的形势和任务，重构领导体制、管理制度、协调机制、监控体系、运行机制，从而有效提高管理效能和工作效率，提高服务质量，为各项经营活动提供最坚实的机制保障，将旅游企业打造成为充满活力的市场主体。一是重构企业理念和文化，构建先进的经营理念体系和企业文化体系，始终保持企业和员工具有本行业最先进的经营理念，通过企业文化凝聚打造强大的企业团队，以此保证企业走在行业发展的前列。二是树立依法治企理念，建立健全企业的各项管理制度，让企业的一切业务工作做到依规则运行，按制度办事，向制度要效益，向制度要保障。三是健全协调机制，让工作流程更顺畅，工作效率更高效。四是决策执行体系，让企业对市场的反应更灵敏，让决策更及时准确，让执行更有效有力。

（四）服务优化战略

旅游企业是服务型企业，建立完善的服务体系，维持较高的服务水准对于占领市场、赢得顾客满意至关重要。对于旅游企业来讲，顾客是上帝，是衣食父母。服务质量就是企业的生命线，决定着企业的生死存亡。优质服务不仅依赖于员工自觉自发的行为，更有赖于科学高效的体系，在体制上、机制上、标准上、流程上、物质上、保障上为员工开展优质服务提供强有力的支撑和保障。只有这样，才能将优质服务由个体行为提升到组织行为，最大限度地减少“差错”，保证优质服务提供过程的持续性、稳定性、可控性。为此，需要做好四个方面的工作：一是标准化服务；二是细微化服务；三是个性化服务；四是服务监控。其中，标准化是基础，细微化是保障，个性化是升华。要通过对管理制度、工作流程、操作标准、薪酬体系和奖惩制度的进一步梳理，完善提高标准化服务的水平，加大标准执行检查力度，保证所有的工作都有标准可依，并按标准执行；要推行细微化服务，树立服务工作无小事的理念，杜绝“小失误，大事故”情况的出现；进一步提高个性化服务的水平，让个性化服务由个体行为上升为群体行为，由自发行为上升为组织行为；要在标准化、细微化和个性化之间建立科学的转化机制，将具有普遍意义的细微化和个性化服务的经验做法及时转化为标准化服务，使标准化服务随个性化服务的开展而“水涨船高”。要建立科学的分级监控体系，理顺质检部门、服务部门、班组和员工在服务质量监控上的关系。

（五）多元营销战略

市场是企业运作的空间、生产经营活动的起点和终点。市场观念要求旅游企业的一切经营活动必须坚持以市场为出发点，以顾客需要为导向。市场营销战略是企业战略的重要组成部分，是指企业为实现经营目标，对一定时期内市场营销的总体设想和规划。目前，山东省旅游企业营销战略更多侧重于传统观念和手段，如电视、电台、报纸、杂志、传单、降价促销等，对新观念、新手段、新技术的重视不够，如网上实时预订、移动网络支付等新型手段应用不足。在当前宏观环境发生急剧变化的情况下，部分旅游企业经营出现很大困难，与这些企业不重视营销或者营销战略不合适有着巨大的联系。旅游企业要实现转型升级，就必须改变过时和落后的营销战略和营销手段，科学细分市场，准确定位目标市场，变单一的营销战略为差异化、多元化的营销战略，避免“将全部鸡蛋放在一个篮子里”，广泛而灵活应用最新营销观念和手段，特别是新媒体手段，将营销的成效成倍放大。

（六）产品创新战略

产品是旅游企业开展一切经营活动的基础，顾客最关注产品质量。随着旅游消费的不断提升，旅游产品和服务的内涵和外延发生了很大变化，传统的、低附加值的初级产品形式已经越来越难以满足顾客的需求，旅游产品亟须升级换代、丰富内涵。顾客在选择产品和服务时，更加关注产品和服务的附属价值，如心理满足、身份提升等。然而，传统旅游企业仍然过度关注产品和服务的本身，忽视对附加价值的挖掘，缺乏创新能力。旅游企业必须通过更高层次的创造性思维、投入更多的人力、物力、财力来开发新型旅游产品。

（七）信息化发展战略

当今时代是信息化社会，以互联网、移动通信、“微传播”为代表的现代信息技术深刻改变着社会的组织方式和人们的思维方式、行为方式、学习方式、生活方式，人与人之间的交流更加灵活方便，意见表达渠道更加多样化，信息获取渠道更加多元化，权威媒体的功能被稀释和弱化。信息技术广泛应用于旅游领域，深刻改变了传统旅游业的产业结构，导致了大批基于互联网的新型旅游企业的出现，为旅游企业经营管理提供了新机遇，同时也提出了新挑战。一方面，企业管理手段更丰富，效率更高、数据更全面准确；营销渠道更顺、受众更广、内容更丰富、形式更多样；另一方面，顾客选择、发布与利用信息的自由化、自主性明显加大。因此，旅游企业必须着眼未来竞争，大力实施信息化战略，推进旅游信息技术与企业经营管理融合发展。在企业管理上，要积极发展电子办公系统、电子数据统计系统，不断改善组织形态，提高工作效率、管理效能和决策水平；在产品设计上，要积极应用新的信息技术提升产品和服务的附加值，如无线网络、电视点播、在线支付、智能门锁、消费“一卡通”等系统；在营销手段上，积极发展电子商务、门户网站、综合网站、在线预订支付、移动自媒体营销等，构建立体化的营销网络。

（八）人才强企战略

人才是企业发展的根本要素，企业竞争归根到底是人才竞争。没有高素质的经营、管理和服务人才，企业的发展无从谈起。当前，制约山东省旅游企业发展的重要因素之一是人才特别是高素质人才匮乏。要解决这一问题，旅游企业必须大力实施“人才兴企”战略，建立健全人才引进、薪酬、考核、奖惩等一系列制度，下大力气解决人才“瓶颈”，营造人才“愿意来、待得住、留得下”的良性机制。要建立完善公平合理、科学规范、有利创新的工资薪酬体系和考核奖励体系，激发全体员工干事创业、改革创新的积极性和主动性。要开展系统培训，进一步完善培训体系，不断提高员工素质和能力。要重视员工职业生涯规划设计，除了对日常业务加强培训外，还要对服务理念、意识、人际交往等拓展知识加强培训，关注员工职业成长。

随着中国经济社会发展进入新时代，山东省旅游企业所处的内外部环境已经发生了巨大而深刻的变化。旅游企业加快新旧动能转换，既是提高管理效能和经营业绩的自觉追求，也是因应环境变化求得生存发展的被动适应。旅游企业要解决经营管理模式滞后、产品过时和产能过剩、盈利能力下降等问题，就必须果断扬弃旧动能，全力培育新动能，通过实施创新驱动战略、文化重构战略、管理提升战略、服务优化战略、多元营销战略、产品创新战略、信息化发展战略和人才强企战略，重构企业经营理念、制度体系、经营模式、管理模式、赢利模式、产品体系、服务体系、营销战略，从而实现可持续发展。

【参考文献】

[1] 李伟.加快新旧动能转换推动经济转型升级[J].山东经济战略研究，2017(9).

[2] 吴洪斌.旅游业的新旧动能转换[J].旅游世界·旅游发展研究，2018(1).

[3] 刘春萌.加快推进新旧动能转换的路径选择——以山东省为例[J].中国经贸导刊，2018(2).

[4] 张德宽.加快推进新旧动能转换[J].山东经济战略研究，2017(11).

[5] 曾子懿.新旧动能转换与经济发展研究[J].经济师，2017(12).

《管子》饮食思想对齐鲁饮食文化的影响

赵建民

摘　要：我国春秋战国时期，山东有齐国和鲁国两大文化古国。在这两个古代的国家中，都曾诞生过许多著名的政治、军事、文化名人，乃至“圣人”。其中，在齐国曾出现了管仲这样一位治国安邦的大思想家。是他在齐国大兴沿国安民、富国强兵之法，帮助齐桓公成为春秋时期的第一个霸主。而管仲治国安民的首要策略是发展农业生产，使人民有足够的食物保障。而他的富国强兵以“民食”为重的治国战略和饮食思想，对后世齐鲁饮食文化的形成与发展产生了极其重要的影响。

关键词:《管子》 饮食思想　齐鲁饮食文化

管子，即管仲，是春秋时期齐国颍上（今安徽颍上）人。幼时家境贫穷，但却志高好学，素以学名和才气名重一时。后来成为齐桓公的相国，大兴富国强兵之法，帮助齐桓公成为春秋时期的第一个霸主，世称仲父，是我国古代最著名的政治家、思想家之一。成书于战国时期的《管子》一书，虽然不是出自管仲之手笔，但书中的内容却比较集中地反映了管子的治国之道及其政治思想理论，是我们今天研究管子最重要的史料之一。

我国古代的富国强兵之道，首先重视的是人民的衣食问题。管子作为春秋时期著名的政治家，在使齐国走向富裕强盛的道路上，也是从齐国人民的丰衣足食开始的，这在《管子》一书中有较为详细的论述。因此，管仲的饮食思想在治理齐国的具体实施过程中，毫无疑问地对当时齐国的饮食文化产生了一定程度的影响，并由此相沿成习而成为齐国民

发表于《扬州大学烹饪学报》2011年第1期。

众的饮食风格及食风食俗。

一、确定“民食”为重之策，使齐国走向强盛

2000 多年前的齐国，之所以能够成为富足天下的大国，成就春秋时期的第一霸主，自然得益于管仲杰出的治国之道。管仲治国的首要任务是让齐国的民众有吃有穿，富裕起来。管仲认为，要想治理好一个国家，使社会有一个良好的秩序，就要使民众安居乐业。而国民安居乐业的前提是使老百姓富裕起来，这样一来，国家也就强大了。《管子·治国》篇对这一观点进行了较为精辟的阐发。云：“凡治国之道，必先富民，民富则易治也，民贫则难治也，奚以知其然也。民富则安乡重家……国常富，而乱国必贫，是以善为其国者，必先富民，然后治之。”

而富民的基础则是“衣食足”，《管子》所谓“夫民之所生，衣与食也”说得非常明白。那么怎样才能使人民丰衣足食呢？要解决好人民最基本的生活需求，让人民有饭吃、有衣穿，尤其是吃饭问题。《管子·治国》提出了“粟者，王之本事”的观点，说的就是这个治国安民最基本的道理。《管子·揆度》云：“五谷者，民之司命也。”意思是说“五谷”是人们生命的主宰，没有粮食人民就无法生存。所以，对于一般的老百姓来说，吃饭问题是头等的大事。因此《管子·权修》云：“人之守在粟。”意即人民的保障在于粮食。这就是管子“民食”思想的基本原则，就是要重视农业的生产。中国自古就是一个农业大国，管子在治理齐国的过程中把它发挥到了极致。因此，管子的治国就是从教导人民“务五谷，养桑麻，育六畜”开始的。《管子·牧民》说：“积于不涸之仓者，务五谷也；藏于不竭之府者，养桑麻、育六畜也……务五谷则食足，养桑麻、育六畜，则民富。”

富国强兵以“民食”为重，是管仲治国安民的重要策略。《管子·治国》篇中对此有详细论述，他已把发展农业、多种植粟作为国富兵强的重要保证。文中记载：“民事农则田垦，田垦则粟多，粟多则国富。国富者兵强，兵强者战胜，战胜者地广。是以先王知众民、强兵、广地、富国之必生于粟也。”为此，管仲在《管子·立政》中又具体地写道：“故

曰，山泽救于火，草木植成，国之富也；沟渎遂于隘，鄣水安其藏，国之富也；桑麻植于野，五谷宜其地，国之富也；六畜育于家，瓜瓠荤菜百果备具，国之富也。”

管仲不仅从理论上倡导人们把农业生产搞上去，而且还从政策上给予极大的优惠，这都极大地鼓舞了人们的积极性。虽然，齐国的富强有多方面的因素，但是首先让齐国人民丰衣足食却是强国的基础。所谓“国以民为本，民以食为天”就是这个道理。管仲深深懂得这一点，他不仅秉承这一治国之本，而且通过他的实践，把这一理论发展到极致。因而，他在治理齐国的过程中取得了很大成功。

据《史记·苏秦列传》说：“临淄之中七万户……临淄甚富而实，其民无不吹竽鼓瑟，弹琴击筑，斗鸡走狗，六博蹋鞠者。临淄之途，车毂击，人肩摩，连衽成帷，举袂成幕，挥汗成雨，家殷人足，志高气扬。”《战国策·齐策》也有类似的描述。齐国当年的富强与大国之风透过国都临淄的繁盛景象可见一斑。

二、大力推广农业生产，影响齐国“民食”习俗

《尚书》“八政”以“食”为首，所以我国自古以来就有“民以食为天”的说法。管仲无疑深深懂得这个治国安民之道。解决民食问题，就必须加强农业生产，多种植各种粮食作物，以提供人们足够的饮食之需。

虽然当时的齐国之民仍然保留着东夷人以狩猎为主的生活习惯，但人口的增长不足以依靠猎物为食，生产“五谷”以为日常之主食，是非常正确的选择。所以管仲鼓励人们大量垦地种植谷物、桑麻等。《管子·权修》中就清楚地说：“一年之计，莫如树谷。”而这样一来，山东东部的人民逐渐形成了以谷物为主食的饮食习惯。对此，《管子·治国》中有详细论述：“然俱王天下者，何也？必国富而粟多也。夫富国多粟生于农，故先王贵之……民事农则田垦，田垦则粟多，粟多则国富。”

从文献记载来看，春秋时期齐国人的主食主要有粟、菽、黍、麦等。粟，就是稷，去壳以后称作“小米”。《管子》一书中常常用“粟”代表所有的粮食作物，“粟”作为齐国人民的主食地位由此可见一斑。管仲所

推行的“务五谷，养桑麻，育六畜”的农业政策，不仅在当时对齐国的强盛具有重大贡献，即使对后来齐国的农业生产与饮食结构的影响也是极其深远的。稍晚于管仲的齐国三朝元老晏婴，对以粟为主的谷物生产就非常重视。他曾在进谏齐景公时说：“府粟郁而不胜食，又厚藉敛于百姓，而不以分馁民。”他批评齐景公浪费谷物，并建议施行德政、薄敛节俭、散发公粟。晏婴还曾建议齐景公应该在春秋两季检查粮食的种植与收获情况。这就清楚地说明，由于管仲开齐国古代重视民食生活之先河，大力推广和加强了以粟为代表的粮食生产，以至于粟成为齐国后世人们的主食来源之一。

管仲之时，齐国除了以粟为最重要的主食之外，当时还有“菽”的大量种植。“菽”就是后世的豆类。上古时候人们把豆类称为“菽”，到了汉代以后才有了“豆”的名称。菽与粟在当时齐国人的眼里是同等重要的。《管子·重令》中说：“菽粟不足，末生不禁，民必有饥饿之色。”意思是说，菽和粟如果生产不足，而那些与百姓生活无关紧要的奢侈品生产不禁止，人们必定要挨饿。为了避免菽、粟的不足，应把菽、粟作为战略物资储备起来，以备不测。有一年，齐国西部发生了水灾而使当地人民备受饥饿之荒，粮价也随之上涨。而当时在齐国的东部则五谷丰足，粮价低廉。齐桓公就问管仲将如何解决，管仲说：“请以令籍人三十泉，得以五谷菽粟决其籍。”就是用征收菽粟来顶替人口税，以此来调节东西粮食的余缺，以解决齐国西部人民的吃饭问题，从而稳定了社会秩序。大豆的生产，促进了齐地之民对于豆制品的生产技术，时至今日，山东临沂豆豉、胶东豆酱、博山豆制品及其豆腐菜肴的制作，由于风味独到而闻名于世，与2000多年前大量“菽”的生产不无关系。汉末训古学家刘熙《释名·释饮食》云：“豉，嗜也，五味调和须之而成，乃可甘嗜也。故齐人谓豉声如嗜也。”虽然没有说豆豉是齐人发明的，但豆豉的名字与齐国人有关，颇耐人寻味。而《齐民要术》关于“酱”的制作技术的记录，更是植根于古代齐国大豆生产的基础之上的结果。

管仲由于关注齐国民众的饮食生活水平，对各种粮食生产非常重视，而且颇有研究，对什么季节适合种植什么谷物，都是一清二楚的。《管子·轻重丁》记载齐国当时是：“正月之朝，谷始也；日至百日，黍秫之始也；九月敛实，牟麦之始也。”牟麦，就是现在的小麦，说明小麦在古代齐国农业中的地位也是非同小可的。小麦的大量生产自然带来加工方法的进步，彼时的山东中东部地区的主食已经发生了由传统的“粒食”向着“粉食”的转变，开始了我国北方面食文化的发展步伐。我国北方馒头、包子、面条、饺子“四大面食”与各种饼的加工技艺，据研究表明无不与当时齐国大量小麦的生产有着一定的渊源关系。因为，古代的“齊”是一个象形字，甲骨文的字形，就像禾麦穗头长得平整的样子，而小篆字形下面多了两条线，表示地面。所以，汉代许慎《说文》云：“齊，禾麦吐穗上平也。”国内有许多学者通过研究认为，繁体字中的“齊”字，就是集束麦穗的象征，甚至与“齐”国的名称来源有关联。突出表明了齐国小麦的栽培、食用历史之久远与深厚文化意义。

在管仲治理时期的齐国，由于人们对黍和麦的生产是得到同样的重视的。所以，在齐国用于祭祀列祖列宗的谷物主要是黍和麦。《管子·轻重己》记载说：“以春日至始，数九十二日，谓之夏至，而麦熟。天子祀于太宗，其盛以麦。麦者，谷之始也；宗者，族之始。”“以夏至始，数四十六日，夏尽而秋始，而黍熟。天子祀于太祖，其盛以黍。黍者，谷之美者也；祖者，国之重者也。”

“黍”，齐人称为黍子，就是北方人所说的大黄米，是一种具有较强黏性的小米。也许正是由于“黍”的大量生产与后世形成的种植习惯，为山东著名的黄酒——“即墨老酒”的生产提供了物质基础，因为“黍”是“即墨老酒”生产的主要原料。

实际上，管仲在当时的齐国不仅重视粮食的生产，而且还特别注重发展畜牧业。管子认为，为了促进齐国的六畜饲养，应实行保护性的政策和措施，于是规定把不适宜粮食生长的洼地作为养殖牧场，鼓励大力饲养麋、鹿、牛、马等。并在春秋两季，政府廉价供应给老百姓幼畜，以利于牲畜的繁殖。为此，《管子·山权数》中规定了奖励办法，规定齐国有善于养殖牲畜的牧人，给予黄金一斤的奖赏，值粮八石。这种大手笔的激励措施，无疑在当时产生了极其重要的影响。管仲还针对当时官吏、贵族随意征用老百姓牲畜的现象，制定了保护老百姓饲养牲畜的政策。他说：“牺牲不略，则牛羊遂。”其意思就是说要禁止官吏、贵族随意征用正在成长中的牲畜，以使牛羊等能够迅速生长繁殖。这样，老百姓才敢于放心放手多养牛羊等各种牲畜。这自然对畜牧业的发展有利，从而保障了肉食的来源。

与此同时，管仲还重视蔬菜瓜果的生产。管仲认为蔬菜瓜果作为副食品，是对人民口粮的重要补充，《管子·禁藏》有“果瓜素食当十石”，因此管子对此不仅特别关心而且十分看重。《管子·问》中说，对制定治国政策要实施调查，调查的内容包括“问理园圃而食者几何家？人之开田而耕者几何家？士之身耕者几何家”。把种植瓜果蔬菜的人家作为社会调查对象之一，并且以物质奖励的方法，推动园圃业的发展。据《管子·山权数》记载：“民之能树瓜瓠荤菜百果使蕃裕者，置之黄金一斤，直食八石。”意思是说民间有精通园艺树木的和有善种瓜果蔬菜使其产量提高的，均给予黄金一斤的奖赏，值粮八石。之所以这样做，《管子·立政》说：“六畜育于家，瓜瓠荤菜百果具备，国之富也”，否则，“国之贫也”。由于蔬菜、水果种植发达，在后来山东民间的宴席中都形成了特别重视水果应用的习俗，甚至在胶东沿海水果种植不发达的地区民间，也沿袭了重视水果栽培的生产习惯，宴席中的水果应用同样不可缺少。据《威海卫志》记载当地宴席“大宾行奠礼，常会不酌，汤饭三献，肴十二器，果用十六碟”。民间宴席中果品所占比例如此之大，与当地发达的水果栽培不无关系。

三、衣食富足与齐国的“礼食”文明

《管子·牧民》中记有管仲的一句话说：“仓廪实而知礼节，衣食足则知荣辱。”这句话揭示了这样一个道理：物质生活是伦理道德的起码条件。用今天的话说，就是物质文明是精神文明的前提。当人们在衣不掩体、食不果腹的情况下，恐怕是无文明礼仪可言的。在管仲看来，使齐国人民衣食富足，不仅可以增强国力，而且还是促进礼仪文明的一个基本条件。为此，管仲不仅重视粟、菽、黍、麦等的生产情况，而且还留意粮食的储备问题，也就是“仓廪实”的具体问题。《管子·乘马数》云：“人君之守高下，岁藏三分，十年则必有三年之余。”他认为每年储备粮食要达到当年粮食生产总数的十分之三，这样一来，十年积累下来，就必然有了三年以上的粮食积蓄。在衣食无忧的基础上，管仲又确定了“礼、义、廉、耻”的治国四维。很显然，管仲在治理国家的过程中，无疑是继承了孔子的“礼治”思想。因为，礼治的基础是让人们首先有饭吃、有衣穿，尤其是让全体的国民都能达到温饱的程度，使每个人都做到懂得礼节规矩，知道尊卑荣辱，才能实现没有犯上作乱、社会稳定的政治目的。

建立实施以“礼”为首的“礼、义、廉、耻”的治国纲领，反映在饮食方面，就是奉行儒家的“食礼”体系。这包括通过饮食等级、饮食养老、筵席礼俗、节日食俗等。《管子·弟子职》中有一段关于以礼对待老师的具体论述。其中有对伺师就餐、洒扫应对、学生请教老师等日常规范的详细记录。《管子·弟子职》说：“至于食时，先生将食，弟子馔馈。摄衽盥漱，跪坐而馈。置酱错食，陈膳毋悖。凡置彼食，鸟兽鱼鳖，必先菜羹。羹胾中别，胾在酱前，其设要方。饭是为卒，左酒右酱。告具而退，奉手而立。三饭二斗，左执虚豆，右执挟匕，周还而贰，唯嗛之视。同嗛以齿，周则有始。柄尺不跪，是谓贰纪。先生已食，弟子乃彻。趋走进漱，拚前敛祭。先生有命，弟子乃食……”

这段话的大意是说，到了用餐的时候，先生准备进餐，弟子就要将饭菜送上。挽起衣袖洗漱，并跪坐在一边伺候先生。摆放陈列各种饭食酱料时，不可违反礼仪规定。一般来说所上的菜品，鸟兽鱼鳖等动物肉食之前，必须先上蔬菜羹汤。汤羹与肉食相间排列，肉肴摆在酱的前面，席面摆设要呈正方形。饭是在最后上，左面一侧放置饮用的酒，右面一侧放置清口用的浆。饭菜上完便可退下，拱手站在一旁。一般情况下是三碗饭，两杯酒，学生左手执空碗、右手拿筷勺，把先生需要的酒饭轮流添上，要随时注意观察老师的碗和杯是否空了，要及时添加。多位先生同时空碗时，则以年龄为序添加酒饭，如此周而复始。如果用长勺就无须跪着送上，这是添酒添饭的规矩。这套餐桌上的食礼规矩，笔者小的时候是深有感触的，无论是在与老师、长辈同桌用餐，乃至一日三餐时，都要认真遵守，至今在淄博、潍坊及胶东地区的许多家庭中仍有传承。无疑，《管子》饮食文明思想与“礼食”的具体规范对后世齐鲁饮食文化的影响是根深蒂固的。

在今天看来，如此烦琐的饮食礼节仪式对于年轻人来说几乎是不胜其烦的，但这种“寓教于食”的教育方法，是最有效培养青年国民文明礼貌的手段，而“礼食”文明是最基础的。首先，通过餐桌教育，培养学生尊敬师长和孝敬长辈的基本礼节；其次，通过餐桌上食物摆放的顺序与规范，培养学生遵纪守法、良好生活习惯与健康的人生观；最后，以待师之道扩大到乡饮酒礼、宴飨宾客，就成为一种具有社会意义的礼教行为。这也就是当时齐国之所以能够成为“衣缕冠带天下”、天下士子汇聚“稽下学宫”的社会基础。

古齐鲁大地，有“礼仪之邦”的美誉，而山东民间宴席中繁文缛节也是远近闻名的。据清《临淄县志·礼俗志·饮食》载：“引《易》云：‘二簋可用享。’《诗》云：‘每食四簋，陈馈八簋。’皆有限制。提倡举办筵席应：‘鸡鱼肉加时菜四件即可，多不过八。’‘前辈宴客，八人一席，菜用八碟八碗，适合乎中。’认为‘今人添设过多，搜索异味，动云大件几个，主人视客以侈’。”因为到了清代，地处古齐国的临淄由于民间宴席追求奢侈，于是有人提出了批评，并引用古代这一地区传统的宴席饮食礼数为证明。换句话说，早在管子时代建立的以“礼、义、廉、耻”为治国大纲影响下的齐鲁饮食文明与宴饮礼仪一直影响着后来的山东人，直到今天。

四、《管子》饮食养生理论在鲁菜实践中的应用

虽然当年的齐桓公对美食的追求是不遗余力的，但《管子》一书所反映的饮食思想却并非这样。因为管子有自己的一套饮食养生理论，主要体现在饮食清淡、口味纯正、饮食有节等方面。《管子》的饮食养生理论对后世山东人的饮食观、特别是对鲁菜的影响不可忽视。

首先，“大味必淡”的观念虽然是一种哲学层面的说教，但鲁菜具有“口味清淡”的特点，却是鲁菜在菜肴烹调实践中的一贯主张。《管子·水地》说：“淡也者，五味之中也。”因为水味极淡，才能融合众味，从而起到调和得宜的效果，所以淡味是大味、是至味。这里的“淡味”不是指菜

肴的烹调没有味道，而是恰当的、调和适中的味，才符合养生之道。而厚味、浓味本身已经没有办法融合其他的味，因而老子有“五味令人口爽”之语，所谓“口爽”就是导致口腔味觉失真，引申为疾病的意思。鲁菜中的胶东风味菜肴素以口味清淡、体现原味见长，至今应用不怠，反映的都是清淡饮食养生原理在齐鲁饮食文化中的体现。

鲁菜好吃是因为能够品出美好的味道，而在过于浓重的、强刺激性的菜肴味道中是达不到品味艺术境界的，也就没有美味可言。在从事鲁菜制作的厨师传承中，历来就有“咸了出味淡了鲜”的说法，鲁菜的制作对此是遵守不悖的。下饭的菜肴，味道要浓重一点，因为一般的饭是无味的，所以配合浓重口味的饭菜进食，可以起到平衡的效果，而实际上口味仍然处于较清淡的水平上。宴席用来下酒的菜肴，则要求以鲜味为主，所以在菜肴烹调中使用少量的盐起到提鲜效果即可。这在济南的汤类菜肴、胶东的海鲜菜肴的制作中表现得尤其突出，充分体现了鲁菜这一养生原则。

其次，保持饭菜味道的纯正，也是《管子》饮食养生理论之一，在鲁菜中也有具体表现。众所周知，鲁菜向来以“口味纯正”的特点见长，鲁菜厨师调味讲究章法，讲究艺术效果，一方面重视菜肴原料的本味，一方面重视突出菜肴的主味。所体现的就是饮食口味要“纯正”的特点。因此，鲁菜中，杂乱无章、莫名其妙、含混不清类型的口味是很少有的，这与《管子》饮食养生理论一脉相承。《管子·揆度》曰：“其在味者，酸辛咸苦甘也……味者，所以守民口也。”一道菜肴，甜就是甜，鲜就是鲜，咸就是咸，堂堂正正，体现的是菜肴口味的纯正。因为纯正味道的菜肴、饭食可以使人保持清醒的状态，而过于偏嗜、过于刺激、过于混杂的味道可能使人失去对美味的控制能力。鲁菜中即使有的菜肴也运用复合味进行调味，但仍然遵循口味纯正的调味原则，如甜酸、酸辣、咸鲜等，也是一品便知，传给味蕾的信息是清晰可感的，这是符合饮食养生的原理。

除此之外，《管子》饮食养生理论中的“起居时，饮食节”至今在山东民间影响深远。淄博民间“吃饭少一口，活到九十九”等饮食养生俗语，就是《管子》“饮食节”养生理论的表现。《管子·内业》说：“凡食之道：大充，形伤而不臧；大摄，骨枯而血冱。充摄之间，此谓和成。精之所舍，而知之新生。饥饱之失度，乃为之图。饱则疾动，饥则广思，老则长虑。饱不疾动，气不通于四末。饥不广思，饱而不废，老不长虑，困乃速竭。大心而敢，宽气而广，其形安而不移。”

意思是说，饮食的规律在于适度有节，过于饱食会使人体受损而没有好处，过于饥饿会使骨骼萎缩而血气不和。所以，《管子·禁藏》提醒人们：“食欲足以和血气。”也就是说，生活的享受要有所节制，饮食只要能保证营养健康的需要就行，认为延年益寿要以节食养生和饮食卫生为重。《管子·形势》云：“起居时，饮食节，寒暑适，则身利而寿命益。起居不时，饮食不节，寒暑不适，则形体累，而寿命损。”

饮酒也是如此，管仲倡导饮酒要适量有节制，反对暴饮无度。他不仅这样说，而且还身体力行。据汉刘向《说苑》卷十记云：“齐桓公为大臣具酒，期以日中，管仲后至，桓公举觞以饮之，管仲半弃酒。桓公曰：‘期而后至，饮而弃酒，于礼可乎？’管仲对曰：‘臣闻酒入舌出，舌出者言失，言失者身弃，臣计弃身不如弃酒。’”大意说有一天，齐桓公约群臣饮酒，管仲姗姗来迟，待饮酒时，又把酒倒掉一半。齐桓公很不高兴地说：“你来晚了，又把酒倒掉，不是太失礼了吗？”管仲说：“臣听说酒多则话多，话多则语失，语失则有杀身之祸，臣想，与其弃身不如弃酒。”而管子倒酒于地的故事在当地民间后来演变成了洒酒礼敬天地的饮酒习俗，至今农村上了年纪的老人饮酒均传承此礼俗。非常遗憾的是，管子“饮食有节”的观念没有使后世的山东人形成适度饮酒的习惯，甚至成为豪饮的典范。

【参考文献】

[1] 管子［M］. 李山，译注. 北京：中华书局，2009.

[2] 汉·司马迁. 史记［M］. 北京：中华书局，1997.

[3] 尚书［M］. 徐奇堂，译注. 广州：广州出版社，2004.

[4] 梁方健. 齐国社会生活史［M］. 济南：齐鲁书社，1996.

[5] 晏子春秋·内篇问上［M］. 陈涛，译注. 北京：中华书局，2007.

[6] 清·王先谦. 释名疏证补（影印本）［M］. 上海：上海古籍出版社，1984.

[7] 汉·许慎.说文[M].北京：中华书局，1983.
[8] 国语·齐语[M].尚学峰，夏德靠，译注.北京：中华书局，2007.
[9] 先秦烹饪史料选注[M].北京：中国商业出版社，1987.
[10] 中华古代文化全阅读·管子[M].长春：时代文艺出版社，2008.
[11] 汉·刘向.说苑校证[M].向宗鲁，校证.北京：中华书局，2009.

古迹石刻的道德意蕴及现实教育意义
——以唐摩崖《纪泰山铭》为例

刘俊丽

摘　要：作为一种物质载体，泰山石刻在承续泰山文化乃至中华文化的过程中，对中国国民集体道德的涵养和人格的塑造产生过深远的影响。在中华文化与旅游文化深度融合发展的新态势下，泰山石刻的现实文化价值和道德教育意义日益凸显。本文以唐摩崖《纪泰山铭》为例，深入挖掘泰山石刻的道德内涵及其现实教育意义。

关键词：泰山石刻　《纪泰山铭》　道德　教育

泰山文化对中华民族传统思想观念、政治制度、民俗风尚、道德人格等的形成与发展产生了持久而深刻的影响。泰山上留有大量古迹石刻等珍贵文物，其中大观峰上的唐摩崖《纪泰山铭》既是帝王封禅文化的典型，又是儒家道德宣教的代表。本文旨在通过深度挖掘其道德意蕴，观照其现实教育意义。

一、唐摩崖《纪泰山铭》的创作概况

封禅，是中国古代帝王祭祀天地神祇以求长治久安的一种盛大的带有浓厚宗教色彩的敬拜活动。泰山是古人心中“万物之始、交代之处”，因而成为四海之内唯一举行封禅大典的山岳；世代帝王则必须修明政治、天下安泰，才有资格“功成封禅以告太平”（东汉班固《白虎通·封禅

本文为山东省高校人文社会科学研究项目“泰山石刻对当代中国公民道德养成的作用及实现方式研究”（项目编号：J15WC19）阶段性成果，发表于《当代教育科学》2015 年第 21 期。

篇》)。唐玄宗李隆基励精图治，锐意改革，广兴百业，使大唐步入了“开元盛世”。开元十三年(725年)，唐玄宗抵达泰山，举行隆重的封禅大典，并御撰《纪泰山铭》，于次年刊刻在岱顶大观峰上。

唐摩崖《纪泰山铭》是存留至今最完整、最壮观的帝王封禅类石刻。通高13.3米，宽5.3米，碑文24行(满行51字)，共996字，连同额铭整1000字。正文字大16厘米×25厘米；额高1.3米，“纪泰山铭”为两行4字，字大45厘米×56厘米。除“御制御书”及末行年月为正书外，均为隶书。唐摩崖刻面规整、平滑，额部麒麟腾云雕刻巍峨大气；铭文篇幅巨大，文辞优美；字填金泥，金光闪耀，蔚为大观；书法遒逸婉润而又端严雄浑，为唐隶代表作。石刻形制崇高，气势宏伟，堪称历代封禅碑碣之最。它不仅是中国古代封禅史、唐代书法史、雕刻艺术史的珍贵研究资料，更是中华民族历史文化的瑰宝以及古代劳动人民才智的象征。

二、《纪泰山铭》的道德教育意蕴

《纪泰山铭》铭文可分为导论和封禅文诰两部分。“朕宅帝位……观末而知本”为导论部分，具体陈述了唐玄宗封禅泰山的动机、过程及意义；剩余则为封禅文诰部分。解读《纪泰山铭》文本内涵，透视古代帝王本人的理想诉求与思想表达，既可以深入地理解中国古代政治制度、文化精神、人伦道德的诸多思想观念，又有助于发现生态文化背景下泰山石刻的现实意义。下面逐层深入，做出剖析。

(一)道德先行，以德治国

在封建社会制度和文化传统中，帝王角色在道德方面的追求是什么？开创了“开元盛世”的唐玄宗在《纪泰山铭》一开篇便谦虚地自省：“顾惟不德，懵于至道。”唐玄宗首先要求做有德之君。西周金文中始见“德”字，《诗经》《尚书》中有“懿德”“文德”“明德”“敬德”等词汇。“有德”是周天子受天命和得万民拥戴的理由，也是周先王配享昊天、上帝保佑的资格。周人又将“德”“孝”关联，对天命有德、对祖先有孝，就成为封建政权合法性的重要依据。可见，中国古代政治文化传统中的“圣王”“仁君”理想对帝王自我意识的影响之深刻。直到要达于“至道”，治国、理天下的原则要在“至道”的基础上建设和推行，即治道施政。最后要担负起做皇帝的责任。简而言之，道德、治国原则和责任，这是古代帝王角色的三个基本要求。

那么，帝王应该担当什么责任？又该奉行什么样的“至道”与“厚德”？在唐玄宗看来，帝王封禅泰山是需要一定的机缘和条件的。仰赖上天垂怜“先后储庆”，文武百官“交修皇极”，努力地实现着帝王施政理国的基本原则，使得“四海会同，五典敷畅”，达到“岁云嘉熟，人用大和”的局面，可以说做到了政通人和、有德于天下了。百王又一再谏言“孝莫大于严父”“礼莫盛于告天”。“天符既至”且“人望既积”，我“固辞不获”，这才斗胆和两三个大臣考察《虞典》，分析汉制，然后隆振军威、旌旗有序地去泰山面天复命了。从这个“顺理成章”的推叙中显而易见，尽管李唐王朝道教兴盛，但在主流文化与重大仪礼上，儒家“以德为先”观念的影响显然处于优势地位。

（二）君权神授，祈福苍生

唐玄宗引述儒家经典，对泰山做了“实万物之始”“位居五岳之伯”的解释和评价，以封禅后加封泰山神的举动，既是对泰山元宗地位的认定，同时也反映了中国古代尊卑长幼的道德秩序观。玄宗从泰山作为“岱宗”的意义，转入对“政治天命观”的历史追溯及封禅意义的说明。“王者受命易姓”，即所谓上天授命将隋炀政权易为李唐王朝，得以“启天地，荐成功”“序图录，纪氏号”。这是对儒家正统文化观念中关于君权受命合法性的经典表述。换言之，玄宗是代表着承受天命、统续历史的李唐政权，并行使他的帝王权力“兹率厥典”去泰山封禅，“报玄天之眷命”，并“为苍生而祈福”。百姓福祉关乎天道法则和上天的生生大德，天子受命叩谢天恩，祈愿国泰民安，都有必要且可以通过封禅大典这种勾连天人的仪式来传达。一个帝王“因高崇天”并怀有崇高的精神境界和广阔的视野，依持神圣的天道施政，他便能“就广增地之义”，增进人间大地生活中的那些有着广泛影响的天道、德行、性理的道义力量，展现其宽广的普适性。这既阐明了王者德治对于天下的非凡意义，又揭示了尊天崇高和国民道德生活之间的基本关系。

（三）敬天法祖，内圣外王

在唐玄宗进一步对封禅过程的描述中，蕴含着深刻的儒家道德思想观念。人不会真正拥有上天的德行和能力，但可以“类于上帝”，崇尚和效法上天一样的德行而“以德配天”，正是儒家倡导的“圣王”理想和政治理想。儒家传统道德文化恪守“慎终追远”，宗上天之神以神道设教，同时强调宗祖先之考以认祖归宗。因而中国古代祖先崇拜与孝道权威“法先王”道德观对“奉天承运皇帝”的影响甚大。帝王只要虔诚地祭祀上天和祖先，他就能在内心唤起天道尊严和遵循天道性理的使命感，“内尽于己”而生仁爱之心，“外顺于道”而合仁义之道；百姓则在“陈诚以德”“彝伦攸叙”的道德与法律秩序中“庆合欢同”“大浑协度”，乃至于万民协和、天下大同。在一个以“天道”和“天人关系”为思想内核的封建社会秩序中，帝王封禅祭祀所彰显和隐含的社会政治与道德教化意义、作用，越是为人们所理解，就越能对社会生活产生普遍影响。“笃行孝友、锡类万国”，是社会和谐的道德基础；“我儒制礼，我史作乐”，儒在发挥制礼的作用，史在发挥作乐的作用，礼乐秩序可使“天地扰顺，时唯休哉”。唐玄宗正是要通过这样的社会政治文化活动，实现威服海内、化成天下的远大抱负。

古代政治道德规则，需要以天道性理为依据，来处理“王法”对“天则”的效法从属关系。为实现政治理想，唐玄宗进而明确了自己的行动目标，并发出“立人极”“见天则”的庄重誓言。奉天承运的皇帝必须打着遵从天道性理和天道法则的旗号来“安民”“保民”和一匡天下，这就建立了一个严密的“天—君—民—天”的权力制衡与民本天命观的循环系统，从根本上解决了权力来源合理性、合法性的问题。可以说“立人极”“见天则”就是李隆基自认为做皇帝的义务，君主受命于天的一个基本道德要求。举行封禅盛典，不仅仅是他对天子权力的宣示和对上天的“述职”，更是他尊重、保障“民为根本”的一个政治理想和道德宣言。

（四）利国利民，天下归仁

“天地明察，鬼神著矣”表达了玄宗对天地的祈愿与美赞，意为天生万民，希望在我统治天下的时代，天佑国家升平安定，能以美好的利益大益于天下；大地厚德载物，希望在我统治天下的时代，人民和谐共处，能以丰厚的土地养育万民。这是祭拜天、地之神要表明的意义。为什么要在这里彰显“天地明察”的鬼神之道呢？《礼记·祭义》载：“致鬼神以尊上。”在封禅这一庄严仪式中，能否做到“天地明察”“鬼神著矣”，关乎整个社会秩序的核心基础，关乎所有生活在这个秩序中的人与此基础的关系能否被理解，并通过这个精神仪式被确认等重大问题。合天地之德、日月之明、四时之序、鬼神之吉凶，自然就成为这个社会自上而下的恭勤之事。

“铭曰：‘维天生人……铭心绝岩，播告群岳’。”这部分是文辞典雅、四字成句的正式封禅文诰。“维天生人”“维君受命”二句源自《尚书》“仲虺之诰”篇中“唯天生民有欲”“无主乃乱”的观念。既然帝王是顺受天命产生的，他就理应自视为“天子”而尊奉上天。从历史角度看，千百年来代去不留，人来无已；从道德角度看，一个既得天下的君王仍能时时敲起“德凉者灭”的警钟，坚持奉行“道高斯起”的儒家道德标准与政治观念，实在难能可贵。实质上，玄宗借此郑重地强调了德行和功业才是维持政权的根本依据，并非权力本身。继而回顾从高祖皇帝至今历任帝王的高德大行，这在古代政治传统中，尤其是在封禅泰山这样庄严的场合里，并非是单纯的歌功颂德，显然具有一种李唐王权的历任受命者向上帝汇报丰功伟绩以及证明他自己作为君王的资格条件，并接受上天检阅、赏罚的庄重含义。“道在观政”，君王之有道无道，是以现实的政治道德表现作为评判根据的。唯有心系百姓，怀一颗仁德之心治理国家，方得万民拥戴，天下归心。玄宗封禅泰山，虽标榜功德却不窃私利，而是为天下苍生求平安，为万民求福祉，因此敢于“铭心绝岩”以“播告群岳”，可谓胸怀坦荡、气盖山河。

三、《纪泰山铭》的现实教育意义

综观中国传统道德文化，承续了自上古以来的中国道德文化的主体传统，并以儒家思想为主流，因而在思想文化、礼乐制度、宗教信仰诸层面，对中国道德文化的孕育和发展产生了基础性的重大影响。这已在前文对封建帝王道德思想表达的阐释中得到印证。一个帝王是否高扬儒家思想，直接关乎其道德能力和道德成就。当他拥有良好的道德素养、强大的道德能力以及丰硕的道德业绩时，就敢于正大光明地申述那些通常对一般帝王具有约束性的儒家思想观念了。在封禅这种至高无上的仪式场合，帝王的公开言论与思想表达也必然以儒家道统思想为标准。倡导并持有这个标准，就意味着要依此来衡量现实的道德关系与道德教育，并对人们的社会道德生活产生重大影响。进而言之，帝王的使命和权力，来自上天通过民意所表达的对他的道德选择。民意被有效识别为体现在民心之中的“天道性理”对帝王道德的反应，上天与帝王的道德受命关系就会以民主的形式体现出来，从而构成了中国“天—君—民—天”的道德天命系统。玄宗“因高崇天”“就广增地之义”合乎道德文化传统，此道德天命观便得以存续并发挥基础性的作用；人民则在“以美利利天下”“以厚生生万人”的公共道德生活中，对道德传统做出应有的反应。玄宗在敬天法祖（孝）、彝伦攸叙（仁）等“天道性理”的实践中，实现着“立人极”“见天则”的帝王理想；人民则在“仁义礼智信”等美好德行方面上行下效，实践着“天人合一”的伟大精神。

中国传统教育重视个体外在自然与内在自然的交汇融通，强调以个体内在生命力去契合天地万物生生不息的机趣。《纪泰山铭》关注天人感应，追求天人合一，正是中国传统道德教育核心理念的重要体现。孔子重视道德与审美的统一，提出“尽善尽美”的评品标准；孟子重视养志、养德，提出“善养浩然之气”的策略方法；荀子主张“美善相乐”，认为真正的艺术应该是美与善的统一，可以移风易俗、修心养性乃至使个体、群体达到和谐状态等。这说明，中国传统道德教育注重“寓教于乐”，注重从多角度强调善与美的融合、道德与艺术的统一。通过审美中介去追求真善美的和谐统一，正是中国传统道德教育的一个主要特征。

这就是屹立于泰山之巅的唐摩崖《纪泰山铭》作为一种独特的文化旅游资源，对于当下道德教育的启示。

毋庸讳言，自改革开放以来，社会转型日益加剧，旧秩序已打破，新秩序尚待逐步发展和完善。在此新旧交替进程中，原有社会公共道德规范受到巨大冲击，中华民族优秀的传统公序良俗也被相当一部分人弃之如敝屣，以至于社会乱象层出不穷，有全面滑向礼崩乐坏的危险。现实的挑战要求我们，在公民道德建设领域，必须汲取5000年中华文明史与道德史中至今仍葆有新鲜生命力的精神之水，来浇灌我们定然走向未来的现实新生代的道德规范之树。从这个意义上讲，以唐摩崖《纪泰山铭》为代表的古迹石刻的道德内涵会给予我们丰富的启迪，来做好新时期的道德教育工作，服务于当下中华文明强力崛起、走向未来的光辉进程。

【参考文献】

[1] 滕守尧．审美道德意识描述［M］．北京：中国社会科学出版社，1983.

[2] 李泽厚．中国美学史（上、下）［M］．北京：中国社会科学出版社，1984.

[3] 谢凝高．中国泰山［M］．济南：山东科学技术出版社，1992.

[4] 泰山石刻文献丛书［M］．济南：泰山出版社，2005.

[5] 李咏吟．审美与道德的本源［M］．上海：上海人民出版社，2006.

[6] 王志民．中国地域文化通览·山东卷［M］．北京：中华书局，2013.

优秀教科研成果篇

职业教育产教融合人才培养模式研究

陈增红　杨秀冬　马继明　韩爱霞　刘　萍

本成果是全国教育科学“十二五”规划课题“产教融合下卓越酒店管理人才培养模式研究”的研究成果。经过多年实践，山东旅院在省内外旅游高职院校酒店管理专业人才培养模式教学改革方面位居前列。

一、基本观点

（一）中国旅游业进入发展新常态，旅游教育发展的行业基础进一步坚实

2014年8月《国务院关于促进旅游业改革发展的若干意见》（国发〔2014〕31号）提出加快旅游业发展方式的转变、深化旅游改革、加强人才队伍建设。实施“人才强旅、科教兴旅”战略，在先进的旅游法规和政策的制度范围内，中国旅游产业发展进入稳步创新发展。食、住、行、游、购、娱旅游六大要素反映了旅游者的基本需求，而文、商、养、学、闲、情、奇的新旅游七要素概括出来旅游发展要素或拓展要素，反映了现代旅游者对旅游出行的新需求，新需求的满足将旅游业发展方式转变和旅游深化改革推向了快车道。2015年8月，全域旅游发展的战略部署全面启动，国家旅游局下发了《关于开展“国家全域旅游示范区”创建工作的通知》，国家层面的全域旅游全面推开。“全域旅游”要求提升旅游质量，注重旅游与生活品质提升之间的互动关系，追求旅游对人们新财富革命产生的价值。旅游的意义增加了旅游对生活和财富积累的

2020年山东省教育科学优秀成果特等奖。

关系，旅游教育供给随着中国旅游业的创新发展需求不断深化改革。

（二）“双创”环境与旅游新旧动能转换呼唤创新型旅游人才的培养

2014年，李克强总理要求在中国掀起“大众创业”“草根创业”的新浪潮，促进“万众创新”“人人创新”新势态的形成。从此“创客”成为流行新名词。2017年1月，国务院办公厅印发了《关于创新管理优化服务培育壮大经济发展新动能加快新旧动能接续转换的意见》（国办〔2017〕4号），强化制度创新和培育壮大经济发展新动能、加快新旧动能接续转换。一系列促进创新创业发展的文件推动我国“双创”工作的快速发展。但是从课题组关于酒店管理专业学生的创业情况调研来看，学生自主创业人数较少，不足就业比例的10%。这与当前的创新创业环境是不协调的，怎样培养适应旅游新业态发展的酒店管理创新人才已经成为摆在旅游教育面前的迫切问题。

（三）旅游企业对旅游人才的职业能力和素养提出更高需求

在国民经济、中国旅游经济发展的新常态下，旅游经营环境也不断发生变化，旅游企业特别是旅游酒店业发展的规模化、新竞争化、新业态化等新形势的出现，旅游企业对从业人员的职业技能和素养的要求发生了质的变化，由原来对操作技能的迫切需求转变为以职业素质为基础的综合技能的需求。在课题组调研过程中发现，对于员工层来讲，酒店非常看重员工对客服务技巧、独立工作能力、随机应变的能力和情商要求，这些正是刚刚参加酒店工作的学生不具备的。而对于基本的酒店知识和操作技能，被调研的酒店都认为学生所掌握的是足够用的，并且基本操作技能是可以通过短期的操作培训而快速具备的，酒店企业并不对具有基本操作技能的学生格外看好。酒店对管理层人才的要求则更重视敬业精神、酒店服务意识、吃苦耐劳的品质和团队协作能力。同时，需要管理者有专业的知识体系、良好语言文字功底、较好的英文水平和计算机应用能力等理论知识和综合能力。也就是说，当前酒店对毕业生能力的要求，不仅仅是知识与技能。在新的行业形势下，酒店更青睐复合型人才和综合能力强的人才，会服务、懂操作、能管理，熟悉现代社交方式的人才成为酒店的新宠。

（四）产教融合成为我国旅游职业教育的重要方向

教育部2015年7月再次发文《教育部关于深化职业教育教学改革全面提高人才培养质量的若干意见》（教职成〔2015〕6号），指出坚持产教融合、校企合作，推动教育教学改革与产业转型升级衔接配套，加强行业指导、评价和服务，发挥企业重要办学主体作用，推进行业企业参与人才培养全过程，实现校企协同育人。坚持工学结合、知行合一，注重教育与生产劳动、社会实践相结合，突出做中学、做中教，强化教育教学实践性和职业性，促进学以致用、用以促学、学用相长。经济发展要求职业教育走向产教融合。大力推行“工学结合，校企合作”的培养模式，深化工学结合、校企合作、顶岗实习的人才培养模式改革等一系列文件精神都明确提出了产教融合的职业教育指导思想。

二、主要创新和学术价值

（一）主要创新

1. 构建“四位一体”卓越酒店管理人才培养模式

本成果构建了以职业素质、专业知识、职业能力、创新创业能力“四位一体”的卓越酒店管理人才培养模式，将职业素质与综合素养、知识和技能、自我成长与发展能力的培养作为人才培养模式、人才培养规格的关键要素，将学生的学习能力、就业能力、创新能力培养融入人才培养模式构建过程，真正解决酒店专业人才培养过程中出现的问题，切实提高人才培养质量。

2. 提炼出卓越酒店管理人才培养规格标准

本成果提炼出了卓越酒店管理人才应该具备的知识、能力和素质规格标准，形成了卓越酒店管理人才的能力结构架构，提高了酒店管理专业人才培养质量，进而提高其行业适应性，最终实现了酒店行业从业人员素质水平的整体提高，为酒店行业卓越人才的培养建立了培养标杆。

3. 探索出产教深度融合路径

本成果突破现有模式下教育和产业融合隔靴搔痒的尴尬局面，通过利用校内外生产性实训基地资源优势，打破教学场所的空间限制，搭建了校企合一平台，实现工学场所结合、工学内容结合、工学过程结合、工学主体结合，真正发挥企业和院校的优势，解决了院校和企业合作中各自角色定位问题，调动了企业参与的积极性，真正做到产教深度融合，为促进区域经济良性发展贡献力量，为旅游教育产学结合、产教深度融合提供了可行的方法路径。

（二）学术价值

1. 理论价值

（1）明晰了卓越酒店管理人才概念和人才培养规格标准，对酒店管理人才标准的建立具有重要意义。本成果通过文献梳理和调查研究，首次提出了卓越酒店管理人才的概念，并对其进行解析。使用定量分析的方法，构建了卓越酒店管理人才在素质、能力、知识方面的规格标准，对酒店管理人才标准建设具有重大的理论意义。

（2）丰富了酒店管理人才培养模式理论，对酒店人才培养理论体系的发展具有重要意义。本成果构建了以职业素质、专业知识、职业能力、创新创业能力"四位一体"的卓越酒店管理人才培养模式，对于如何构建能够培养具备社会适应性酒店管理人才的理论研究贡献了新的理论。

2. 实践价值

（1）本成果构建了"四位一体"卓越酒店管理人才培养模式，对酒店管理人才培养实践提供了可实施借鉴模式和方法。

（2）本成果以各类酒店中层以上管理人员为样本，通过调研分析，构建了卓越酒店管理人才的能力结构，使得院校酒店行业人才培养规格标准更加明晰，最终将大大提高酒店行业人力资源质量，为酒店行业卓越人才的培养建立了培养标杆。

（3）本成果研究阐述了产学结合、产教深度融合的路径和方法，为校企如何参与人才培养过程提供了有力的参考。帮助校企实现高效的优质资源共享，最终提高酒店行业的整体水平，为促进区域经济良性发展贡献力量，为旅游教育产学结合、产教深度融合提供了可行的方法路径。

三、学术影响或社会效益等

本成果自 2013 年至今在我院 4 万余名学生实践应用以来，不仅推动了本校教学改革，使学生在职业能力、专业知识、职业素养、创新创业能力方面得到提高，受到学生热烈欢迎，而且受到了同行以及社会各界的赞扬。中国旅游院校五星联盟学校——南京旅游职业学院、浙江旅游职业学院、桂林旅游高等专科学校、上海旅游高等专科学校教师来我院交流座谈，并采纳实施本成果体系。同时还在青岛酒店管理职业学院、威海职业学院、济南大学等省内外本科及高职院校相关专业中进行了实践与应用，受益学生数万人，各兄弟院校一致认为该成果对提高职业院校及应用型本科的人才培养质量具有很好的指导作用及推广价值。

本成果人才培养经验和改革举措在国际、国内会议上进行了交流。2017 年 9 月 6 日在澳大利亚南澳州首府阿德莱德市举行的“2017 中国—澳大利亚职业教育和培训论坛”以及 2016 年 10 月 19 日在重庆由中国高教学会、全国旅游职业教育教学指导委员会联合主办的“高等职业院校产教融合协同育人发展峰会”上，本团队成员就“产教融合协同育人”做典型案例发言，得到会议代表关注与好评，产生了广泛良好示范作用。

国内的知名酒店以及国外的高档酒店都纷纷与我院合作，争相录用我院学生。在美国的迪士尼乐园、日本豪华度假酒店、迪拜的“七星级酒店”、澳门的威尼斯人酒店等，我院的学生都能以娴熟的技能、优质的服务、文明的举止、优雅的气质赢得用人单位和客人的一致好评。洲际酒店集团、喜达屋酒店集团、雅高酒店集团、山东大厦、青岛海景花园酒店、舜耕山庄等十多个企业积极主动与学院开展合作，并建立了长期合作关系，开设了十多种订单培养班。

多年来，学院师生志愿服务足迹遍及国内外。2014 年学院 143 名学生赴迪拜参与接待史上最大规模 16000 人旅游团队，创造了我国大学生海外志愿服务活动新纪录；2014 年，学院 170 余名师生赴京承担 APEC

领导人会议安检工作，北京市保安服务总公司授予我院“2014年亚太经合组织第22次领导人非正式会议安检工作合作单位”，学生执勤的14号安检岗被命名为“模范先锋安检岗”，十余名学生分别获记个人二等功、嘉奖、授予“安检标兵”光荣称号等奖励。学生们在国际服务工作中发扬吃苦耐劳、精益求精的敬业精神，把绅士、淑女风范带出了国门、推向了世界。2019年学院在北京实习的学生参与了十九大期间的服务及安检工作，圆满完成各项服务工作，实习学生所在单位向我院表示感谢并为参与会议服务的学生颁发荣誉证书。

本成果在社会中产生了较高的影响和辐射作用，《中国旅游报》《大众日报》《齐鲁晚报》《济南时报》等多家媒体对成果培养的人才质量进行了报道。

推进无居民海岛保护性利用助力海洋强省建设

魏凯　孙晓筠　徐富民　刘晓　孟祥明

一、选题意义和研究内容前沿性

（1）山东省实施海洋强省战略，丰富的海岛资源成为发展一大优势。自2010年3月1日《中华人民共和国海岛保护法》正式实施和2011年4月12日我国公布首批176个可以开发利用的无居民海岛名录，无居民海岛开发成为市场和研究的关注点。山东省管辖海域内有589个海岛，包括32个有居民海岛和557个无居民海岛，500平方米以上的海岛276个，政策和资源的双重优势为山东省无居民海岛开发助力海洋强省提供重大意义。

（2）当前山东省无居民海岛开发处于发展起步期，问题较多，需要研究助力。当前山东省无居民海岛开发遇到的问题表现在发展模式处在探索阶段、政策相对较少；融资机制相对不健全，导致贷款难；开发初期投资高，社会参与度较低。这些问题都需要跨部门、跨领域合作进行破解。

（3）无居民海岛国内研究处于快速发展期，前沿性强。目前，国内对于无居民海岛的研究领域主要集中在环境承载力、使用权属、开发价值、可持续发展、管理手段、开发可行性评价以及相关的法律问题等。相关的研究自2011年开始逐渐增多，主要集中在高校、海洋研究所、政

2020年度山东省高等学校人文社会科学优秀成果奖高职高专院校类壹等奖。

府部门等机构，通过研究关键词词谱看出主要围绕政策法律、保护利用、规划、可持续发展等方面研究。

二、篇章结构和基本观点

（1）研究篇章结构为：一是研究概念及现状；二是国内外研究文献综述；三是研究问题实地调研；四是国内发展经验比较；五是国外开发经验比较；六是山东省无居民海岛开发模式分析；七是山东省无居民海岛保护性开发建议和路径；八是研究结论与展望。

（2）研究基本观点为：一是山东省无居民海岛利用优势与基础体现在资源优势和发展基础上，资源优势集中在海岛资源丰富和自然条件优越，发展基础优势在于规划制度不断健全和开发利用稳步推进。二是机遇与挑战并存，体现在发展机遇难得，习总书记对山东省经略海洋的嘱托，省委成立海洋发展委员会等，但问题矛盾突出表现为开发与保护难以平衡、投资成本与效益回报之间的矛盾大、缺少可资借鉴的经验模式、管理体制不够完善、生态破坏和开发粗放等方面。三是要加强山东省无居民海岛保护性利用，要法治保障，规划引领，通过加快海岛立法、完善规划体系和强化目录管理完成；要生态优先，源头护岛，如开展生态评估、健全保护网络和应用先进技术；要时空有序，综合利用，通过开发空间模式创新、科学安排开发时序和兼顾经济、社会和生态效益。四是要政府主导，强化保障，通过推进无居民海岛使用权市场化出让、探索建立多元化投融资机制、强化基础设施建设、提供管理服务效能、打通政产学研用创新通道。

三、主要创新和理论价值

（1）主要创新处体现在三方面：一是围绕山东省无居民海岛资源的市场化开发利用和保护进行调研的内容创新。二是围绕山东省无居民海岛资源开发助力山东省海洋强省战略的路径创新。三是围绕山东省无居民海岛开发开展跨多个行政部门、跨领域合作研究的合作机制创新。

（2）理论价值体现在两方面：一是对国内无居民海岛现有研究的价值，从保护性开发角度提供山东省无居民海岛开发案例研究；二是对山东省海洋强省战略实施的价值，无居民海岛属于海洋资源的一个重要板块，研究无居民海岛将对海洋强省战略提供路径的理论价值。

四、研究方法和学术规范等

（1）研究方法。课题研究中根据需要，主要开展并进行了以下研究方法：实地调研法，通过赴省内日照、烟台、威海等地和海南蜈支洲岛开展无居民海岛实地调研，获取大量一手资料；深度访谈法，通过与省海洋局、文旅厅等主管部门领导进行深度访谈和座谈的形式获取资料；比较研究法，通过对国内其他省份、国际重点无居民海岛开发优秀国家、城市进行比较研究，提供开发思路。

（2）学术规范。课题研究遵循基本研究学术规范要求，按照选题—开题报告—课题研究—结题报告规范组织研究，撰写研究报告中合理引用引文和参考文献，不重复发表、成果署名实事求是。由于研究成果需呈送中共山东省委批示，研究成果也按照政府公文形式进行呈送，并得到省委书记刘家义、省长龚正等多位领导的批示。

互联网+背景下“旅游养老”新业态实现路径研究

赵恩兰　王松毅　杨京波　潘璐　王煜琴

一、选题意义和研究内容前沿性

我国是世界上老龄人口最多的国家，拥有最大的养老市场。潜力巨大的银发产业早已引起众多企业的关注。早在1998年旅游企业就开始经营老年旅游产品，十多年过去了，虽然形成了一些有特色的“夕阳红”旅游产品和旅游线路，但都没有真正以老年人的身心需求为宗旨进行设计和服务，老年人的旅游体验不尽完美。目前“如何养老”成为一个人人皆需思考的现实问题，国内许多地方也都尝试把旅游和养老结合起来发展，如旅游资源得天独厚的海南三亚和海口、浙江丽水、四川成都、云南昆明、广西巴马等。许多项目因为缺乏必要的理论指导，显得有些盲目，出现了诸多问题。

据2018年山东省政府发布的数据，截至2017年年底，全省60岁及以上老年人口为2137.3万，占总人口的21.4%，老年人口数居全国第一，比第二名的江苏省多381万人，凸显了山东人口老龄化的严峻形势和快速发展态势，将对经济社会发展产生全局性影响，全面、及时、有效应对人口老龄化任重道远。按照习近平总书记“要着力完善老龄政策制度”的指示要求，山东省委、省政府高度重视老龄工作，在《山东省国民经济和社会发展第十三个五年规划纲要》中提出，加快发展养老服务。据

2020年度山东省高等学校人文社会科学优秀成果奖高职高专院校类贰等奖。

不完全统计，2015 年以来，全省十多个部门先后出台涉老政策达 50 多项，政策涉及养老、医疗、文化、维权、教育、优待等多方面内容。

特别是习总书记和李克强总理考察山东后，对山东在新时期经济发展提出了目标，助推山东省经济在新旧动能转换、调结构上进入快车道。2017 年 6 月，山东省紧锣密鼓地出台了“建设泛济青烟新旧动能转换示范区、实施新旧动能转换重大工程”规划，该工程所列十大重点产业，就包含了“旅游业与上下游产业的融合发展”。同时推进新旧动能转换作为山东省经济社会发展的重大工程，其根本要求就在于通过发展新技术、新产业、新业态、新模式，实现产业智慧化、智慧产业化、跨界融合化、品牌高端化，促进经济转型升级提质增效。创新是原始动力，融合是重要的动能，可以说在全省群策群力、同心协力落实本规划的大背景下，山东省旅游产业与养老产业的跨界融合发展更是迎来了好机遇、好平台、好环境。

同时，党的十九大报告有六处直接提到老龄工作，涉及多个方面，特别是在“实施健康中国战略”中提出“积极应对人口老龄化，构建养老、孝老、敬老政策体系和社会环境，推进医养结合，加快老龄事业和产业发展”。这是习总书记站在决胜全面建成小康社会和全面建成社会主义现代化强国的战略高度，对老龄工作创新发展的新部署、新要求，是老龄事业和老龄产业发展最根本的顶层设计和基本遵循。中央关于适应积极老龄社会的顶层设计也为山东省旅游产业与养老产业的跨界融合发展提供了最坚实的政策保障。

选题意义和研究内容前沿性主要如下：

（1）开辟新的研究领域。旅游产业与养老产业融合发展，是旅游科学和养老科学研究的薄弱领域，对于巨大的社会需求，目前研究成果严重滞后，亟须界定山东老年旅游现状，系统分析当前的服务需求，探索和推进旅游与养老融合的新途径、新业态、新载体。

（2）拓展新的理论体系。就旅游产业和养老产业的研究来讲，各自的理论研究已经具备了相对完备的理论系统和理论构架，但是随着新常态、新旅游、新养老时代的新需求，传统理论的构建不可避免地出现理论视野和学术视角的缺陷，提出“旅游养老”新业态，是以产业融合的方式推动理论融合的研究，也是将养老产业和旅游产业从单纯的经济学视野拓展到社会学、行为学的领域，从技术层次提升到社会治理、行为管理的层面，有利于形成融合下的理论创新。

（3）探索创新体制机制。养老和旅游都具有公益属性、社会属性和共享属性，构建“旅游养老”产业链条，形成人文关怀和经济产业共同属性的产业推进模式，架构适合中国国情具有地域特色的养老与旅游融合的管理体制和运行机制，具有十分突出的意义和价值。

二、篇章结构和基本观点

（一）篇章结构

研究报告主要包含五个部分：报告摘要；第一部分：积极老龄化背景下异地养老市场发展；第二部分：我国老年游客的旅游偏好与制约因素调查；第三部分：健康中国战略下旅游与养老融合发展模式与推动策略研究；附件：发表论文。

（二）基本观点

研究报告着重梳理了三个问题：第一是积极老龄化市场下异地养老市场；第二是老年人旅游意愿与制约因素研究；第三是进入移动互联网时代，实施健康中国战略旅游与养老跨界融合发展的路径探索。本研究结果启示：人口老龄化是人类文明发展的必然趋势，老年人消费市场是块“大蛋糕”，存在着巨大需求和经济效益。特别是党的十九大以来，我国经济发展稳步进入新时代，未来诸多的老年人将会变得“有闲并有钱”，旅游养老会成为“居家养老、社区养老和机构养老”以外的重要养老方式。这既是养老产业的发展契机，也是旅游产业的转型契机。其顺利发展迫切需要政府做好制度建设和基础设施等服务工作，重点是针对老年人能力丧失和信息不对称的难题，做好“互联网＋旅游＋养老”的新业态探索，打造“有呼有应”的信息交换和服务提供平台、培育产业链条，助力“旅游养老”新业态健康持续发展。

三、主要创新和理论价值

（1）学术思想。基于产业融合的视角，进行旅游和养老跨界融合的理论梳理。

（2）学术观点。提出老年旅游养老服务团购需求，界定“旅游养老业”新业态；老年旅游服务团购、团购受托人制度安排、团购的社会契约及其体制机制，以及基于大数据和信息化平台的“团购”模式带动老年旅游服务产业化的链条和实现路径均属原创性研究。

（3）研究方法。采用结构方程模型（SEM）定量分析老年游客的旅游需求偏好，寻找内在逻辑制约因素，为旅游和养老的跨界融合提供数据服务。

四、研究方法和学术规范

本课题注重理论研究与实际应用的结合，理论研究和定性分析与操作研究和定量分析相结合，同时采用文献研究、比较研究、模型构建、国际国内案例研究、问卷调研、专家访谈等方法。

精品旅游时代山东省酒店业人力资源新旧动能转换的对策研究

刘萍　冯召伟　宋继东　侯兴起　闫雪梅　孙健

一、选题意义

建设新旧动能转换综合试验区是山东发展的重大历史机遇和重大挑战。在新旧动能转换、国民经济高质量发展的背景下，联系山东省旅游产业发展实际，对酒店转型升级、提质增效过程中人力资源这一重要的制约因素的研究具有良好的理论和现实意义。

从研究来看，对酒店人力资源的研究较多从微观角度，即酒店人力资源内部管理的角度进行人力资源管理某一方面的研究。在中国酒店业发展的不同历史阶段，都出现过一些探讨新阶段酒店发展特点和趋势的研究，在这些研究中也涉及了酒店人力资源转型的问题，如中山大学管理学院的徐栖玲教授探讨了“跨入网络时代的酒店人力资源管理”。在当今新的历史节点上，酒店业经历了艰难的转型后，迫切需要从根本上解决酒店业经营的困境，实现凤凰涅槃。

《中国酒店人力资源现状调查报告（2016）》称，“人”的问题已经成为当前中国酒店业面临的突出而普遍的问题，人力资源问题甚至已经成为制约酒店业健康发展的瓶颈。因此此项目的研究目的是获取酒店业发展新阶段对人力资源需求状况，找到现在酒店业人力资源现状与未来需求的差距，并分析差距存在的影响因素，从而为山东省酒店业人力资

2020 年度山东省高等学校人文社会科学优秀成果奖高职高专院校类叁等奖。

源新旧动能转换提供对策和建议。

研究目的在于发现山东省酒店业人力资源新动能所在，并将其应用于酒店的人力资源建设中，提升酒店业发展潜力和行业的时代适应性，重在对应用的指导。其研究意义主要表现在理论和实践两个方面：理论意义在于继续深化人力资源是第一生产力的理论实证研究；实践意义在于为山东省精品旅游时代酒店业人力资源良性发展提供指导性政策，促进山东省旅游教育与行业产教融合对接质量，帮助其建立需求导向的人才培养模式。

二、基本观点

（一）山东省精品旅游业转型发展，精品酒店业人力资源需求向全服务型、技术型和胜任能力管理人才转变

精品旅游时代，旅游产业升级，精品酒店、精品菜馆数量增加，注重质量提升和品质追求；酒店新业态繁荣发展，需满足消费者内涵式消费特点，这些新变化都对新型的酒店人力资源提出要求。精品旅游时代，酒店业服务岗位群应向前和向后延伸，前向延伸至创新设计酒店服务产品，向后延伸至酒店后台服务和管理，以提供顾客完美体验作为服务前提，强调从吸引顾客需求到满足顾客体验的全过程体验式服务。并且随着人口红利的消失、人力成本的提高，更加要求从业人员掌握岗位群的通用知识和技能，而不是单一岗位的岗位技能。因此，酒店业的人力资源需求从专一技能型向岗位群全服务技能人才转变。对客服务过程不仅是服务本身，还增加了对酒店产品设计原理和服务售后管理的服务内涵，要求员工懂得服务管理原理并能参与产品设计和服务的全过程，这说明精品旅游时代使酒店的人才需求从简单的服务提供型向技术参与型转变，从合格的管理者向胜任管理者转变。

（二）认清行业需求培养酒店业人才，实现精准供给

精品旅游时代，酒店从业者的能力培养应精准对接完整酒店产业链

和岗位链的人力资源能力需求，提高人力资源供给的有效性。精品酒店产业链包括了前端，即酒店选址、规划设计和运营模式；中端，即酒店产品设计和生产；后端，即产品销售和服务，是酒店价值设计—价值创造—价值传递的产业链发展过程。酒店管理专业群对接精品酒店产业链的中后端，是价值创造和价值传递的过程。创造价值是为了通过价值传递实现价值提升，两个阶段是影响闭环的关系，不能分割开来。当前员工熟悉酒店产业链后端服务，忽略产业链中端的用人理念，难以实现酒店产业通过提升顾客体验来实现酒店产品价值的目的。随着产业链的向前延伸，酒店每个岗位的功能都需要向前和向后延伸，这对从业人员的能力要求有了新的变化，任何一个单一岗位难以完成满足顾客综合体验的要求，这就要求酒店从业者一专多能、博学多才。

（三）六大核心能力和良好的职业素养是精品旅游时代酒店从业者新动能的来源

此次研究小组得出精品旅游时代酒店从业者的胜任力模型，主要包括六个方面的核心胜任能力：沟通与解决问题的能力、专业影响力与员工管理、适应能力与自我发展、洞察力与学习能力、创新能力和管理分析方法运用能力。还应具备职业理想、职业道德、职业使命感等良好的职业素养和人文精神。这一调研结果是未来旅游酒店人才的核心能力和培养方向。

（四）院校酒店人才培养质量提升是酒店人力资源新旧动能转换的重要推动力

职业教育是现代国民教育体系的重要组成部分，承载着国民教育体系和就业体系中人力资源储备与开发等重要功能。职业教育强调受教育者实践技能的培养，具有更直接作用于生产应用的特点，其顺应供给侧结构性改革发展趋势，人才供给应主动适应技术进步和生产方式变革的需求，增强职业教育供给结构对产业结构需求变化的适应性和灵活性，提高供给体系质量与效率将是衡量职业教育质量的唯一标准。

职业院校在新时代人才培养过程中应该通过专业群的方式提升学生

的复合创新能力，通过构建适合专业群人才培养的体系、完善“校企双主体”专业群人才培养模式、建设训练室＋实验室＋工作室教学实训基地和生产型实训基地的产教融合模式、开发针对人才培养目标的课程体系等重要措施，打造职业教育酒店人才的培养高地。

三、研究内容

课题研究从山东省酒店业人力资源从业现状分析入手，分析了精品旅游时代酒店发展环境的变化以及酒店对人力资源需求的变化背景。山东省精品旅游业发展对酒店业态重新洗牌，大量诸如文化主题酒店、乡村民宿、精品酒店、主题酒店、智能化酒店、体验式酒店、人文式酒店等的酒店新业态成为精品旅游时代酒店业的新产物。其对人才的需求是全产业链人才的需求，是具有全岗位工作能力的人力资源的需求。针对这种业态环境变化对酒店人力资源需求变化的现状，通过调研统计与分析，建立了精品旅游时代酒店业新型人力资源的胜任能力评价体系并进行相关评价。最后从人力资源培养和成长的角度提出了对策建议。从企业方面来说，需要针对市场和行业变化选拔培养人才，从职业院校方面来讲，从人才培养模式、人才培养体系、产教融合模式等方面都应该以校企双主体育人的理念来指导办学、培养人才，提升酒店人力资源供给质量。主要内容如下：

（1）山东省酒店业人力资源现状。采用调查问卷方法，对山东省的四星级以上国内及国际品牌酒店、代表性主题文化酒店和民宿、主流经济型酒店进行人力资源现状调查。

（2）精品旅游时代酒店业人力资源需求特征分析。通过文献研究法，对精品旅游时代的定义、特征、人才需求等进行分析。

（3）精品旅游时代酒店业人力资源需求与人力资源现状的差距。主要对比研究现状与未来需求的差距，为对策建议提供依据。

（4）提出山东省酒店人力资源供给新旧动能转换对策建议。通过科学分析，提出山东省酒店人力资源实现新旧动能转换的对策和建议。

四、创新点和学术价值

（一）研究角度新

首次从人力资源新旧动能转换的角度研究山东省酒店业转型发展、新旧动能转换的对策，以小见大。能够解决酒店发展的根本动力问题，人力资源质量提升能够影响酒店行业的经济发展和社会地位的转变。

（二）研究观点新

本研究成果通过大量调研分析之后提出精品旅游时代山东省酒店从业者的能力应对接完整酒店产业链和岗位链的人力资源能力需求，提出了使用全酒店产业链和岗位链提升人力资源质量的观点。在酒店人才培养上提出职业院校在新时代人才培养过程中应该通过专业群的方式提升学生的复合创新能力，通过构建适合专业群人才培养的人才培养体系，从而提升人才供给质量。

（三）研究方法新

研究过程中，注重一手数据的获取，通过调研、访谈等研究方法，对酒店员工胜任能力构架评价指标体系加以评价，能够反映现实问题，增强了研究的科学性。本研究的学术价值主要体现在以下三个方面：

（1）研究精品旅游时代山东省酒店业人力资源的能力结构模型，提出酒店从业者的六大胜任能力和应具备的职业素养，对研究区域内酒店行业人力资源问题提供了很好的理论成果。

（2）分析了精品旅游时代酒店业人力资源需求特点，对于人力资源准确画像和需求描述具有理论指导意义。

（3）在新旧动能转换、国民经济高质量发展的背景下，课题成果紧密联系山东省旅游产业发展实际，对酒店业转型升级、提质增效过程中主要的制约因素——人力资源问题进行了研究，对行业具有现实的指导意义。

五、研究方法

围绕“精品旅游时代山东省酒店业人力资源需求与培养”这一研究课题，本次研究采用定性研究与定量研究相结合的方法，特别是通过问卷调查、现场访谈、电话访谈、调研等获取了大量的一手数据，进行比较与归纳，最终凝练出精品旅游时代山东省酒店业人力资源需求特点与培养供给对策。

在明确研究目的与研究方法的基础上，课题组制订调研方案，进行了两期广泛深入的调研。第一期调研对象包括：酒店管理人员、本专科院校和毕业生。目的是初步调查精品旅游时代酒店业发展对人才的需求情况及各院校的酒店管理专业设置及学生培养情况。为进一步更深入地挖掘凝练出卓越酒店管理人才所具备的能力与素质，获取酒店在培养管理人才方面的真实想法及建议，课题组组织了第二期调研，调研对象主要为典型酒店的中高层管理人员。

两期调研都主要采用现场访谈、电话访谈和问卷调查三种调查方法。调查对象涵盖了省内代表性酒店、高职及本科开设酒店管理专业的院校、近 3~8 年酒店管理专业毕业生等；其次，电话访谈作为补充性调查方法，主要对象是济南及其他地区没有参加现场访谈的人员；此外，在调研的过程中进行问卷的发放与收集，其中酒店调查问卷的发放涉及 23 家酒店，遍及山东省各地市，其中五星级酒店 7 家，四星级 10 家，一般酒店 5 家，著名餐饮企业 1 家。

六、社会效益

本项目以山东省建设新旧动能转换综合试验区的重大历史机遇和重大挑战为背景，研究旅游业产业升级，探讨精品旅游时代酒店业人力资源新旧动能转换的策略，其社会效益主要有：

（1）该成果广泛应用于酒店业管理领域。作用于山东省酒店业人力资源战略规划过程，指导其进行人力资源储备和人才培养，为酒店在新的历史时期人力资源素质和能力的培养方向方面提供了针具有对性的指导，从 4 家酒店的应用效果来看，该成果对于其招聘人才、培训管理和人员晋升都提供了有益的参考，为酒店各岗位员工晋升和人才培养以及胜任能力模型建立提供了直接指导，取得了良好效果。

（2）该成果广泛应用于山东省旅游教育人才培养过程。对人力资源未来需求的预测，用于旅游教育人才培养过程，促进产教供需双向对接，为山东省旅游教育人才培养健全需求导向的人才培养结构调整机制提供了重要指导。从山东旅游职业学院的应用来看，学院 2020 年成立酒店管理专业群，将酒店管理、餐饮管理、烹调工艺与营养专业三个专业以专业群的形式进行人才培养，与酒店业产业链吻合度高，学生在学习本专业核心知识和能力的同时，学习其他专业的知识和能力，实现复合型人才培养的目的，效果良好。

（3）该成果广泛应用于山东省酒店业人力资源“腾笼换鸟”的调整过程。酒店人力资源的新动能是什么、旧动能转向哪里都是未来酒店业发展需要解决的重大问题。该成果研究了酒店业新的人力资源特点，为新旧动能转换提供了对策。

儒家文化融入高校思想政治教育价值和实现路径研究

宁顺颖　魏凯　许玉庆

一、选题意义和研究内容前沿性

儒家文化融入思想政治教育的选题在当前具有重要的现实意义。首先，它有助于突破当前高校思想政治教育的困境。当今中国社会上普遍存在着追名逐利、信仰缺失的现象，大学校园内许多学生内心迷茫，缺少社会使命和历史担当。面对丰富多彩、纷繁复杂的现实生活，以立德树人为使命的思想政治教育却显得应对无力，空洞的说教无法解答学生生而为人的困惑，贫乏的内容无法为学生心灵成长输送精神和信仰的力量，同时，不依思想政治教育规律的任意妄为最终带来的是大学生的反感。儒家文化融入高校思想政治教育全过程，可以使思想政治教育吸收传统文化的精华，解决当前高校思想政治教育普遍面临的困境，更好地实现“以文化人”“立德树人”的教育目标，提升思想政治教育的人文性，改进思想政治教育工作的育人理念和方法，提高思想政治理论课的实效性。

其次，儒家文化融入思想政治教育也是提高文化自信，继承和弘扬优秀传统文化的积极行动。儒家文化的融入能够使大学生于学习古圣先贤做人做事的智慧之中，体验和感受儒家文化的博大精深和中国传统文化的独特魅力，从而点燃起学生对优秀传统文化的兴趣和热情，唤起他们主动传

2020 年度山东省高等学校人文社会科学优秀成果奖高职高专院校类叁等奖。

承中华优秀传统文化，成为一个“文化人”的责任感和使命感，主动学习和探究中华传统文化，为提高全民族文化自信做一点实际的努力。

研究内容具有一定的前沿性。如何在思想政治教育中有效融入优秀传统文化教育，是值得深入研究的重要课题。当前已有研究虽取得了许多有价值的成果，但是不足也比较明显：由于研究队伍大多缺乏一线教育实践的基础，所以在“如何”“怎样”融入上倾向于从理论到理论的泛泛而谈，缺少融入的针对性分析和实证性研究；由于儒家文化源远流长，历代名家注疏浩如烟海，研究者对儒家文化核心思想的梳理和筛选甚为困难，只能随意抽取不能系统阐发；对于儒家文化融入高校思想政治理论课的实践经验较少有分析，研究成果的可操作性和普适性较弱。基于此，本课题以问题为导向，以儒家经典《论语》的融入为突破口，以实证方式探索问题的解决之道，重点对儒家核心思想理念进行具体化和系统化的挖掘、整理和诠释，在融入的具体形式、方法和实现的有效途径上进行了大量踏实而细致的实践探索，避免了泛泛而谈，有效解决了优秀传统文化如何真正融入思想政治教育中发挥其育人价值的关键性问题，能够为高校思想政治教育创新提供有价值的借鉴。

二、篇章结构和基本观点

（一）篇章结构

研究报告由五个方面的内容构成：儒家文化融入思想政治教育的依据；儒家文化融入思想政治教育的独特的价值优势；儒家文化中的思想政治教育资源；儒家文化融入思想政治教育应坚持的正确价值取向；儒家文化融入思想政治教育的实现路径和实践探索。

（二）基本观点

（1）人类社会生活和精神诉求的共通性以及儒家文化自身的价值是儒家文化融入思想政治教育的主要依据。当代中国的社会文化环境与古代中国社会相比已经发生了很大的变化，但人类社会无论怎样变迁，其基本的社会实践内容、思考范畴和精神诉求是共通的。人如何自处，如何与人相处，如何在社会中建功立业实现自我价值，是任何时代的人们都要面对和解决的矛盾与问题。儒家始终把解决现实的社会与人生问题作为其追求的终极目标和人性的最终关怀，为此，他们关注知与行、义与利、生与死、荣与辱、苦与乐、善与恶、治与乱等这样一些人类所共同面对的问题，这些问题同样也是今天的思想政治教育要帮助大学生解决的核心教育问题。因而，儒家以《论语》等这样经典的方式提供的解决思路和智慧，是思想政治教育可以汲取的极其珍贵的智慧资源。

（2）《论语》在儒家文化融入思想政治教育中具有独特价值优势。课题以《论语》为代表研究儒家文化的融入，是因为它最忠实记录了孔子及其门弟子言行，最真实、系统地反映了儒家思想，在儒家文化融入思想政治教育中具有独特价值优势，其优势可以概括为五个方面：一是儒家文化在思想内容上的系统性和地位上的权威性，可以大大增强思想政治教育理论的说服力和可信度；二是儒家的主要经典著作都是思想和语言皆具的典范，这样辞约而旨丰、形象而生动的资源可提升思想政治教育的人文性，于诗韵的文字中涵养学生的性情和品格；三是儒家文化体现着中国独特的文化传统和思维方式，如“中立而不倚”的中庸思想、“和而不同”的理念等可使学生受益终身；四是儒家总是将深沉的哲学思考融于情感化的情境和内容中，始终将道与普通大众的日常生活经验相联系，有利于大学生将这些原则运用到日常生活学习中去，并于理智的教育中培养出健康的人性情感；五是儒家人物形象真实生动，他们“名之必可言，言之必可行”、内圣外王的人生实践本身即是激励学生的鲜活案例，是难得的教育资源。

（3）儒家文化中蕴含丰富的思想政治教育资源。研究报告立足思想政治教育目标和内容，对儒家文化中蕴含的思想政治教育资源分为五个主题进行系统的梳理和提炼，阐明其中可以为思想道德教育所用的核心思想内容和精神理念，并以现代观念对之做出合理诠释，为儒家文化融入思想政治教育奠定坚实的理论基础。

主题1：孔子的教育思想和教育实践对思想政治教育目标、内容、理念和方法的启示。研究报告把孔子的教育思想和实践的突出特点概括为五个方面，包括从道而行、乐在其中的教育基调，学者为己、学以成人的教育宗旨，寓道于伦常日用之中的教育实践，启发诱导、因材施教的教育方式，身教胜于言教的人格感化，并对照今天的思想政治教育分析了我们可以从中获得的启示。

主题2：帮助大学生树立正确的人生观。通过孔子“不容然后见君子”“不忍于忘天下，亦不忍于必谓天下之终于无道”的人生态度和人生追求，阐述儒家直面人生，积极入世，追求道德的自我修养和人格的完善，以天下为己任，最大限度地实现人生价值的人生哲学，揭示其中对大学生人生观教育的意义。

主题3：培育社会主义核心价值观，塑造学生的精神世界。在全面分析儒家文化和社会主义核心价值观内在关系的基础上，把儒家文化涵养社会主义核心价值观的源头活水概括为五个方面：自强不息、厚德载物的民族精神，家国一体、整体和谐的价值目标，义以为上、以义为利的价值取向，仁爱礼让、忠恕之道的人际准则，为仁由己、内圣外王的人格追求，分析了它们对于社会主义核心价值观的涵养作用。

主题4：培养学生正确的政治思维和素养。把儒家文化中包含着的政治原理和精髓概括提炼为四个方面：天下归仁的终极理想，无为而治的理想境界，以礼治国、仁政德化的政治实践，以民为本、富而后教的政治理念，并对每一方面的内涵和相应的教育意义展开详尽的分析和论述。

主题5：儒家文化提供了一整套修身的理论与方法，把儒家培养“仁人君子”的修身理论和方法概括为四个重点：立志、好学、内省、力行，并阐述了每个重点的具体施行方法，揭示出其中的修身途径。

（4）提出儒家文化融入思想政治教育应坚持的正确价值取向。在总结人类文化总是在“损益”中承继前人、在服务于新时代的需求中获得生命力的大原则基础上，提出对待儒家文化的基本态度和原则，即要立足当前中国特色社会主义事业和实现中华民族伟大复兴中国梦的实践需要，择善而从。由此，进一步提出儒家文化融入思想政治教育应坚持的价值取向：要始终坚持以马克思主义为指导，以立德树人为核心，坚持培养中国特色社会主义事业合格建设者和可靠接班人的育人方向；坚持实事求是的科学态度，对儒家文化自身的价值要有充分的认识和应有的尊重，要保持信而好古的真诚，避免夸大、歪曲或随心所欲的解读；从创新思想政治教育，解决思想政治教育中深层次问题的实际需要出发，对儒家文化进行整理、筛选、正确而具有现代性的诠释；要坚持以人为本，以大学生为本的育人理念，坚持全员、全过程融入的系统性原则，力避急功近利和形式主义。

（5）把儒家文化融入高校思想政治教育全过程视为一项长期复杂的系统工程，结合本校和其他院校的已有实践探索和经验，提出了贯通一体的五条实现路径，并对每一路径的具体做法和意义进行了详细阐述。

路径 1：建立儒家优秀文化融入的领导、推动和保障机制。全校上下各部门应达成共识，成立专门工作领导小组，整合资源，将儒家优秀文化纳入日常教育教学工作中，合理安排课程结构，优化课程设置，营造良好的氛围，搭建一个多层次、多形式、立体化、开放式的工作平台。

路径 2：培养一批具有儒家文化素养的思想政治教育教师。思想政治教育教师要通过参加培训、原典阅读自我培养等途径，使自己成为兼具马克思主义理论素养和儒家文化素养的拥有坚定信仰和人文情怀的优秀教师。

路径 3：建设儒家文化与思想政治教育有机融合的课程体系。通过儒家文化经典融入思想政治教育必修课程，开设与儒家文化相关的选修课，邀请国内外著名专家、学者开设儒家文化讲座，图书馆提供充足的可供学生阅读的儒家文化书籍，组织经常性的读书活动等，实现必修课、选修课、讲座和课外阅读的有机统一、课内外有机统一，具有开放性和生命力。

路径 4：建设富有儒家文化底蕴的校园文化。从三个方面总结了本校实践中以人为本、尊重他人、服务社会的价值观所体现的学校精神文化，将严格管理蕴含于人性化服务中的学校行为文化，以及富有儒家文化底蕴的环境文化。

路径 5：构建以继承和弘扬儒家文化为内容的大学生特色活动体系。这是融入的最终实现和检验。通过成立以传统文化研修为主题特色的学生社团，开展形式多样的研修活动，开展以弘扬中华文化为主题的文化艺术活动，引导学生开展文化修学活动，开展以志愿服务为核心的学生实践活动等，把教育融注于日常生活中，通过学生的躬行实践达到知行统一，实现思想政治教育的育人目标。

三、主要创新和理论价值

基于目前已有的关于“儒家文化融入思想政治教育”的研究存在的不足，本课题的研究主要在以下两个方面取得了突破：

（1）本课题从儒家经典中拥有独特地位和价值的《论语》入手进行取材研究，对儒家文化核心思想理念以及其中的思想政治教育资源进行了具体而系统的挖掘、整理、提炼和诠释，改变了同行研究中由于儒家文化源远流长、历代名家注疏浩如烟海对儒家文化核心思想的梳理和筛选甚为困难，只能随意抽取不能系统阐发的缺陷，在较小的范围内就能明确儒家思想体系，搞清儒家文化的核心理念和思想精华，为儒家文化融入思想政治教育找到了突破口，使通常的纸上谈兵变成现实可能。

（2）本课题坚持理论研究与实践探索相结合，始终把研究建立在实证研究的基础上，以理论为指导，以问题为导向，探索儒家文化融入思想政治教育的有效途径，在“如何”“怎样”融入上改变了已有的同行研究中从理论到理论泛泛而谈，缺少融入的针对性分析和实证性研究的倾向，保证了研究成果的可操作性和普适性，这种研究有助于弥补目前此领域研究的不足，为高校思想政治教育创新提供有价值的借鉴。

本课题的研究具有一定的理论价值，首先丰富了思想政治教育的理论内容，开阔了思想政治教育的视野，提高了思想政治教育的人文性，真正使思想政治教育成为“立德树人”“以文化人”的教育过程，有助于解决当前高校思想政治教育普遍面临的困境，更好地实现教育目标。其次，本课题的研究对如何在现实教育生活中当下显示并实现优秀传统文化的价值，对如何实现优秀传统文化的创造性转化和创新性发展这样的理论难题，进行了有意义的探索并取得了真实有效的成果。以继承和弘扬传统文化的积极行动丰富了这方面的理论研究，提高了学生对中华优秀传统文化的自主学习和探究能力，增强了学生传承中华优秀传统文化、成为一个“文化人”的责任感和使命感。

四、研究方法和学术规范

本课题坚持实事求是追求实用的原则，在研究过程中，把文献研究和实证研究结合起来，通过文献研究进行去粗取精、去伪存真、由此及彼、由表及里的理论概括和提升，充分吸收已有研究成果中的合理成分，保证研究成果具有更大程度上的适用性。同时，始终把研究建立在实证研究的基础上，通过问卷调查、文献研究等方式了解儒家文化融入高校思想政治教育的现状，以理论为指导，以问题为导向，一边实践一边总结，探索儒家文化融入思想政治教育的有效途径，保证了研究成果的客观性和可操作性。

"政府主导，多规合一"的全域旅游创新发展模式研究

——以山东省沂南县为例

魏凯　宋斐红　刘正华　王娟　谢璐　黄树田

一、沂南县全域旅游建设模式分析

从2002年至今，沂南县的旅游业获得长足发展，对县域经济贡献率逐年增加。近几年，沂南县确立了"文旅兴县"的战略，把旅游产业作为主导产业来抓，突出旅游业在第三产业当中的地位，将旅游的全域化建设作为县域旅游发展的主要目标，在政府主导下，沂南县旅游业取得了飞跃式发展，取得了一系列成绩，创造了旅游产业跨越发展的"沂南速度"。全县旅游接待量由2011年的479万人次增长到2015年的965万人次，年均增长19%。A级旅游景区由2011年的7处增加到2015年的16处，数量跃居临沂市第二位，其中4A级旅游景区由2家增加为4家。连锁酒店实现零突破，五年间增加为10家。形成了"政府主导、文旅融合、统筹城乡、全域发展"的县域旅游发展"沂南模式"，实现从单纯的观光旅游向高品质休闲旅游的大跨越。先后成功创建山东省旅游强县、全国休闲农业与乡村旅游示范县、山东省乡村旅游示范县，被国家旅游局列入第三批全国旅游标准化试点县、首批国家级旅游业改革创新先行区。

2019年度山东省高等学校人文社会科学优秀成果奖高职高专院校类叁等奖。

（一）沂南县全域旅游建设的措施

沂南县旅游业全域化发展模式主要包括以下几方面：

1. 将旅游业确立为全县主导产业

全域旅游建设要求在区域内以旅游业为主导产业，带动其他产业的发展。在 20 世纪 90 年代，沂南县还是临沂地区的农业大县、经济强县，各项主要经济指标在临沂市均名列前茅，后来由于多种原因，经济发展受阻，下滑至全市的最末梯队。当时沂南县存在工业基础薄弱、区位优势不明显、矿产资源相对匮乏等问题，传统工业强县的发展之路并不适合沂南。在此情况下，沂南县委、县政府清醒地认识到，要发展，必须另辟蹊径，改革创新。此时，我国旅游业进入了一个新的发展时期，随着人们生活水平的不断提高，旅游成为大众消费的一部分，国家的大力支持成为旅游业快速发展的新动力，旅游业成长为我国战略性支柱产业和受大众欢迎的现代服务业。沂南县在充分分析国家政策和自身优势的基础上，对县域经济的宏观战略进行科学调整，邀请国内权威旅游专家进行规划论证，确立了"旅游强县"的发展目标，实施"文旅兴县"战略，将旅游业作为战略型新兴产业进行重点培育，坚持以旅游业发展带动全县经济社会转型，以产业融合促进产业结构升级，以旅游环境改善提升招商环境。沂南县"十三五"规划中将旅游业确立为全县四大主导产业之一，旅游业的战略地位得到进一步凸显。

2. 政府主导在全域旅游建设中作用巨大

在沂南县全域旅游建设中，政府的主导作用是其重要保障。从宏观来看，沂南县政府将旅游产业确立为国民经济支柱产业，并在旅游业发展的不同阶段分别确立了"旅游强县""文旅兴县"的战略，紧密结合沂南实际出台了切实可行的《关于全力推进旅游业改革创新的实施方案》（沂发〔2016〕8 号）文件，确立了建设"全国知名全域休闲旅游目的地"的工作目标，引导旅游业健康发展。

从中观来看，组建了专门的旅游行政管理机构，打破部门限制，形成了顺畅高效、上下协同的高效管理机制，成立由县委书记、县长共同担任组长的双组长旅游业改革工作领导小组，统筹协调各项改革任务的推进落实，定期召开会议统筹协调旅游发展问题。全县“十三五”发展规划中健全了由县长任总召集人、34个县直部门组成的旅游工作联席会议制度，整合住建、水利、文化、农业、林业、交通等有关部门的资源、资金、政策集中向旅游业倾斜，建立起政府主导、部门联动的旅游发展协调机制。

从微观来看，确立了“政府引导+市场开发”的运作模式，按照“竞争择优”的原则招商引资。2016年出台《关于金融支持文化旅游产业发展的意见》，深化金融服务旅游的功能。结合新时期扶贫攻坚，充分发挥小额信贷的杠杆作用，对开办餐饮、住宿、休闲采摘等项目和积极发展新业态的旅游经营者，开通“绿色通道”，给予信贷支持。目前沂南县正以现有旅游产业发展基金为平台，积极探索与国家旅游发展基金、省旅游发展基金的对接，为旅游项目和旅游基础设施建设注入更大动力。

3.“多规合一”是全域旅游建设的基础

规划先行是沂南县旅游业发展中一贯坚持的原则，也是其长期以来健康、科学发展的保障。2014年，沂南县以旅游全域化建设为目标，将旅游规划与城乡规划、土地利用规划、产业发展规划、生态保护规划融为一体，编制了《沂南县旅游产业发展五年行动计划》，构建了“一核四带四大综合体”的全域旅游发展的空间框架，形成功能协调一致的区域空间结构、生态结构，作为文化、农业、林业、水利等各类规划的战略指引，突出旅游功能，形成城旅结合、文旅结合、农旅结合、林旅结合的“一体化”发展格局。

2018年，为科学合理开发沂南县旅游资源，促进沂南全域旅游持续快速健康发展，编制《沂南县全域旅游发展总体规划》，从全空间、全季候、全过程、全渠道、全产业、全社会六个方面对沂南全域旅游的重点工作进行了详细分析和规划。以“十三五”规划作为战略指引，紧紧围绕“三宜”沂南发展目标，融合了全县的产业发展规划、城市建设规划、环境保护规划、交通规划通等各类规划，实现了产业空间布局的相互延伸，规划内容、技术规范和实施措施的相互衔接，形成了城旅融合、产业协同、城乡统筹、功能协调一致的区域空间结构和“一体化”发展格局。

沂南县的城市规划就是在满足城市功能的同时增加文化旅游功能，实现城乡建设规划和旅游规划的融合。2009 年在编制城乡总体规划时，在县城功能定位上，就和土地利用规划结合，提出了城市文化旅游空间功能区的要求，重点建设以诸葛亮城、诸葛亮文化公园、汉街、玉树祥石为核心的诸葛亮文化旅游区和以智圣汤泉为核心的中国智圣国际温泉城，增加县城的旅游功能，在城市规划和旅游规划的基础调整土地利用总体规划，保证项目落地实施，实现了“三规合一”。在探讨“多规合一”的过程中，将实验探索的重点首先放在了乡村旅游规划中。以竹泉村规划为例，该规划充分考虑农业和旅游业的需求，农旅“二规合一”，统一规划乡村农业用地和旅游用地，协调村庄的生态空间、生活空间、生产空间的有机融合，成功打造了竹泉村旅游度假区，成为“中国十大最美乡村”。竹泉村的成功开发，带动了全县旅游业的快速发展。随着旅游业主导地位的确立，竹泉村所在的铜井镇，把交通、生态、水利等规划与旅游结合，在“二规合一”基础上强力推进小城镇规划、农业、旅游、水利、交通、生态规划“六规合一”，相继建设了红石寨景区和马泉创意农业休闲园，新修了沂蒙泉乡大道，进行了镇驻地和旅游沿线环境综合整治、小流域综合治理，铜井镇成为“全国特色景观旅游名镇”。旅游主导的“多规合一”模式，在镇域得以全面实施。

4. 重视旅游业与其他产业的深度融合

沂南县围绕旅游供给侧结构性改革要求，坚持“行行 + 旅游”融合发展，工业、文化、养生、体育等产业主动融入旅游产业链，不断增强观光产品的参与性、度假产品的创新性。红石寨景区突出“体育 + 旅游”特色，依托各类体育运动协会组织，引进万人健步走、微型马拉松、山地自行车赛等体育赛事活动，在两大产业的融合互动中实现共建共赢。“农业 + 旅游”中，马泉休闲园由农业园区成功转型为农旅融合休闲园区，六棵树仙果农园深挖草莓主题文化，建立了集脱毒草莓种苗培育、优质草莓种植、草莓主题文化展示、草莓休闲采摘、草莓产品深加工于一体的草莓一体化链条，将特色农业生产与乡村休闲旅游深度融合，促进了新产品、新业态的发展，走出了沂南县农旅融合新路径。通过旅游业态创新，优化产品结构，重构供给链条，在促进旅游业闭环增值的同时，也为传统产业寻求新的发展空间，找到经济转型升级的突破口。

5. 建立部门联动机制，保障全域旅游建设落实

旅游的全域化发展意味着旅游管理不再是单一的部门管理，而应该是政府统筹下的多部门联合管理，因此建立综合的管理机制势在必行。沂南县立足于对规划的运行管理和推进协调，成立了县长任主任，分管副县长任副主任，发改、土地、城建、规划、环保以及文化旅游产业相关部门主要负责同志为成员的县规划委员会，结合全县旅游产业发展需求，及时搞好规划对接，保证重点旅游项目落地。在社会发展规划中将旅游发展作为经济社会发展的一个目标，在城乡建设规划中明确旅游发展的主体功能空间，土地规划中优先保障旅游用地，生态规划中优先推进重点旅游区的小流域治理、土地荒山复垦以及造林绿化。同时，对所有上报的文化旅游项目进行筛选，建立项目库，对符合规划的重点项目进行资源整合、政策扶持。定期召开工作会议统筹协调全县文化旅游产业发展问题。强化住建、水利、农业、林业、交通、环保等有关部门助推旅游产业发展的职责，在项目资金、政策、资源、设施建设等方面打破区域、部门、行业界限，实行整合捆绑集中向旅游产业倾斜。初步建立了政府主导、部门参与、高效运转的“多规合一”领导体制和工作执行机制。

（二）沂南县全域旅游建设的主要成果

1. 旅游业获得持续发展

沂南县旅游全域化建设，进一步确立了旅游业的主导地位，以旅游业为主导，实行多规合一，建立了高效的保障机制，吸纳社会资本参与旅游开发。一系列措施都为旅游业持续健康发展注入了源源不断的动力，旅游业发展形势一片大好。

按照“一核四带四大综合体”的全域旅游布局，近年来，吸引马泉创意农业休闲园等多个大项目落地生根，对朱家林村等进行美丽乡村建设升级改造取得成功，从软硬件两方面对竹泉村、红石寨、智圣国际温泉等项目进行服务质量提升，加强旅游营销，吸引海内外游客前往沂南休闲度假。2016 年上半年，全县接待游客 520 万人次，实现旅游综合收入 28 亿元，同比增长 28%。

2. 旅游公共服务水平提高

全域旅游建设期间，全县所有旅游和涉旅公共场所旅游标识系统、导向系统全部提升，实施了沂蒙生态大道、红色旅游专线、沂蒙泉乡大道、滨河大道、西外环北通等主要旅游道路网络建设，形成完整的沂南“二日游”环线。按国家标准更新了全县的旅游导向标识，沿沂河、汶河建设了高标准的骑行游慢道和湿地休闲设施，在全国率先启动城市电动汽车分时租赁，覆盖城乡和旅游景点，实现穿珠成链、全线“通景”。厕所革命、智慧旅游、旅游信息化、旅游标准化建设等走在全省前列，旅游公共服务水平极大改善。品牌形象鲜明、产业素质较高、服务功能完善的国内知名休闲旅游目的地初步形成。

3. 带动一、二产业转型升级

“旅游 +”是实现全域旅游的有效途径。旅游业与其他产业的深度融合，成为区域经济转型升级的强大引擎。沂南县全域旅游建设，为农业和工业等传统产业发展注入了活力。农业和旅游的融合发展为沂南县培育了沂蒙生态大道、红色旅游专线、沂河与汶河沿线的“两路两河”带状集群，建成渔业、花卉、有机蔬菜、林果采摘、休闲养生 5 大乡村游板块。旅游业对农产品加工业的带动作用更加明显，肉鸭、鹿产品、蔬菜、小米、煎饼、粉皮、姜片等农副产品深加工后成为旅游产品，带动农业产业增值提效。工业旅游业融合发展，打造了泉润食品等省级工业旅游示范点 10 处；电动车产业链向旅游业延伸，带动新大洋集团一季度销售收入增长 480%。依托中国硅砂之都品牌，规划建设“水晶宫”玻璃主题园区。利用金矿废弃厂区建设“黄金小镇”主题景区。发挥果菜、畜禽产业优势，发展休闲农业、休闲食品加工及相关工业旅游项目。旅游业带动了文化产业和现代服务业的融合发展。通过以智圣诸葛亮为代表的历史文化资源、以沂蒙红嫂为代表的红色文化资源、温泉资源和沂蒙乡村文化资源的挖掘，旅游的文化内涵日趋丰富，也推动了文化产业发展。

4. 促进生态文明和城镇化建设

旅游休闲产业实现城市消费直接下乡，促进城乡经济文化交流，城里人通过回归传统、回归乡村，形成明显的生态自觉。农民则直接由一产转向三产，由传统农民就地转化为产业工人和新型“市民”，农民的生产和生活方式发生了脱胎换骨的转变。通过发展乡村旅游业，在农村建起了停车场、公共厕所，完善了水电气、邮政、通信、金融、商贸、文化、卫生等公共设施，配套建设了休闲、健身、娱乐等项目，城镇有的服务功能在这里一应俱全，群众不出村就享受到了城里人的生活。通过发展乡村旅游业，生态环境得到有效的保护和改善，增加了原生态风貌的吸引力。旅游的发展使人流、物流、信息流进入农村，农民的思想观念和素质发生了改变，人与环境协调发展的认识逐步提高，与外界的沟通与联系更加紧密，商品意识不断增强，农民逐步接受了现代文明的生活方式，提升了文明素质。

5. 提供就业机会、增加收入

全域旅游建设要求将当地居民作为景区中的一部分，通过当地居民的参与提高旅游目的地的体验性，使游客能够深入体验当地风土民情。沂南县全域旅游建设为居民提供了大量就业机会，改善了居民的生活水平。不仅景区聘用了大量的管理维护人员，当地特别是周边农民也找到了农家乐、观光采摘、特种养殖、农副产品深加工、手工艺品创作等多种与旅游相关的致富门路。大量当地村民进入旅游行业，不仅解决了当地村民的就业问题，促进了旅游业的发展，而且带来良好的经济效益、社会效益和环保效益。2017 年竹泉村游客突破百万人次，旅游收入过亿元。竹泉村全村 130 余户 500 口人，有 80% 以上的家庭主要收入来源依靠竹泉旅游景区，仅农家乐、家庭旅馆就有 60 余家。全村人均年收入由 2007 年的不足 4000 元，增长到 2016 年的 25000 余元。沂蒙红色影视基地直接安置当地农民就业 210 人，带动发展“农家乐”宾馆饭店、手工艺品制作、土特产销售等 50 多家，400 多名村民常年从事群众演员、剧组用工，260 余人从事景区建设等工作，带动 1400 余人就业。旅游景区的人气集聚效应吸引了众多民间作坊、传统手工艺人的入驻，当地村民于万发凭着祖传手艺经营传统作坊，经过几年的发展，从最初经营一处黑陶作坊到如今已经发展了黑陶、弓箭、大碗茶、老年糕、油坊、竹叶茶、酱菜 7 处店面，年均收入 50 万元以上。沂南县全域旅游建设时间不长但成效显著，在改善民生、增加就业、环境保护、基础设施建设、招商引资、经济转型升级等方面都发挥了重要作用。全域旅游建设为沂南县社会经济发展带来了巨大红利，是未来较长一段时期内我国县域旅游发展应该坚持的方向。

二、沂南县全域旅游建设存在的问题及对策

（一）沂南县全域旅游建设中存在的问题

沂南县全域旅游建设起点高、保障足，取得了令人瞩目的成绩，积累了一定的经验。因为建设时间相对较短，加之我国全域旅游的理论体系尚不完善，且尚未有成熟的实践经验可以借鉴，全域旅游建设还处于探索阶段。因此，在产品开发、市场培育等方面还存在一些问题需要完善，主要包括以下几个方面。

1. 产品结构层次较低

当前沂南县有A级旅游景区16家，其中4A级旅游景区4家，尚没有5A级旅游景区。从景区功能类型上看，主要包括汉文化旅游资源、红色文化旅游资源、乡村旅游及休闲农业资源、自然旅游资源、温泉旅游资源等类型，资源类型相对较少，且存在同质现象，旅游产品大多数依然停留在观光游的层面，部分休闲体验型项目尚在建设中。目前来看，旅游产品多适合传统的观光游客，对以休闲度假为主的中高端游客吸引力不够。

2. 市场发育尚不完备

沂南旅游经过多年的宣传和提升，培育了一定的客源市场，游客主要来自山东省内各地市和江苏、河南等邻近省份，其中多以省内游客为主，来自京津冀地区及长江中下游等发达地区的游客较少。从消费层次上来看，多为团队出行的观光型游客，中高端消费者相对较少。与休闲度假游客相比，观光游客的停留时间短、消费水平低，对当地旅游消费的贡献相对较少。由此可以看出，沂南县在旅游客源地市场培育方面比较欠缺，需要通过多种路径提升。

3. **旅游人才匮乏**

行业发展需要高水平的人才支撑。沂南县的旅游业正在快车道高速行驶，对旅游人才的需求也不断增加，尤其是需要中高端人才。调查显示，沂南县目前需要的旅游人才包括具有丰富景区管理经验的中高级管理人才、旅游策划人才、旅游市场营销人才、旅游景区运营人才、旅游规划人才等。如何培养及吸引高水平人才前往沂南就业是当前摆在政府部门和企业高层面前的一个难题。

4. **旅游行业管理有待加强**

沂南县全域旅游建设是由政府主导进行的，在国家政策指引下，经过不断的实践探索，已经确立了由县委和县政府主要领导牵头、多部门联动的综合管理机制，顶层设计已经完成，但是行业管理配套体系尚不完善。全域旅游时代，旅游要实现全民参与，旅游行业管理已不单是旅游行政管理部门的责任，大众广泛参与是行业管理未来的发展方向。因此，建立一套政府、媒体、大众、企业等多位一体的旅游行业管理机制是行业健康发展的必然需求。

（二）对沂南县发展全域旅游的建议

1. **丰富产品类型，实现旅游供给多样化**

充分发挥政府主导优势，系统整合县内各类资源，打造适合旅游行业发展新要求的精品项目。充分发挥“旅游+”的带动作用，培育发展精品民宿、文创社区、红色研学、露营垂钓、养生养老、拓展训练、体育旅游等新业态项目。依托国家美丽乡村建设计划，打造一批主题鲜明、产业突出的特色旅游小镇，全力推进产业融合，衍生创业空间。加快旅游扶贫步伐，建成一批与全域旅游发展相适应的旅游基础设施、旅游风景道、特色旅游片区。全方位打造高质量、多层次的旅游产品，满足游客的多种需求。

2. **拓宽营销渠道，迎接高铁时代**

开阔视野，创新思维，丰富营销形式，线上线下结合，整合设计具有市场竞争力的旅游产品。积极策划庙会、节庆、赛事等活动，提升沂南旅游品牌影响力。在巩固现有市场基础上，整合营销资源，建立有效的激励机制，走出去开拓河北、安徽、江苏等客源市场。加强与央视、省、市媒体的合作，依托大媒体的传播力进一步打响县域旅游目的地品牌。沂南即将开通高铁线路，届时交通环境将得到明显改善，可进入性提高，京津冀等地区的游客乘坐高铁可直达沂南，沂南旅游业将迎来一个发展的新高潮。因此，现阶段应该打造新产品，实行多渠道营销，提高沂南县旅游知名度并扩大其影响力，迎接高铁时代的到来。

3. 双管齐下，加强人才队伍建设

面对当前中高端人才短缺的问题，沂南县应该群策群力，双管齐下，建设符合沂南产业发展需求的人才队伍。首先，通过薪酬、政策等激励措施吸引行业中的人才前往沂南就业、创业，解当前人才短缺的燃眉之急。其次，应该选拔培养本土人才，建立储备人才库，采取“走出去、请进来”的方式，加强对本土人才的职业能力培训。一方面请行业中的高级人才来授课、指导，提高从业人员的理论水平；另一方面将人员派往具有行业领先地位的同类型旅游企业进行中长期实践，提升储备人才的实践能力。

4. 建立完善的旅游行业管理机制

全域旅游建设要求建立具有全域旅游特点的现代旅游行业管理体制。传统的旅游行业管理由旅游行政管理部门下设的行业管理处或旅游监察大队负责，因为力量有限，行业管理效果较差。全域旅游时代，旅游行业管理越来越复杂，对行业管理的要求越来越高，各地都在进行实践探索，希望形成一套行之有效的行业管理机制。沂南县也进行了有益探索，建立了旅游志愿者服务队，邀请大众参与行业管理。未来，应该加强对旅游志愿服务队伍的规范管理，加大对旅游从业人员及景区周边村民的培训力度，进一步拓宽参与范围，树立“人人都是旅游形象”的全域旅游软环境。进一步强化依法治旅、文明旅游、安全生产等基础保障工作。

5. 促进乡村旅游提升发展

旅游业与农业的结合日益紧密，旅游扶贫工作成果显著。乡村旅游是沂南县旅游业的一大特色，在沂南县全域旅游建设中占据重要地位。未来的乡村旅游建设中，应该注重公共服务设施建设和乡村旅游产品品质提升。在朱家林村等第一批旅游扶贫村成功运营的基础上，进一步完善基础设施和公共服务。同时推进第二批扶贫村建设，打造高品质民宿，提升乡村旅游服务质量，吸引游客延长停留时间，进行深度体验。

三、总结与展望

（一）总结

县域旅游是县域经济的重要组成部分，也是县域经济发展的强劲动力。现有的县域旅游产业发展模式有很多，不同县级行政区因资源不同、市场不同、区位不同、经济条件不同会采用不同的模式发展本地旅游产业。随着大众旅游、散客化时代的到来，人们的旅游需求逐渐提高，全域旅游是未来很长一个时期内我国旅游业的发展方向和建设目标，同时也是县域旅游产业崭新的一种发展模式。本文对全域旅游和县域旅游进行了理论梳理，并以沂南县全域旅游建设为例对全域旅游建设实践进行了分析总结，得出如下结论：

第一，全域旅游是旅游业发展到一定阶段的产物，是为了满足人们日益增长的旅游需求而产生和发展的，对我国旅游事业发展具有重要意义。

第二，沂南县通过多年的实践探索，形成了具有自身特色的全域旅游发展模式，对于我国全域旅游建设具有借鉴意义。

第三，在全域旅游建设中，政府的主导作用是成功的关键，地方政府应该做好顶层设计，并为全域旅游建提供全方位的政策、资金支持和制度保障。

第四，“多规合一”是全域旅游建设实践成功的基础，全域旅游规划中应该以旅游规划为基础，城建、交通、水利等规划需要充分考虑旅游要素需求。

第五，在全域旅游建设中要建立科学高效的保障机制，综合协调，部门合作，产业融合，共同促进旅游业发展。

（二）展望

我国的全域旅游建设尚处于初级阶段，理论架构尚不完善，实践经验相对较少。沂南县的全域旅游建设取得了一定成果，但还有待进一步加强。未来，随着全域旅游建设实践的不断完善，对于全域旅游的各项研究也将更加深入，为我国旅游业发展提供更具价值的研究成果。

新常态下高星级酒店流程再造有效性研究

侯兴起　秦娜　李芳

一、选题意义和研究内容的前沿性

随着政治、经济等宏观环境的变化，依据“劳动分工原理”和“古典科学管理理论”建立起来的酒店业务流程已经不能适应新常态下经营管理的需要，不能很好地满足消费者的多样化需求。本文在识别现有高星级酒店业务流程问题的基础上，将高星级酒店转型与企业流程再造理论相结合，设计新的高星级酒店业务流程，并利用层次分析法评价该流程的有效性。

二、基本观点和篇章结构

（一）基本观点

自 2013 年以来，高星级酒店政务市场缩减，高档消费客源下滑，酒店间的竞争日益加剧，用工荒持续恶化，成本费用持续增加，信息技术迅猛发展，这些变化促使高星级酒店的经营管理转型成为必然。

高星级酒店现行的服务流程和管理模式就是根据古典组织理论学家亚当・斯密的劳动分工理论和美国古典管理学家泰勒的科学管理理论，结合顾客在酒店的消费过程，设计服务链，并按照业务相关程度的高低进行组织机构设置，同时把对客服务的过程分解为最简单、最基本的操

2019 年度山东省高等学校人文社会科学优秀成果奖高职高专院校类叁等奖。

作程序，让员工重复操作，从而提高员工的服务熟练程度。在组织机构设置上，强调分权和监督，从而提升对客服务质量，减少成本费用的漏洞和盲区。但随着所处的外部宏观环境和内部微观环境的巨大变化，以及互联网技术的发展、酒店管理人员管理技能和员工素质的提高，这种组织结构、切块式的服务流程不仅不能促进工作效率的提升，而且还成为提升服务质量和顾客满意度的障碍。

1993 年，美国著名学者迈克·哈默（Michael Hammer）、詹姆斯·钱皮（James Champy）提出“流程再造”（Business Process Re-engineering，BPR）的概念，提出为了更好改善影响绩效的关键指标，从根本上重新思考、彻底改造业务流程。企业流程再造是在全面诊断原有的服务流程、服务模式的基础上，按照新的商业思维模式，将业务流程重新合理地“组装”，从而实现绩效最大化的过程。

本文认为高星级酒店流程再造是一项系统工程，需要培育以“顾客为中心”的企业文化，需要高星级酒店良好的硬件的支持、组织结构的调整配合等，在此基础上做好业务流程再造，才不是无源之水。新的流程设计需强调企业文化、组织结构、硬件配置的基础支撑作用和系统论的观点。基于以上研究，本文设计了新的高星级酒店服务组织机构和服务流程（见图 1）。

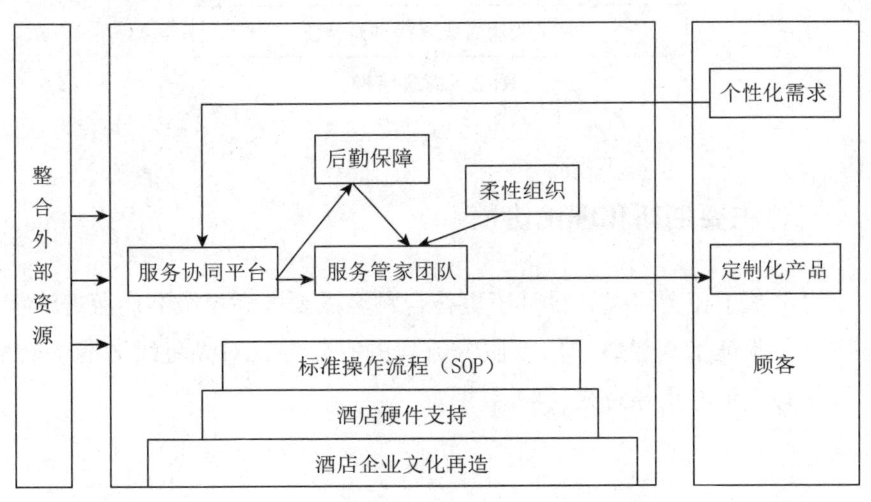

图 1　新的高星级酒店服务组机构和服务流程

（二）篇章结构

本文的篇章结构如图 2 所示。

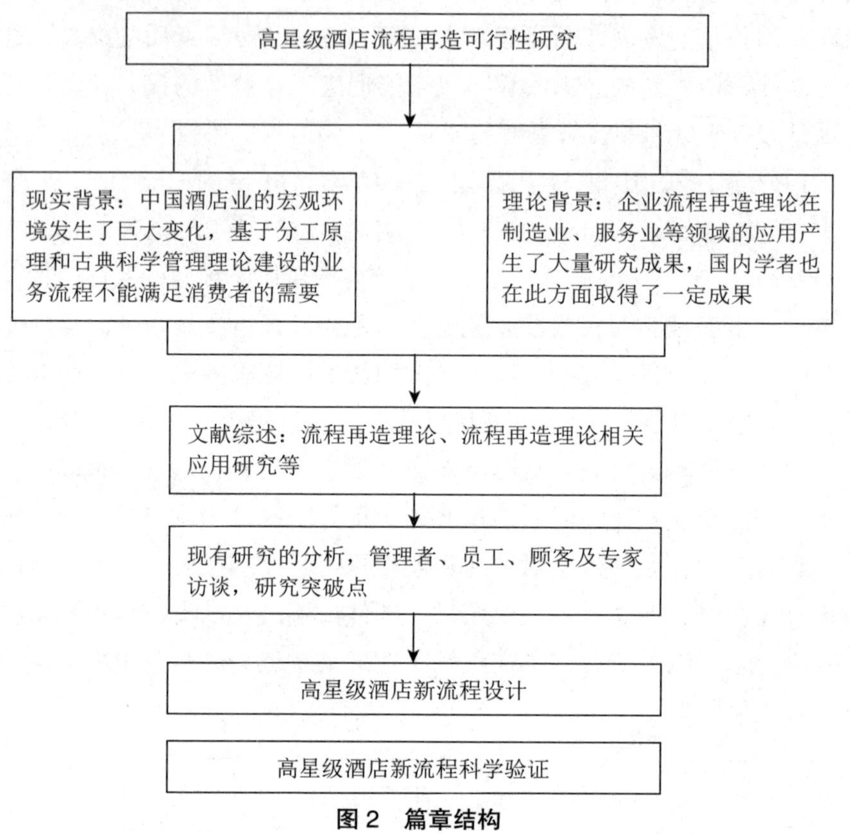

图 2　篇章结构

三、主要创新和理论价值

（1）基于相关研究，设计了更符合顾客需要的高星级酒店服务流程。

（2）验证了高星级酒店新服务流程的有效性，对高星级酒店的转型升级具有一定的指导意义。

四、研究方法

（1）实验法。本文采用实验法，对酒店服务进行动作研究，并对部门间协调工作进行比对，找到更有效、沟通更畅通的组织架构和服务流程。

（2）层次分析法。根据层次分析法的要求，从高星级酒店自身和消费者两个因素出发，设置高星级酒店的财务指标、消费者满意度和消费者忠诚度三个一级指标，其中高星级酒店财务指标重点考虑成本和收益指标，消费者满意度指标重点考虑基础设施和服务情况，消费者忠诚度重点考虑重复入住率和互动情况等因素（见表1）。

表1　高星级酒店业务流程综合得分

	一级指标权重	二级指标权重	三级指标权重	综合权重	各项平均得分	最终得分
高星级酒店业务流程有效性	高星级酒店财务指标 0.41	成本 0.525	资金成本 0.525	0.113	8	0.904
			时间成本 0.475	0.102	7	0.714
		收益 0.475	总收益 0.505	0.098	8	0.784
			净收益 0.495	0.096	9	0.864
	消费者满意度 0.32	基础设施 0.615	齐全 0.365	0.072	9	0.648
			安全 0.635	0.125	9	1.125
		服务 0.385	服务态度 0.58	0.071	8	0.568
			熟练程度 0.42	0.052	9	0.468
	消费者忠诚度 0.27	重复入住率 0.525	年入住次数 0.415	0.059	9	0.531
			朋友入住次数 0.585	0.083	8	0.664
		互动 0.475	注册会员数量 0.385	0.049	8	0.392
			会员活跃程度 0.615	0.079	8	0.632

经过计算，该模型有效性评估总得分为8.294，位于［8，10］的区间内，认为该高星级酒店业务流程通过检验，设计的高星级酒店业务流程较好。

诗意与涅槃：新时期山东文学中的村庄意象

许玉庆

一、选题意义

（1）当代文学理论建构：本研究致力于中国传统意象理论的现代转型研究，并将研究成果应用于当代文学的研究实践，探索建构具有中国文化特色的当代意象理论，拓展新时代中国文学研究的新领域。

（2）山东文学创作（生产）研究：本研究通过对新时期山东文学中村庄意象的系统研究，发掘推动山东文学发展的内在动力，以解决困扰当下乃至今后山东文学发展的诸方面问题，为新时代山东文学发展提供理论支持和实践反思，进而促进山东文化产业的繁荣。

（3）齐鲁文化传播和创新研究：本研究致力于探索传统地域文化、民俗文化现代转型的新途径、新举措，认为注重塑造村庄意象的山东文学在出版发行、影视剧改编等领域的繁荣，对新时代齐鲁文化传播和建构具有重要意义。

（4）山东古村落保护和乡村旅游发展研究：本研究认为山东古村落保护和乡村旅游发展应积极借助当代文学资源，提升古村落的知名度，继续发掘其潜在的文化、审美内涵，让乡村旅游和古村保护真正成为新农村新农业发展的助推器。

2019 年度山东省高等学校人文社会科学优秀成果奖高职高专院校类叁等奖。

二、篇章结构

（一）导论

（1）文学村庄的历史：①古典文学中的村庄意象；②现代文学中的村庄意象；③延安文学以来的村庄意象；④新时期文学中的村庄意象。

（2）村庄意象研究现状：①文学地理学研究；②村庄意象研究；③山东村庄意象研究。

（3）意象内涵及其特征：①意象的概念；②意象批评的现代转型；③现代意象的重构。

（4）意象的三个维度：①文化意象；②文学意象；③原创意象。

（二）第一章：新时期山东文学中村庄意象的变迁

（1）改革开放初期的村庄：①改革开放的文化语境；②改革开放初期的村庄类型：觉醒的村庄、诗意的村庄、阵痛的村庄。

（2）20 世纪 90 年代语境下的村庄：①历史中的村庄：历史变迁中的村庄、土地革命中的村庄；②寓言的村庄：村庄的文化寓言、村庄的哲理寓言。

（3）新世纪语境下的村庄：①历史中的村庄：民间文化视野中的村庄、艺术创新中的村庄；②现实变革中的村庄：问题与希望、逃离与乡愁；③人性视阈中的村庄。

（三）第二章：山东文化地理视野中的村庄意象

（1）齐文化与村庄：①胶东半岛上的村庄；②张炜与半岛村庄：现实的村庄、寓言的村庄；③莫言与“高密东北乡”：现实的村庄、历史的村庄、诗意的村庄。

（2）沂蒙文化与村庄：①沂蒙山地与村庄；②赵德发与鲁南村庄：人与土地、天理与人欲、人与政治；③刘玉堂与沂蒙村庄：沂蒙村庄——从闭塞到开放、沂蒙精神——奉献与淳朴、村庄与幽默美学。

（3）鲁西南文化与村庄：①鲁西南文化与村庄；②王方晨与鲁西南

村庄：无序的村庄、逃离的村庄、回归村庄；③叶炜与鲁西南村庄：历史长河中的村庄、文明冲突中的村庄、新时代的村庄。

（4）鲁西北文化与村庄：①鲁西北平原上的村庄；②刘玉栋与鲁北村庄：诗意的村庄、涅槃的村庄。

（四）第三章：村庄意象的内涵建构

（1）村庄意象的文化内涵：①村庄文化的泥土性：半岛村庄文化的泥土性、沂蒙村庄文化的泥土性、鲁西南村庄文化的泥土性；②村庄文化的地域性：村庄文化的闭塞性、村庄文化的属地性、村庄文化的传承性；③村庄文化的原生性：村庄文化的原初性、村庄文化的独创性、村庄文化的家园性。

（2）村庄意象的审美内涵：①多维的现实村庄：边界漂移的村庄、政治转型的村庄、文化转型的村庄；②诗意的家园：村庄的哲理性内涵、村庄的民间性内涵；③民族国家的想象：民族的史诗、文化的史诗、欲望的史诗。

（五）第四章：村庄意象与山东文化产业

（1）村庄意象与山东文学发展：①村庄意象与山东文学的崛起；②村庄意象与山东文学的繁荣；③村庄意象与山东文学的多元化。

（2）村庄意象与山东文化的传播：①村庄空间与齐鲁文化传播；②村庄叙事与齐鲁文化传播；③叙事话语与齐鲁文化传播。

（3）村庄意象与山东影视文化传播：①影视剧改编与村庄意象；②光影世界与村庄塑造。

（4）村庄意象与山东乡村旅游发展：①文学村庄与乡村旅游空间的重构；②文学村庄与乡村风俗民情的打造；③文学村庄与乡村旅游传播。

三、基本观点

（1）村庄意象的概念界定。本研究从中国传统文化和现代美学视角对意象范畴进行创新性改造，依据现代文化特征揭示了现代村庄意象的基本内涵和内在结构。

（2）村庄意象的历史变迁。本研究从社会历史发展角度出发，“一时代有一时代的文学”，考察了新时期以来山东文学中村庄意象的历史变迁。

（3）村庄意象的审美内涵：本研究基于文化地理学理论和否定主义美学理论，注重文学创新价值的厘定和批判，探索山东不同地域的地理特点及相关文学创作实绩，用以揭示文学村庄的独特性。

（4）村庄意象与文化产业发展：本研究从繁荣文化产业视角出发，探寻村庄意象塑造对山东文学创作、齐鲁文化传播和现代乡村旅游发展的独特意义。

四、理论创新

（1）研究理念上：打破乡土文学、农村题材小说、乡村叙事等传统研究思路，从审美意象视角拓展新的研究视角，以村庄意象揭示山东文学的独特性及文学创作的独特规律，从而避免过去过于浮泛、空洞的文学解读方式。

（2）文化产业和地域文化上：摒弃以往借助传统文化进行文学研究的方法，着眼于从创新性角度探究山东文化建构的新方法，从而可以借助文学视角探究当下山东文化产业、旅游业等发展中存在的问题。

（3）地域文化角度：研究文学世界中不同村庄的地理文化特性，探讨地域文化在文学村庄中是如何获得传承和创新的，揭示不同地域村庄的文化精髓；探究文学激活地域文化资源的方式方法，以此来打造富有浓郁地域特色的、新颖独特的山东文学。

（4）从审美意蕴角度，研究山东文学中村庄意象的独特性或原创性。村庄意象在很多作家那里被赋予了独特的审美意蕴。它们或者是民族国家的象征，或者是人类精神家园的栖息地，因此，研究村庄意象的独特性，能够揭示文学创作的内在规律和发展方向。

五、研究方法及规范

本书研究主要采用了以下几种研究方法：

（1）文献研究法：该研究搜集整理了大量有关意象理论的古今中外的文献，对传统意象的概念、文化与审美内涵、村庄意象的变迁等进行了全面梳理和分析；尽可能搜集了新时期以来山东各地作家及其作品资料，为村庄意象理论的现代建构奠定了坚实的基础。

（2）跨学科研究：本研究从文学地理学、否定主义美学和文化产业等不同学科理论出发，对山东文学中的村庄意象进行了解读和反思，是对传统审美研究的突破和现代意象建构的探索，注重对中国传统文化“整体性”的研究。

（3）个案分析法：文学研究必须建立在文本细读的基础上。本研究选择了新时期山东文学中在国内外拥有影响力的作家作品，对其进行了全面细致分析，如张炜、莫言、赵德发、刘玉堂、叶炜、王方晨、刘玉栋等，重点注重揭示这些作家及他们作品的独创性特质。

（4）实地调查法：写作过程中，笔者对所涉及山东各地村庄赴半岛地域、沂蒙山区、鲁北平原等地进行了实地考察，搜集整理地域村庄自然地理与民俗风情文化的特点，并将其充实在研究过程之中。

新时代山东省旅游业新旧动能转换的路径选择

马保烈　徐晓梅　刘正华　李全

一、基本观点、主要内容和研究框架

课题以我省旅游业新旧动能转换作为研究对象，紧扣高质量发展这一核心目标，在厘清相关概念、逻辑、关系的基础上，深入分析了我省旅游业内外部环境，为我省旅游业新旧动能转换提供系统方案。课题既涉及旅游业发展宏观政策，又涉及企业层面的诸多方面，形成完整的理论框架和系统的实践方案。研究报告的基本观点和主要内容包括：

第一部分：导言。主要分析“新时代、新矛盾”背景下我省旅游业的发展概况，在国民经济社会发展中的地位和作用，本研究的现实紧迫性等。报告分析指出，旅游业是21世纪的“朝阳产业”，是当今世界最具发展活力和潜力的国民经济大产业。经过多年发展，中国旅游业取得了巨大的成就，已经实现了从旅游资源大国到世界旅游大国的历史性跨越。十九大以来，国家对旅游业提出了新的要求，赋予了新的使命，文化和旅游融合发展，既成为国家战略和外在需求，也成为旅游业自身内在的发展逻辑和需求，成为旅游业新的增长点和动力源。随着中国经济社会发展进入新时代、新常态，旅游业发展环境发生了巨大变化，面临的不确定性因素随之增加。报告分析了我省旅游业的基本情况，在充分肯定发展成就的同时，重点分析了目前面临的挑战和存在的问题。当前，

庆祝中国共产党成立100周年山东省文化和旅游厅社会组织百项优秀成果贰等奖。

我省旅游业内外部环境正在发生或者已经发生了巨大而深刻的变化。一个基本的判断是：在宏观环境上持续向好，但在中微观环境上挑战不少，传统动能已经不能持续，亟须寻找新的动能，开辟新的发展道路，开发新的旅游产品，打造新的发展模式。从根本意义上来讲，加快推动新旧动能转换既是党和国家赋予旅游业新的使命的外在要求，也是旅游业优化结构、转型升级的内在要求。

第二部分：研究思路、基本框架和技术路线。明确了本课题研究的对象、指导思想、目标任务和基本方法以及实现这些研究目标的技术路线。课题研究的基本思路是：以党的十九大提出的“新时代、新矛盾”的重大理论判断和我省新旧动能转换重大工程方案为指导，紧扣高质量发展这一新旧动能转换的核心，以推动全省旅游业高质量发展为出发点，分析我省旅游业内外部环境变化，诊断其中存在的与当前环境和要求不适应、不协调的问题，探索研究我省旅游业新旧动能转换的主要路径和对策，提出可操作性强的解决方案。体现这一思路的技术路线如图 1 所示。

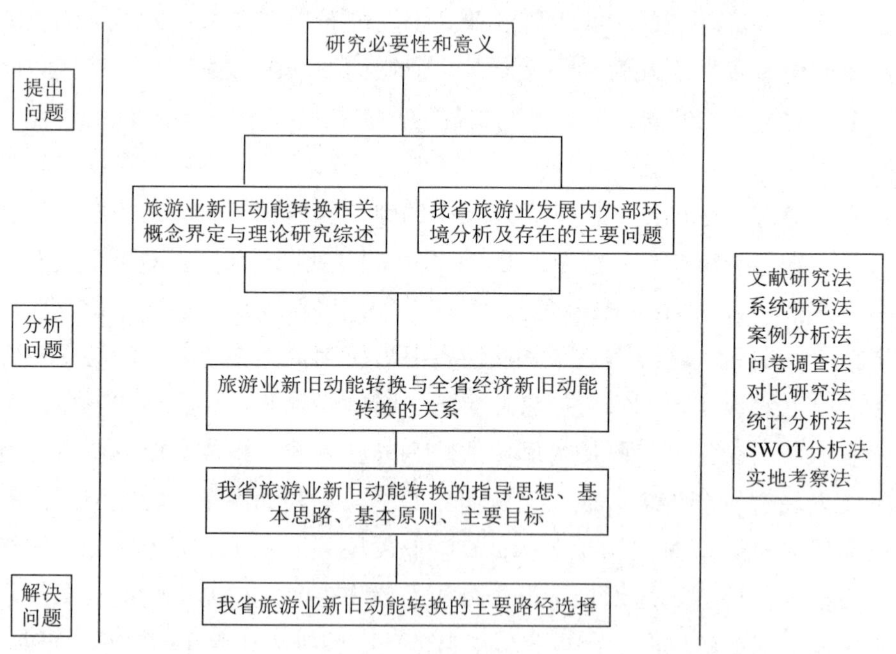

图 1　技术路线框架

第三部分：研究现状。主要采取文献检索、专家谈谈的方法，对旅游业新旧动能转换的研究现状、主要侧重点进行梳理，厘清旅游业新、旧动能的概念、内涵、特征、关系，进一步明确本课题的研究重点、思路和意义。报告指出，随着中国特色社会主义进入新时代，新旧动能转换成为政策性热词和国内外专家研究的热点。将动能作为一个完整的概念引入经济领域，是十八大之后伴随中国经济发展进入“由高速增长到中高速增长”的新常态而提出来的。2015 年 10 月李克强总理在政府会议中对当时的中国经济进行了判断：“我国经济正处在新旧动能转换的艰难进程中”。这是“新旧动能转换”一词作为整体首次出现，此后迅速成为研究热点和政策热词。山东省在新旧动能转换实践方面走在了全国各省市的前列，山东新旧动能转换综合试验区成为首个获批的省级实施方案。报告分析指出，学术界对于新旧动能转换的研究基本集中在十八大以后，研究重点多集中在宏观经济层面，具体到旅游业的研究较少。而且从内容上看，这些研究并没有把旅游业作为新旧动能转换的主体产业进行深入研究，研究还比较零散，处于比较初级、不成熟的阶段，在研究内容和手段方面存在较大的局限性，研究成果相对较少，还没有形成相对成熟的理论体系和实践方案。

第四部分：我省旅游业内外部环境分析。运用 SWOT 分析法，针对旅游业进行专题研究，重点分析内外部环境变化的原因、表现、影响。通过分析，准确把握当前我省旅游业面临的机遇和挑战、优势和劣势。找出与环境与市场变化不相适应的部分，准确把握当前我省旅游业存在的主要问题。

机会与优势分析方面，报告分析指出，由于国家日益重视旅游业在国民经济新旧动能转换中的特殊作用，加之经过多年发展和积累的旅游业的运行模式日益成熟，旅游企业面临的宏观环境总体上是有利的。主要表现在以下几个方面：一是国家和地区宏观环境有利。各级政府重视支持旅游业发展，出台了一系列优惠政策和有力措施，优化了旅游业的政策环境、市场环境、投资环境和舆论环境。二是产业运行环境总体良好，企业活力不断增强，企业效益日益提高，整体运行质量良好。三是新技术、新产品、新材料应用广泛，催生了众多旅游新业态和新型企业。

在这些因素中，尤以信息技术最为重要。四是经营管理服务水平与国际水准日益接近。旅游业不断缩小与发达国家和地区的差距，逐步建立起科学的现代企业管理制度，硬件设施、经营管理和服务水平获得了极大的提升。五是客源市场的层次更加丰富，结构日趋合理。旅游消费日益呈现出"旅游动机多元化、出行方式多样化、出游时间分散化"的特点。六是投资主体日益多元化。主体多元化将成为我国旅游业投资的显著趋势。七是集团化培育取得积极进展。网络化、品牌化的大型旅游企业集团正在引领着旅游业的发展方向。八是行业管理日益规范化。各级旅游部门、行业组织强化"质量兴旅"意识，形成了行业管理的强大合力，促进了旅游行业的良性发展。

威胁与劣势分析方面，报告分析指出，当前和今后一个时期，我省旅游业的发展环境总体向好，但是也面临着严峻的威胁和挑战。主要包括以下方面：一是宏观环境和政策中的不确定性因素增多。中国经济增长速度放缓和公务消费层面政策收紧对旅游业影响较大。二是公共突发事件的威胁依然存在。旅游业是综合性产业，极易受到社会公共事件的冲击。2020年年初，新冠肺炎疫情突如其来，对旅游业产生了毁灭性的危害。三是客源结构和消费心理的深刻变化，消费心理和需求更加多样化。四是旅游市场竞争环境存在恶化风险。五是人才缺乏仍是制约我省旅游业发展的突出因素。人才总量不足，管理服务人才缺乏，特别是高素质的职业经理人短缺仍是制约我省旅游业壮大的突出因素。六是旅游企业经营管理水平不高。旅游企业在经营管理方面仍然存在较多的问题。

第五部分：我省旅游业实现新旧动能转换的路径选择。在分析产业内外部环境的基础上，提出了以"六大战略"为主体的加快推动我省旅游业新旧动能转换的主要策略和措施，为我省旅游业新旧动能转换提供切实可行的方案。

（1）创新驱动发展战略：报告指出，我省旅游业要实现新旧动能转换，归根到底还是要靠知识驱动、创新驱动。旅游业转型升级必须实施创新驱动战略，通过知识创新、管理创新、模式创新解决发展过程中的一系列问题。一是要在创新体制机制上下功夫。不断突破固有观念束缚和体制机制限制，建立健全富有生机与活力的管理体制、人事体制、分配制度、合作机制，切实推动自主创新从数量扩张向质量提升转变，从个体自发向有组织合作转变，从项目向战略合作转变，从适应性向导向性合作转变。二是要在创新合作平台上下功夫。构建多层次、宽领域、开放型的自主创新体系，构建多种形式的产学研合作创新平台，集中人力、物力、财力，针对影响和制约产业发展的热点难点问题、关键环节，凝练一批好项目，影响带动整个产业的创新发展。

（2）文旅融合发展战略：报告指出，文化和旅游融合发展是十九大以来国家赋予旅游业的新定位、新使命、新任务，首先是一种国家战略、国家意图、国家意志，其次才是一种行业发展的内在需求。我们理解新时代背景下的文化和旅游融合战略，不应该将其局限于整体和部分的认识范畴，应该更多地从中华民族伟大复兴的宏观大视野角度加深认识。在保持旅游业经济属性的同时，加强文化属性，将文旅融合作为旅游业发展的新动能，本着“宜融则融，能融尽融，以文促旅，以旅彰文”的工作思路，一方面要从文化的视角去看待旅游，重视旅游主体的文化特征，挖掘旅游客体的文化内涵，丰富旅游媒介的文化表达；另一方面要从旅游的视角去看待文化，在文化生产的过程中，重视对旅游市场的利用以及与旅游产业的融合，引导建设能够满足人民美好生活诉求的旅游文化。

（3）行业管理提升战略：报告分析提出，向管理要效益，向管理要动能。旅游业要实现新旧动能的转换，就必须重构行业、企业的领导体制、管理制度、协调机制、监控体系、运行机制，将旅游业打造成为充满活力的市场，将旅游企业打造成富有竞争力的市场主体。在这个进程中，行业主管部门必须切实履行职责，摆正位置，既不能缺位也不能越位。要通过规划、政策、资金等方式，推动旅游业和企业尽快实现转型升级。一是做好统筹规划。制定产业发展总体规划，通过规划来引导、鼓励产业将发展方向转移到高质量发展上来，进而达到淘汰落后产能、扬弃旧动能的发展目标。二是加大政策支持扶持。综合运用政策工具，充分利用财政资金、评选表彰、金融税收等手段，引导产业和企业加大科研开发、产品开发、服务体系优化提升的投入，提高自主研发和创新能力，培育新动能。三是强化服务职能。要树立服务意识，加大简政放权力度，优化工作流程，简化办事程序，推进依法行政，重视人才培养，提供优质信息服务，为旅游业转型升级保驾护航。

（4）企业管理优化战略：旅游企业是旅游市场主体。旅游业新旧动能转换，必须发挥旅游企业的主体作用。为此，必须实现企业管理优化战略，按照旅游业的新定位、新使命、新任务，按照高质量发展的要求，培育企业发展新动能。一是实施文化重构工程。应加大文化建设力度，积极培育企业文化体系，构建先进的经营理念体系和企业文化体系，始终保持企业和员工具有本行业最先进的经营理念，通过企业文化凝聚打造强大的企业团队，保证企业走在行业发展的前列，为企业转型升级和动能转换奠定坚实基础。二是构建现代企业制度。树立依法治企理念，健全企业的各项管理制度，一切业务依法依规则运行，按制度办事，向制度要效益，向制度要保障。三是实施服务优化工程。建立完善的服务体系，在体制上、机制上、标准上、流程上、物质上、保障上为优质服务提供强有力的支撑和保障。四是大力推动产品创新。传统的、低附加值的初级产品形式已经越来越难以满足顾客的需求，旅游产品亟须升级换代、丰富内涵，必须通过更高层次的创造性思维以及投入更多的人力、物力、财力来开发新型旅游产品。

（5）智慧旅游培育战略：当今时代是信息化社会，以互联网、移动通信、“微传播”为代表的现代信息技术深刻改变着社会组织方式和人们的思维方式、行为方式、学习方式、生活方式。信息技术广泛应用于旅游领域，深刻改变了传统旅游业的结构，导致了大批基于互联网的新型旅游企业的出现，为旅游业经营管理提供了新机遇，同时也提出了新挑战。一方面，经营管理手段更丰富，效率更高、数据更全面准确；营销渠道更顺、受众更广、内容更丰富、形式更多样；另一方面，顾客选择、发布与利用信息的自由化、自主性、不确定性明显加大。因此，必须着眼未来竞争，大力实施信息化战略，推进旅游信息技术与旅游行业、企业经营管理融合。要积极发展电子公务办公系统、电子数据统计系统，不断改善组织形态，提高工作效率、管理效能；在产品设计上，要积极应用新的信息技术提升产品和服务附加值，如无线网络、电视点播、在线支付、智能门锁、消费“一卡通”等；在营销手段上，积极发展电子商务、门户网站、综合网站、在线预订支付、移动自媒体营销等，构建立体化的营销网络。

（6）人才强旅支撑战略：人才是发展的根本要素，竞争归根到底是人才竞争。当前，制约我省旅游业发展的重要因素之一是人才特别是高素质人才匮乏。为此，必须大力实施“人才强旅”战略，建立健全系列制度，营造人才“愿意来、待得住、留得下”的良性机制。要建立完善公平合理、科学规范、利于创新的工资薪酬体系和考核奖励体系，激发全体员工干事创业的积极性和主动性。要开展系统培训，进一步完善培训体系，不断提高员工素质和能力。要重视员工职业生涯规划设计，除了日常业务培训外，还要对员工的服务理念、意识、人际交往等拓展知识加强培训，关注员工职业成长。

第六部分：结束语。对整个研究报告进行归纳。

第七部分：参考文献。主要是课题组在研究过程中查阅、引用的一些政府部门、研究专构、专家学者的研究成果、文献资料等。

二、主要创新和学术价值

以我省旅游业新旧动能转换问题为研究对象，以习近平新时代中国特色社会主义思想和党的十九大精神为指导，以党的十九大提出的“新时代、新矛盾”的重大理论判断和我省新旧动能转换重大工程方案为指导，紧扣高质量发展这一核心，运用顶层设计、跨界思维、SWOT 态势分析、典型案例分析、特殊与一般相结合等研究方法，分析我省旅游业内外部环境变化，诊断与当前市场需求不适应、不协调的问题，在厘清相关概念、逻辑、关系的基础上，探讨我省旅游业新旧动能转换的主要路径，为我省旅游业新旧动能转换提供系统方案。

（1）研究视野的宏观性。本课题研究结合贯彻落实党的十九大精神，从中国特色社会主义新时代、新矛盾和我省实施新旧动能转换重大工程的国情、省情大背景入手，系统研究我省旅游业新旧动能转换这一重大课题，在一定程度上具有引领性和先导性。

（2）研究方法的科学性。本课题以系统思维、工程思想、跨界思维和问题导向为指导，综合运用文献研究法、案例分析法、问卷调查法、对比研究法、统计分析法、SWOT 分析法、实地考察法、专家座谈法等多种研究方法对研究对象进行系统分析，避免了单一方法的局限性。

（3）研究内容的系统性。从新时代、新矛盾和我省实施新旧动能转换重大工程的宏观背景入手，在分析我省旅游业环境变化的基础上，探讨我省旅游业新旧动能转换路径选择，这种系统性的解决方案在一定程度上填补了研究的空白。

（4）理论观点的创新性。通过深入研究，本课题在以下几个方面提出一些创新性的观点。一是新时代、新矛盾和我省实施新旧动能转换对我省旅游业的新要求、新影响以及这些要求和影响的主要表现，明确对于我省经济新旧动能转换来说，旅游本身就是经济发展新动能；就旅游业本身的发展来讲，也面临着动能转换的问题，解决"为什么"的问题。二是通过研究，明确旅游业新旧动能转换的概念、内涵、特征、目标、原则，解决"是什么"的问题。三是探索我省旅游业新旧动能转换的系统方案，明确主要路径，解决"怎么做"的问题。

（5）应用价值的可行性。课题研究能够为行业主管部门决策、制定政策、引导和规范企业经营提供依据和参考，为旅游企业适应形势、加快转型升级提供路径选择，为研究机构开展这方面的研究提供基本的理论框架和思路，从而有效推动我省经济文化强省和旅游强省建设。

三、学术影响和社会效益

本课题采用科学的研究方法，对我省旅游业新旧动能转换这一重大问题进行系统研究，视角独特，提出了一些创新性的观点，解决了一些热点和难点问题，能为行业主管部门决策、制定政策、引导和规范企业经营提供依据和参考。能够为旅游业适应新时代要求加快动能转换、转型升级提供路径选择。能够为旅游研究机构开展这方面的研究提供基本的理论框架和思路，进而有效推动全省旅游业的健康发展。在旅游业高质量发展和我省加快建设经济文化强省、旅游强省的宏观背景下，本课题具有较强的理论和现实意义。

（1）进入决策层。为行业主管部门、旅游行业协会决策、制定政策提供了理论依据和实践方案的路径参考，能够在推动旅游业宏观调控和改革方面发挥作用。

（2）进入实践层。研究成果被舜耕山庄等旅游企业引入企业经营管理，为旅游企业适应形势加快新旧动能转换和经营战略转型升级提供路径选择、诊断方案、系统解决方案，同时获得了较好的经济效益，从而为本课题的继续深入研究提供经费支持。

（3）进入理论层。为研究机构开展这方面的研究提供基本的理论框架和思路，引起共鸣和研究的热情，从而有效推动这方面研究的深入展开。

（4）进入教学层。发挥课题组成员多在高校工作的优势，将课题研究成果转化为授课和培训内容应用于教学和培训，致力于提高旅游从业人员理论认识和实践水平。

项目策划： 段向民
责任编辑： 张芸艳
责任印制： 孙颖慧
封面设计： 武爱听

图书在版编目（CIP）数据

海纳集．第四辑 / 陈国忠，闫向军主编．-- 北京：中国旅游出版社，2021.10
ISBN 978-7-5032-6828-1

Ⅰ．①海… Ⅱ．①陈… ②闫… Ⅲ．①旅游教育—文集 Ⅳ．①F590-53

中国版本图书馆CIP数据核字(2021)第209418号

书　　名： 海纳集（第四辑）

主　　编： 陈国忠　闫向军
副 主 编： 陈增红　唐志国　王洪涛　王　芳
出版发行： 中国旅游出版社
（北京静安东里 6 号　邮编：100028）
http://www.cttp.net.cn　E-mail:cttp@mct.gov.cn
营销中心电话：010-57377108，010-57377109
读者服务部电话：010-57377151
排　　版： 北京旅教文化传播有限公司
经　　销： 全国各地新华书店
印　　刷： 三河市灵山芝兰印刷有限公司
版　　次： 2021 年 10 月第 1 版　2021 年 10 月第 1 次印刷
开　　本： 720 毫米 × 970 毫米　1/16
印　　张： 19.25
字　　数： 286 千
定　　价： 49.80 元
I S B N 978-7-5032-6828-1

社长致辞

2017年正值皮书品牌专业化二十周年之际，世界每天都在发生着让人眼花缭乱的变化，而唯一不变的，是面向未来无数的可能性。作为个体，如何获取专业信息以备不时之需？作为行政主体或企事业主体，如何提高决策的科学性让这个世界变得更好而不是更糟？原创、实证、专业、前沿、及时、持续，这是1997年“皮书系列”品牌创立的初衷。

1997～2017，从最初一个出版社的学术产品名称到媒体和公众使用频率极高的热点词语，从专业术语到大众话语，从官方文件到独特的出版型态，作为重要的智库成果，“皮书”始终致力于成为海量信息时代的信息过滤器，成为经济社会发展的记录仪，成为政策制定、评估、调整的智力源，社会科学研究的资料集成库。“皮书”的概念不断延展，“皮书”的种类更加丰富，“皮书”的功能日渐完善。

1997～2017，皮书及皮书数据库已成为中国新型智库建设不可或缺的抓手与平台，成为政府、企业和各类社会组织决策的利器，成为人文社科研究最基本的资料库，成为世界系统完整及时认知当代中国的窗口和通道！“皮书”所具有的凝聚力正在形成一种无形的力量，吸引着社会各界关注中国的发展，参与中国的发展。

二十年的“皮书”正值青春，愿每一位皮书人付出的年华与智慧不辜负这个时代！

社会科学文献出版社社长

中国社会学会秘书长

谢寿光

2016年11月

社会科学文献出版社简介

社会科学文献出版社成立于1985年，是直属于中国社会科学院的人文社会科学学术出版机构。成立以来，社科文献出版社依托于中国社会科学院和国内外人文社会科学界丰厚的学术出版和专家学者资源，始终坚持"创社科经典，出传世文献"的出版理念、"权威、前沿、原创"的产品定位以及学术成果和智库成果出版的专业化、数字化、国际化、市场化的经营道路。

社科文献出版社是中国新闻出版业转型与文化体制改革的先行者。积极探索文化体制改革的先进方向和现代企业经营决策机制，社科文献出版社先后荣获"全国文化体制改革工作先进单位"、中国出版政府奖·先进出版单位奖，中国社会科学院先进集体、全国科普工作先进集体等荣誉称号。多人次荣获"第十届韬奋出版奖""全国新闻出版行业领军人才""数字出版先进人物""北京市新闻出版广电行业领军人才"等称号。

社科文献出版社是中国人文社会科学学术出版的大社名社，也是以皮书为代表的智库成果出版的专业强社。年出版图书2000余种，其中皮书350余种，出版新书字数5.5亿字，承印与发行中国社科院院属期刊72种，先后创立了皮书系列、列国志、中国史话、社科文献学术译库、社科文献学术文库、甲骨文书系等一大批既有学术影响又有市场价值的品牌，确立了在社会学、近代史、苏东问题研究等专业学科及领域出版的领先地位。图书多次荣获中国出版政府奖、"三个一百"原创图书出版工程、"五个'一'工程奖"、"大众喜爱的50种图书"等奖项，在中央国家机关"强素质·做表率"读书活动中，入选图书品种数位居各大出版社之首。

社科文献出版社是中国学术出版规范与标准的倡议者与制定者，代表全国50多家出版社发起实施学术著作出版规范的倡议，承担学术著作规范国家标准的起草工作，率先编撰完成《皮书手册》对皮书品牌进行规范化管理，并在此基础上推出中国版芝加哥手册——《SSAP学术出版手册》。

社科文献出版社是中国数字出版的引领者，拥有皮书数据库、列国志数据库、"一带一路"数据库、减贫数据库、集刊数据库等4大产品线11个数据库产品，机构用户达1300余家，海外用户百余家，荣获"数字出版转型示范单位""新闻出版标准化先进单位""专业数字内容资源知识服务模式试点企业标准化示范单位"等称号。

社科文献出版社是中国学术出版走出去的践行者。社科文献出版社海外图书出版与学术合作业务遍及全球40余个国家和地区并于2016年成立俄罗斯分社，累计输出图书500余种，涉及近20个语种，累计获得国家社科基金中华学术外译项目资助76种、"丝路书香工程"项目资助60种、中国图书对外推广计划项目资助71种以及经典中国国际出版工程资助28种，被商务部认定为"2015-2016年度国家文化出口重点企业"。

如今，社科文献出版社拥有固定资产3.6亿元，年收入近3亿元，设置了七大出版分社、六大专业部门，成立了皮书研究院和博士后科研工作站，培养了一支近400人的高素质与高效率的编辑、出版、营销和国际推广队伍，为未来成为学术出版的大社、名社、强社，成为文化体制改革与文化企业转型发展的排头兵奠定了坚实的基础。

经　济　类

经济类皮书涵盖宏观经济、城市经济、大区域经济，
提供权威、前沿的分析与预测

经济蓝皮书

2017 年中国经济形势分析与预测

李扬 / 主编　2017 年 1 月出版　定价：89.00 元

◆　本书为总理基金项目，由著名经济学家李扬领衔，联合中国社会科学院等数十家科研机构、国家部委和高等院校的专家共同撰写，系统分析了 2016 年的中国经济形势并预测 2017 年中国经济运行情况。

中国省域竞争力蓝皮书

中国省域经济综合竞争力发展报告（2015 ~ 2016）

李建平　李闽榕　高燕京 / 主编　2017 年 5 月出版　定价：198.00 元

◆　本书融多学科的理论为一体，深入追踪研究了省域经济发展与中国国家竞争力的内在关系，为提升中国省域经济综合竞争力提供有价值的决策依据。

城市蓝皮书

中国城市发展报告 No.10

潘家华　单菁菁 / 主编　2017 年 9 月出版　估价：89.00 元

◆　本书是由中国社会科学院城市发展与环境研究中心编著的，多角度、全方位地立体展示了中国城市的发展状况，并对中国城市的未来发展提出了许多建议。该书有强烈的时代感，对中国城市发展实践有重要的参考价值。

人口与劳动绿皮书

中国人口与劳动问题报告 No.18

蔡昉　张车伟 / 主编　2017 年 10 月出版　估价：89.00 元

◆　本书为中国社会科学院人口与劳动经济研究所主编的年度报告，对当前中国人口与劳动形势做了比较全面和系统的深入讨论，为研究中国人口与劳动问题提供了一个专业性的视角。

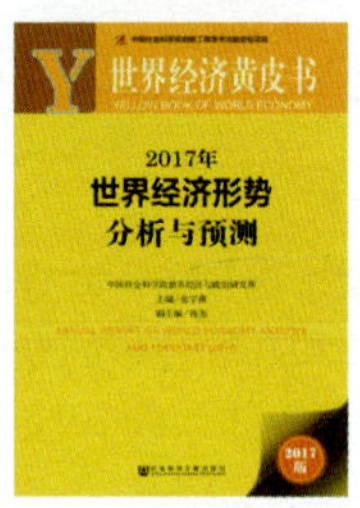

世界经济黄皮书

2017 年世界经济形势分析与预测

张宇燕 / 主编　2017 年 1 月出版　定价：89.00 元

◆　本书由中国社会科学院世界经济与政治研究所的研究团队撰写，2016 年世界经济增速进一步放缓，就业增长放慢。世界经济面临许多重大挑战同时，地缘政治风险、难民危机、大国政治周期、恐怖主义等问题也仍然在影响世界经济的稳定与发展。预计 2017 年按 PPP 计算的世界 GDP 增长率约为 3.0%。

国际城市蓝皮书

国际城市发展报告（2017）

屠启宇 / 主编　2017 年 2 月出版　定价：79.00 元

◆　本书作者以上海社会科学院从事国际城市研究的学者团队为核心，汇集同济大学、华东师范大学、复旦大学、上海交通大学、南京大学、浙江大学相关城市研究专业学者。立足动态跟踪介绍国际城市发展时间中，最新出现的重大战略、重大理念、重大项目、重大报告和最佳案例。

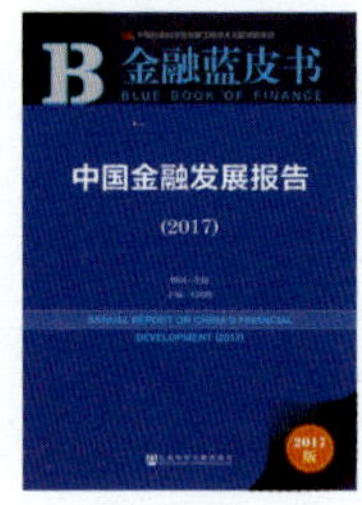

金融蓝皮书

中国金融发展报告（2017）

王国刚 / 主编　2017 年 2 月出版　定价：79.00 元

◆　本书由中国社会科学院金融研究所组织编写，概括和分析了 2016 年中国金融发展和运行中的各方面情况，研讨和评论了 2016 年发生的主要金融事件，有利于读者了解掌握 2016 年中国的金融状况，把握 2017 年中国金融的走势。

农村绿皮书

中国农村经济形势分析与预测（2016 ~ 2017）

魏后凯　杜志雄　黄秉信 / 主编　2017 年 4 月出版　估价：89.00 元

◆　本书描述了 2016 年中国农业农村经济发展的一些主要指标和变化，并对 2017 年中国农业农村经济形势的一些展望和预测，提出相应的政策建议。

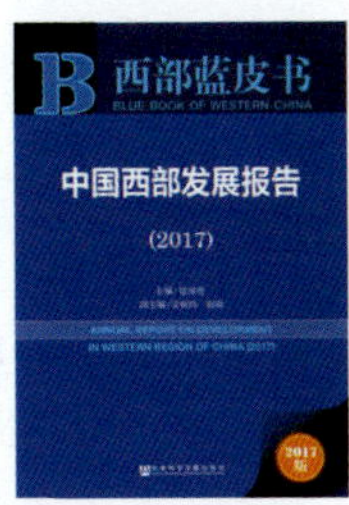

西部蓝皮书

中国西部发展报告（2017）

徐璋勇 / 主编　2017 年 7 月出版　估价：89.00 元

◆　本书由西北大学中国西部经济发展研究中心主编，汇集了源自西部本土以及国内研究西部问题的权威专家的第一手资料，对国家实施西部大开发战略进行年度动态跟踪，并对 2017 年西部经济、社会发展态势进行预测和展望。

经济蓝皮书・夏季号

中国经济增长报告（2016 ~ 2017）

李扬 / 主编　2017 年 9 月出版　估价：98.00 元

◆　中国经济增长报告主要探讨 2016~2017 年中国经济增长问题，以专业视角解读中国经济增长，力求将其打造成一个研究中国经济增长、服务宏微观各级决策的周期性、权威性读物。

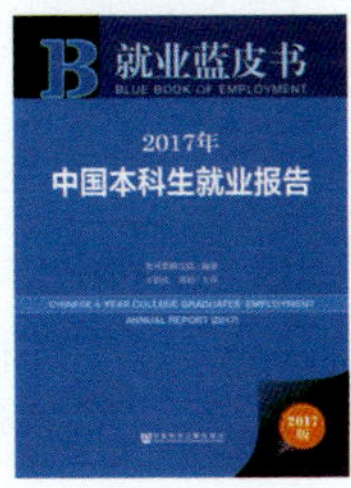

就业蓝皮书

2017 年中国本科生就业报告

麦可思研究院 / 编著　2017 年 6 月出版　估价：98.00 元

◆　本书基于大量的数据和调研，内容翔实，调查独到，分析到位，用数据说话，对中国大学生就业及学校专业设置起到了很好的建言献策作用。

社会政法类

社会政法类皮书聚焦社会发展领域的热点、难点问题，
提供权威、原创的资讯与视点

社会蓝皮书

2017年中国社会形势分析与预测

李培林　陈光金　张翼 / 主编　2016年12月出版　定价：89.00元

◆　本书由中国社会科学院社会学研究所组织研究机构专家、高校学者和政府研究人员撰写，聚焦当下社会热点，对2016年中国社会发展的各个方面内容进行了权威解读，同时对2017年社会形势发展趋势进行了预测。

法治蓝皮书

中国法治发展报告 No.15（2017）

李林　田禾 / 主编　2017年3月出版　定价：118.00元

◆　本年度法治蓝皮书回顾总结了2016年度中国法治发展取得的成就和存在的不足，对中国政府、司法、检务透明度进行了跟踪调研，并对2017年中国法治发展形势进行了预测和展望。

社会体制蓝皮书

中国社会体制改革报告 No.5（2017）

龚维斌 / 主编　2017年3月出版　定价：89.00元

◆　本书由国家行政学院社会治理研究中心和北京师范大学中国社会管理研究院共同组织编写，主要对2016年社会体制改革情况进行回顾和总结，对2017年的改革走向进行分析，提出相关政策建议。

社会心态蓝皮书

中国社会心态研究报告（2017）

王俊秀　杨宜音 / 主编　2017 年 12 月出版　估价：89.00 元

◆　本书是中国社会科学院社会学研究所社会心理研究中心“社会心态蓝皮书课题组”的年度研究成果，运用社会心理学、社会学、经济学、传播学等多种学科的方法进行了调查和研究，对于目前中国社会心态状况有较广泛和深入的揭示。

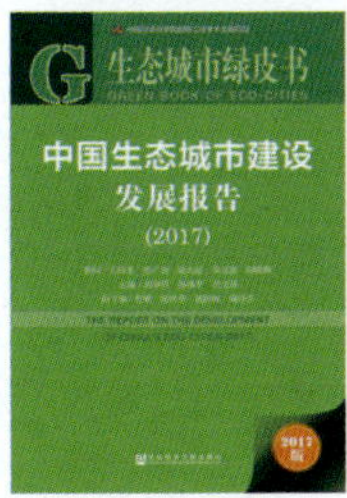

生态城市绿皮书

中国生态城市建设发展报告（2017）

刘举科　孙伟平　胡文臻 / 主编　2017 年 7 月出版　估价：118.00 元

◆　报告以绿色发展、循环经济、低碳生活、民生宜居为理念，以更新民众观念、提供决策咨询、指导工程实践、引领绿色发展为宗旨，试图探索一条具有中国特色的城市生态文明建设新路。

城市生活质量蓝皮书

中国城市生活质量报告（2017）

中国经济实验研究院 / 主编　2017 年 7 月出版　估价：89.00 元

◆　本书对全国 35 个城市居民的生活质量主观满意度进行了电话调查，同时对 35 个城市居民的客观生活质量指数进行了计算，为中国城市居民生活质量的提升，提出了针对性的政策建议。

公共服务蓝皮书

中国城市基本公共服务力评价（2017）

钟君　刘志昌　吴正杲 / 主编　2017 年 12 月出版　估价：89.00 元

◆　中国社会科学院经济与社会建设研究室与华图政信调查组成联合课题组，从 2010 年开始对基本公共服务力进行研究，研创了基本公共服务力评价指标体系，为政府考核公共服务与社会管理工作提供了理论工具。

行业报告类

行业报告类皮书立足重点行业、新兴行业领域，
提供及时、前瞻的数据与信息

企业社会责任蓝皮书

中国企业社会责任研究报告（2017）

黄群慧　钟宏武　张蒽　翟利峰 / 著　2017 年 10 月出版　估价：89.00 元

◆　本书剖析了中国企业社会责任在 2016 ~ 2017 年度的最新发展特征，详细解读了省域国有企业在社会责任方面的阶段性特征，生动呈现了国内外优秀企业的社会责任实践。对了解中国企业社会责任履行现状、未来发展，以及推动社会责任建设有重要的参考价值。

新能源汽车蓝皮书

中国新能源汽车产业发展报告（2017）

中国汽车技术研究中心　日产（中国）投资有限公司
东风汽车有限公司 / 编著　2017 年 7 月出版　估价：98.00 元

◆　本书对中国 2016 年新能源汽车产业发展进行了全面系统的分析，并介绍了国外的发展经验。有助于相关机构、行业和社会公众等了解中国新能源汽车产业发展的最新动态，为政府部门出台新能源汽车产业相关政策法规、企业制定相关战略规划，提供必要的借鉴和参考。

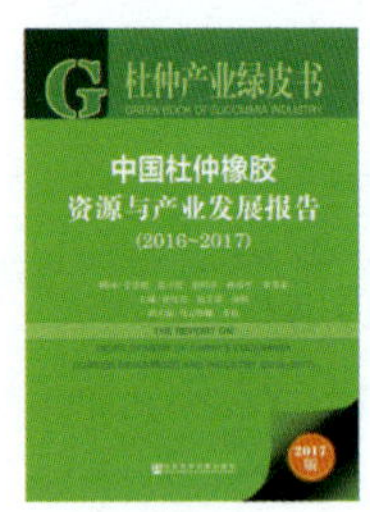

杜仲产业绿皮书

中国杜仲橡胶资源与产业发展报告（2016 ~ 2017）

杜红岩　胡文臻　俞锐 / 主编　2017 年 4 月出版　估价：85.00 元

◆　本书对 2016 年杜仲产业的发展情况、研究团队在杜仲研究方面取得的重要成果、部分地区杜仲产业发展的具体情况、杜仲新标准的制定情况等进行了较为详细的分析与介绍，使广大关心杜仲产业发展的读者能够及时跟踪产业最新进展。

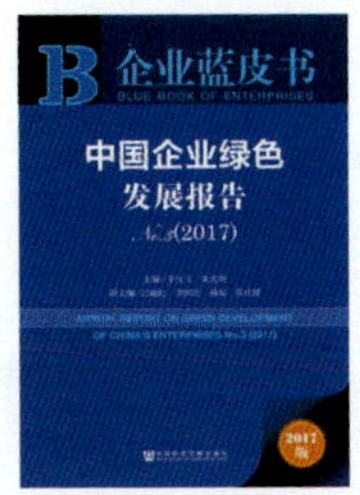

企业蓝皮书

中国企业绿色发展报告 No.2（2017）

李红玉　朱光辉 / 主编　　2017 年 8 月出版　　估价：89.00 元

◆　本书深入分析中国企业能源消费、资源利用、绿色金融、绿色产品、绿色管理、信息化、绿色发展政策及绿色文化方面的现状，并对目前存在的问题进行研究，剖析因果，谋划对策，为企业绿色发展提供借鉴，为中国生态文明建设提供支撑。

中国上市公司蓝皮书

中国上市公司发展报告（2017）

张平　王宏淼 / 主编　　2017 年 10 月出版　　估价：98.00 元

◆　本书由中国社会科学院上市公司研究中心组织编写的，着力于全面、真实、客观反映当前中国上市公司财务状况和价值评估的综合性年度报告。本书详尽分析了 2016 年中国上市公司情况，特别是现实中暴露出的制度性、基础性问题，并对资本市场改革进行了探讨。

资产管理蓝皮书

中国资产管理行业发展报告（2017）

智信资产管理研究院 / 编著　　2017 年 6 月出版　　估价：89.00 元

◆　中国资产管理行业刚刚兴起，未来将成为中国金融市场最有看点的行业。本书主要分析了 2016 年度资产管理行业的发展情况，同时对资产管理行业的未来发展做出科学的预测。

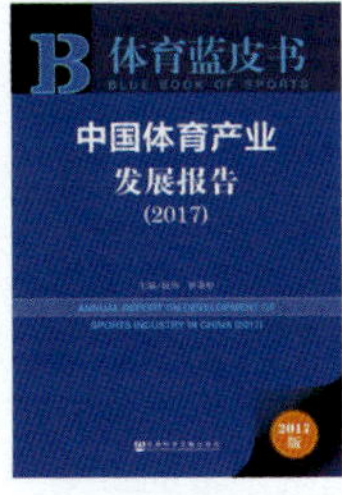

体育蓝皮书

中国体育产业发展报告（2017）

阮伟　钟秉枢 / 主编　　2017 年 12 月出版　　估价：89.00 元

◆　本书运用多种研究方法，在体育竞赛业、体育用品业、体育场馆业、体育传媒业等传统产业研究的基础上，并对 2016 年体育领域内的各种热点事件进行研究和梳理，进一步拓宽了研究的广度、提升了研究的高度、挖掘了研究的深度。

国际问题类

国际问题类皮书关注全球重点国家与地区，
提供全面、独特的解读与研究

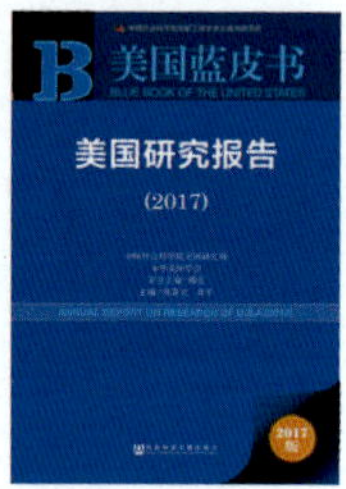

美国蓝皮书

美国研究报告（2017）

郑秉文　黄平 / 主编　2017 年 6 月出版　估价：89.00 元

◆　本书是由中国社会科学院美国研究所主持完成的研究成果，它回顾了美国 2016 年的经济、政治形势与外交战略，对 2017 年以来美国内政外交发生的重大事件及重要政策进行了较为全面的回顾和梳理。

日本蓝皮书

日本研究报告（2017）

杨伯江 / 主编　2017 年 5 月出版　估价：89.00 元

◆　本书对 2016 年日本的政治、经济、社会、外交等方面的发展情况做了系统介绍，对日本的热点及焦点问题进行了总结和分析，并在此基础上对该国 2017 年的发展前景做出预测。

亚太蓝皮书

亚太地区发展报告（2017）

李向阳 / 主编　2017 年 4 月出版　估价：89.00 元

◆　本书是中国社会科学院亚太与全球战略研究院的集体研究成果。2017 年的“亚太蓝皮书”继续关注中国周边环境的变化。该书盘点了 2016 年亚太地区的焦点和热点问题，为深入了解 2016 年及未来中国与周边环境的复杂形势提供了重要参考。

德国蓝皮书

德国发展报告（2017）

郑春荣 / 主编　2017 年 6 月出版　估价：89.00 元

◆　本报告由同济大学德国研究所组织编撰，由该领域的专家学者对德国的政治、经济、社会文化、外交等方面的形势发展情况，进行全面的阐述与分析。

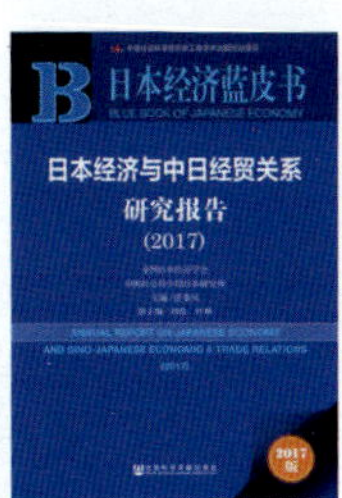

日本经济蓝皮书

日本经济与中日经贸关系研究报告（2017）

张季风 / 编著　2017 年 5 月出版　估价：89.00 元

◆　本书系统、详细地介绍了 2016 年日本经济以及中日经贸关系发展情况，在进行了大量数据分析的基础上，对 2017 年日本经济以及中日经贸关系的大致发展趋势进行了分析与预测。

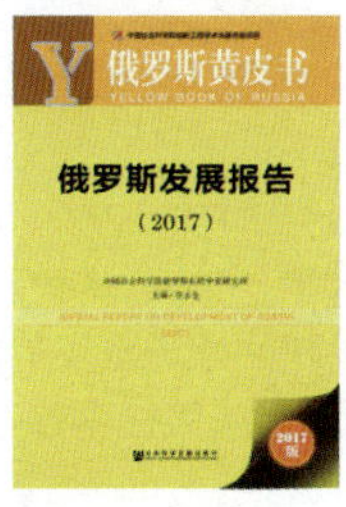

俄罗斯黄皮书

俄罗斯发展报告（2017）

李永全 / 编著　2017 年 7 月出版　估价：89.00 元

◆　本书系统介绍了 2016 年俄罗斯经济政治情况，并对 2016 年该地区发生的焦点、热点问题进行了分析与回顾；在此基础上，对该地区 2017 年的发展前景进行了预测。

非洲黄皮书

非洲发展报告 No.19（2016 ~ 2017）

张宏明 / 主编　2017 年 8 月出版　估价：89.00 元

◆　本书是由中国社会科学院西亚非洲研究所组织编撰的非洲形势年度报告，比较全面、系统地分析了 2016 年非洲政治形势和热点问题，探讨了非洲经济形势和市场走向，剖析了大国对非洲关系的新动向；此外，还介绍了国内非洲研究的新成果。

地方发展类

地方发展类皮书关注中国各省份、经济区域，
提供科学、多元的预判与资政信息

北京蓝皮书

北京公共服务发展报告（2016~2017）

施昌奎 / 主编　2017 年 3 月出版　定价：79.00 元

◆　本书是由北京市政府职能部门的领导、首都著名高校的教授、知名研究机构的专家共同完成的关于北京市公共服务发展与创新的研究成果。

河南蓝皮书

河南经济发展报告（2017）

张占仓　完世伟 / 主编　2017 年 4 月出版　估价：89.00 元

◆　本书以国内外经济发展环境和走向为背景，主要分析当前河南经济形势，预测未来发展趋势，全面反映河南经济发展的最新动态、热点和问题，为地方经济发展和领导决策提供参考。

广州蓝皮书

2017 年中国广州经济形势分析与预测

庾建设　陈浩钿　谢博能 / 主编　2017 年 7 月出版　估价：85.00 元

◆　本书由广州大学与广州市委政策研究室、广州市统计局联合主编，汇集了广州科研团体、高等院校和政府部门诸多经济问题研究专家、学者和实际部门工作者的最新研究成果，是关于广州经济运行情况和相关专题分析、预测的重要参考资料。

文化传媒类

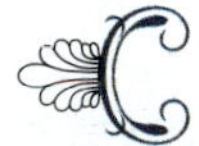

文化传媒类皮书透视文化领域、文化产业，
探索文化大繁荣、大发展的路径

新媒体蓝皮书

中国新媒体发展报告 No.8（2017）

唐绪军 / 主编　2017 年 6 月出版　估价：89.00 元

◆ 本书是由中国社会科学院新闻与传播研究所组织编写的关于新媒体发展的最新年度报告，旨在全面分析中国新媒体的发展现状，解读新媒体的发展趋势，探析新媒体的深刻影响。

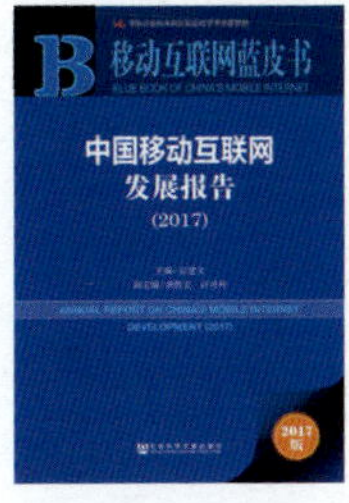

移动互联网蓝皮书

中国移动互联网发展报告（2017）

官建文 / 主编　2017 年 6 月出版　估价：89.00 元

◆ 本书着眼于对 2016 年度中国移动互联网的发展情况做深入解析，对未来发展趋势进行预测，力求从不同视角、不同层面全面剖析中国移动互联网发展的现状、年度突破及热点趋势等。

传媒蓝皮书

中国传媒产业发展报告（2017）

崔保国 / 主编　2017 年 5 月出版　估价：98.00 元

◆ “传媒蓝皮书”连续十多年跟踪观察和系统研究中国传媒产业发展。本报告在对传媒产业总体以及各细分行业发展状况与趋势进行深入分析基础上，对年度发展热点进行跟踪，剖析新技术引领下的商业模式，对传媒各领域发展趋势、内体经营、传媒投资进行解析，为中国传媒产业正在发生的变革提供前瞻行参考。

经济类

“三农”互联网金融蓝皮书
中国“三农”互联网金融发展报告（2017）
著(编)者：李勇坚 王弢　2017年8月出版 / 估价：98.00元
PSN B-2016-561-1/1

G20国家创新竞争力黄皮书
二十国集团（G20）国家创新竞争力发展报告（2016~2017）
著(编)者：李建平 李闽榕 赵新力 周天勇
2017年8月出版 / 估价：158.00元
PSN Y-2011-229-1/1

产业蓝皮书
中国产业竞争力报告（2017）No.7
著(编)者：张其仔　2017年12月出版 / 估价：98.00元
PSN B-2010-175-1/1

城市创新蓝皮书
中国城市创新报告（2017）
著(编)者：周天勇 旷建伟　2017年11月出版 / 估价：89.00元
PSN B-2013-340-1/1

城市蓝皮书
中国城市发展报告 No.10
著(编)者：潘家华 单菁菁　2017年9月出版 / 估价：89.00元
PSN B-2007-091-1/1

城乡一体化蓝皮书
中国城乡一体化发展报告（2016~2017）
著(编)者：汝信 付崇兰　2017年7月出版 / 估价：85.00元
PSN B-2011-226-1/2

城镇化蓝皮书
中国新型城镇化健康发展报告（2017）
著(编)者：张占斌　2017年8月出版 / 估价：89.00元
PSN B-2014-396-1/1

创新蓝皮书
创新型国家建设报告（2016~2017）
著(编)者：詹正茂　2017年12月出版 / 估价：89.00元
PSN B-2009-140-1/1

创业蓝皮书
中国创业发展报告（2016~2017）
著(编)者：黄群慧 赵卫星 钟宏武等
2017年11月出版 / 估价：89.00元
PSN B-2016-578-1/1

低碳发展蓝皮书
中国低碳发展报告（2016~2017）
著(编)者：齐晔 张希良　2017年3月出版 / 估价：98.00元
PSN B-2011-223-1/1

低碳经济蓝皮书
中国低碳经济发展报告（2017）
著(编)者：薛进军 赵忠秀　2017年6月出版 / 估价：85.00元
PSN B-2011-194-1/1

东北蓝皮书
中国东北地区发展报告（2017）
著(编)者：姜晓秋　2017年2月出版 / 定价：79.00元
PSN B-2006-067-1/1

发展与改革蓝皮书
中国经济发展和体制改革报告No.8
著(编)者：邹东涛 王再文　2017年4月出版 / 估价：98.00元
PSN B-2008-122-1/1

工业化蓝皮书
中国工业化进程报告（2017）
著(编)者：黄群慧　2017年12月出版 / 估价：158.00元
PSN B-2007-095-1/1

管理蓝皮书
中国管理发展报告（2017）
著(编)者：张晓东　2017年10月出版 / 估价：98.00元
PSN B-2014-416-1/1

国际城市蓝皮书
国际城市发展报告（2017）
著(编)者：屠启宇　2017年2月出版 / 定价：79.00元
PSN B-2012-260-1/1

国家创新蓝皮书
中国创新发展报告（2017）
著(编)者：陈劲　2017年12月出版 / 估价：89.00元
PSN B-2014-370-1/1

金融蓝皮书
中国金融发展报告（2017）
著(编)者：王国刚　2017年2月出版 / 定价：79.00元
PSN B-2004-031-1/6

京津冀金融蓝皮书
京津冀金融发展报告（2017）
著(编)者：王爱俭 李向前
2017年4月出版 / 估价：89.00元
PSN B-2016-528-1/1

京津冀蓝皮书
京津冀发展报告（2017）
著(编)者：文魁 祝尔娟　2017年4月出版 / 估价：89.00元
PSN B-2012-262-1/1

经济蓝皮书
2017年中国经济形势分析与预测
著(编)者：李扬　2017年1月出版 / 定价：89.00元
PSN B-1996-001-1/1

经济蓝皮书·春季号
2017年中国经济前景分析
著(编)者：李扬　2017年6月出版 / 估价：89.00元
PSN B-1999-008-1/1

经济蓝皮书·夏季号
中国经济增长报告（2016~2017）
著(编)者：李扬　2017年9月出版 / 估价：98.00元
PSN B-2010-176-1/1

经济信息绿皮书
中国与世界经济发展报告（2017）
著(编)者：杜平　2017年12月出版 / 定价：89.00元
PSN G-2003-023-1/1

就业蓝皮书
2017年中国本科生就业报告
著(编)者：麦可思研究院　2017年6月出版 / 估价：98.00元
PSN B-2009-146-1/2

就业蓝皮书
2017年中国高职高专生就业报告
著(编)者：麦可思研究院　2017年6月出版 / 估价：98.00元
PSN B-2015-472-2/2

科普能力蓝皮书
中国科普能力评价报告（2017）
著(编)者：李富 强李群　2017年8月出版 / 估价：89.00元
PSN B-2016-556-1/1

临空经济蓝皮书
中国临空经济发展报告（2017）
著(编)者：连玉明　2017年9月出版 / 估价：89.00元
PSN B-2014-421-1/1

农村绿皮书
中国农村经济形势分析与预测（2016～2017）
著(编)者：魏后凯 杜志雄 黄秉信
2017年4月出版 / 估价：89.00元
PSN G-1998-003-1/1

农业应对气候变化蓝皮书
气候变化对中国农业影响评估报告 No.3
著(编)者：矫梅燕　2017年8月出版 / 估价：98.00元
PSN B-2014-413-1/1

气候变化绿皮书
应对气候变化报告（2017）
著(编)者：王伟光 郑国光　2017年6月出版 / 估价：89.00元
PSN G-2009-144-1/1

区域蓝皮书
中国区域经济发展报告（2016～2017）
著(编)者：赵弘　2017年6月出版 / 估价：89.00元
PSN B-2004-034-1/1

全球环境竞争力绿皮书
全球环境竞争力报告（2017）
著(编)者：李建平 李闽榕 王金南
2017年12月出版 / 估价：198.00元
PSN G-2013-363-1/1

人口与劳动绿皮书
中国人口与劳动问题报告 No.18
著(编)者：蔡昉 张车伟　2017年11月出版 / 估价：89.00元
PSN G-2000-012-1/1

商务中心区蓝皮书
中国商务中心区发展报告 No.3（2016）
著(编)者：李国红 单菁菁　2017年4月出版 / 估价：89.00元
PSN B-2015-444-1/1

世界经济黄皮书
2017年世界经济形势分析与预测
著(编)者：张宇燕　2017年1月出版 / 定价：89.00元
PSN Y-1999-006-1/1

世界旅游城市绿皮书
世界旅游城市发展报告（2017）
著(编)者：宋宇　2017年4月出版 / 估价：128.00元
PSN G-2014-400-1/1

土地市场蓝皮书
中国农村土地市场发展报告（2016～2017）
著(编)者：李光荣　2017年4月出版 / 估价：89.00元
PSN B-2016-527-1/1

西北蓝皮书
中国西北发展报告（2017）
著(编)者：高建龙　2017年4月出版 / 估价：89.00元
PSN B-2012-261-1/1

西部蓝皮书
中国西部发展报告（2017）
著(编)者：徐璋勇　2017年7月出版 / 估价：89.00元
PSN B-2005-039-1/1

新型城镇化蓝皮书
新型城镇化发展报告（2017）
著(编)者：李伟 宋敏 沈体雁　2017年4月出版 / 估价：98.00元
PSN B-2014-431-1/1

新兴经济体蓝皮书
金砖国家发展报告（2017）
著(编)者：林跃勤 周文　2017年12月出版 / 估价：89.00元
PSN B-2011-195-1/1

长三角蓝皮书
2017年新常态下深化一体化的长三角
著(编)者：王庆五　2017年12月出版 / 估价：88.00元
PSN B-2005-038-1/1

中部竞争力蓝皮书
中国中部经济社会竞争力报告（2017）
著(编)者：教育部人文社会科学重点研究基地
南昌大学中国中部经济社会发展研究中心
2017年12月出版 / 估价：89.00元
PSN B-2012-276-1/1

中部蓝皮书
中国中部地区发展报告（2017）
著(编)者：宋亚平　2017年12月出版 / 估价：88.00元
PSN B-2007-089-1/1

中国省域竞争力蓝皮书
中国省域经济综合竞争力发展报告（2017）
著(编)者：李建平 李闽榕 高燕京
2017年2月出版 / 定价：198.00元
PSN B-2007-088-1/1

中三角蓝皮书
长江中游城市群发展报告（2017）
著(编)者：秦尊文　2017年9月出版 / 估价：89.00元
PSN B-2014-417-1/1

中小城市绿皮书
中国中小城市发展报告（2017）
著(编)者：中国城市经济学会中小城市经济发展委员会
中国城镇化促进会中小城市发展委员会
《中国中小城市发展报告》编纂委员会
中小城市发展战略研究院
2017年11月出版 / 估价：128.00元
PSN G-2010-161-1/1

中原蓝皮书
中原经济区发展报告（2017）
著(编)者：李英杰　2017年6月出版 / 估价：88.00元
PSN B-2011-192-1/1

自贸区蓝皮书
中国自贸区发展报告（2017）
著(编)者：王力　2017年7月出版 / 估价：89.00元
PSN B-2016-559-1/1

社会政法类

北京蓝皮书
中国社区发展报告（2017）
著(编)者：于燕燕　　2017年4月出版 / 估价：89.00元
PSN B-2007-083-5/8

殡葬绿皮书
中国殡葬事业发展报告（2017）
著(编)者：李伯森　　2017年4月出版 / 估价：158.00元
PSN G-2010-180-1/1

城市管理蓝皮书
中国城市管理报告（2016~2017）
著(编)者：刘林　刘承水　2017年5月出版 / 估价：158.00元
PSN B-2013-336-1/1

城市生活质量蓝皮书
中国城市生活质量报告（2017）
著(编)者：中国经济实验研究院
2018年7月出版 / 估价：89.00元
PSN B-2013-326-1/1

城市政府能力蓝皮书
中国城市政府公共服务能力评估报告（2017）
著(编)者：何艳玲　　2017年4月出版 / 估价：89.00元
PSN B-2013-338-1/1

慈善蓝皮书
中国慈善发展报告（2017）
著(编)者：杨团　　2017年6月出版 / 估价：89.00元
PSN B-2009-142-1/1

党建蓝皮书
党的建设研究报告 No.2（2017）
著(编)者：崔建民　陈东平　　2017年4月出版 / 估价：89.00元
PSN B-2016-524-1/1

地方法治蓝皮书
中国地方法治发展报告 No.3（2017）
著(编)者：李林　田禾　2017年4出版 / 估价：108.00元
PSN B-2015-442-1/1

法治蓝皮书
中国法治发展报告 No.15（2017）
著(编)者：李林 田禾　　2017年3月出版 / 定价：118.00元
PSN B-2004-027-1/1

法治政府蓝皮书
中国法治政府发展报告（2017）
著(编)者：中国政法大学法治政府研究院
2017年4月出版 / 估价：98.00元
PSN B-2015-502-1/2

法治政府蓝皮书
中国法治政府评估报告（2017）
著(编)者：中国政法大学法治政府研究院
2017年11月出版 / 估价：98.00元
PSN B-2016-577-2/2

法治蓝皮书
中国法院信息化发展报告 No.1（2017）
著(编)者：李林 田禾　　2017年2月出版 / 定价：108.00元
PSN B-2017-604-3/3

反腐倡廉蓝皮书
中国反腐倡廉建设报告 No.7
著(编)者：张英伟　　2017年12月出版 / 估价：89.00元
PSN B-2012-259-1/1

非传统安全蓝皮书
中国非传统安全研究报告（2016～2017）
著(编)者：余潇枫 魏志江　　2017年6月出版 / 估价：89.00元
PSN B-2012-273-1/1

妇女发展蓝皮书
中国妇女发展报告 No.7
著(编)者：王金玲　　2017年9月出版 / 估价：148.00元
PSN B-2006-069-1/1

妇女教育蓝皮书
中国妇女教育发展报告 No.4
著(编)者：张李玺　　2017年10月出版 / 估价：78.00元
PSN B-2008-121-1/1

妇女绿皮书
中国性别平等与妇女发展报告（2017）
著(编)者：谭琳　　2017年12月出版 / 估价：99.00元
PSN G-2006-073-1/1

公共服务蓝皮书
中国城市基本公共服务力评价（2017）
著(编)者：钟君 刘志昌 吴正杲　　2017年12月出版 / 估价：89.(
PSN B-2011-214-1/1

公民科学素质蓝皮书
中国公民科学素质报告（2016～2017）
著(编)者：李群　陈雄　马宗文
2017年4月出版 / 估价：89.00元
PSN B-2014-379-1/1

公共关系蓝皮书
中国公共关系发展报告（2017）
著(编)者：柳斌杰　　2017年11月出版 / 估价：89.00元
PSN B-2016-580-1/1

公益蓝皮书
中国公益慈善发展报告（2017）
著(编)者：朱健刚　　2018年4月出版 / 估价：118.00元
PSN B-2012-283-1/1

国际人才蓝皮书
中国国际移民报告（2017）
著(编)者：王辉耀　　2017年4月出版 / 估价：89.00元
PSN B-2012-304-3/4

国际人才蓝皮书
中国留学发展报告（2017）No.5
著(编)者：王辉耀 苗绿　　2017年10月出版 / 估价：89.00元
PSN B-2012-244-2/4

海洋社会蓝皮书
中国海洋社会发展报告（2017）
著(编)者：崔凤 宋宁而　　2017年7月出版 / 估价：89.00元
PSN B-2015-478-1/1

行政改革蓝皮书
中国行政体制改革报告（2017）No.6
著(编)者：魏礼群　2017年5月出版 / 估价：98.00元
PSN B-2011-231-1/1

华侨华人蓝皮书
华侨华人研究报告（2017）
著(编)者：贾益民　2017年12月出版 / 估价：128.00元
PSN B-2011-204-1/1

环境竞争力绿皮书
中国省域环境竞争力发展报告（2017）
著(编)者：李建平 李闽榕 王金南
2017年11月出版 / 估价：198.00元
PSN G-2010-165-1/1

环境绿皮书
中国环境发展报告（2017）
著(编)者：刘鉴强　2017年4月出版 / 估价：89.00元
PSN G-2006-048-1/1

基金会蓝皮书
中国基金会发展报告（2016~2017）
著(编)者：中国基金会发展报告课题组
2017年4月出版 / 估价：85.00元
PSN B-2013-368-1/1

基金会绿皮书
中国基金会发展独立研究报告（2017）
著(编)者：基金会中心网 中央民族大学基金会研究中心
2017年6月出版 / 估价：88.00元
PSN G-2011-213-1/1

基金会透明度蓝皮书
中国基金会透明度发展研究报告（2017）
著(编)者：基金会中心网 清华大学廉政与治理研究中心
2017年12月出版 / 估价：89.00元
PSN B-2015-509-1/1

家庭蓝皮书
中国"创建幸福家庭活动"评估报告（2017）
国务院发展研究中心"创建幸福家庭活动评估"课题组著
2017年8月出版 / 估价：89.00元
PSN B-2015-508-1/1

健康城市蓝皮书
中国健康城市建设研究报告（2017）
著(编)者：王鸿春 解树江 盛继洪
2017年9月出版 / 估价：89.00元
PSN B-2016-565-2/2

教师蓝皮书
中国中小学教师发展报告（2017）
著(编)者：曾晓东 鱼霞　2017年6月出版 / 估价：89.00元
PSN B-2012-289-1/1

教育蓝皮书
中国教育发展报告（2017）
著(编)者：杨东平　2017年4月出版 / 估价：89.00元
PSN B-2006-047-1/1

科普蓝皮书
中国基层科普发展报告（2016～2017）
著(编)者：赵立 新陈玲　2017年9月出版 / 估价：89.00元
PSN B-2016-569-3/3

科普蓝皮书
中国科普基础设施发展报告（2017）
著(编)者：任福君　2017年6月出版 / 估价：89.00元
PSN B-2010-174-1/3

科普蓝皮书
中国科普人才发展报告（2017）
著(编)者：郑念 任嵘嵘　2017年4月出版 / 估价：98.00元
PSN B-2015-512-2/3

科学教育蓝皮书
中国科学教育发展报告（2017）
著(编)者：罗晖 王康友　2017年10月出版 / 估价：89.00元
PSN B-2015-487-1/1

劳动保障蓝皮书
中国劳动保障发展报告（2017）
著(编)者：刘燕斌　2017年9月出版 / 估价：188.00元
PSN B-2014-415-1/1

老龄蓝皮书
中国老年宜居环境发展报告（2017）
著(编)者：党俊武 周燕珉　2017年4月出版 / 估价：89.00元
PSN B-2013-320-1/1

连片特困区蓝皮书
中国连片特困区发展报告（2017）
著(编)者：游俊 冷志明 丁建军
2017年4月出版 / 估价：98.00元
PSN B-2013-321-1/1

流动儿童蓝皮书
中国流动儿童教育发展报告（2016）
著(编)者：杨东平　2017年1月出版 / 定价：79.00元
PSN B-2017-600-1/1

民调蓝皮书
中国民生调查报告（2017）
著(编)者：谢耘耕　2017年12月出版 / 估价：98.00元
PSN B-2014-398-1/1

民族发展蓝皮书
中国民族发展报告（2017）
著(编)者：郝时远 王延中 王希恩
2017年4月出版 / 估价：98.00元
PSN B-2006-070-1/1

女性生活蓝皮书
中国女性生活状况报告 No.11（2017）
著(编)者：韩湘景　2017年10月出版 / 估价：98.00元
PSN B-2006-071-1/1

汽车社会蓝皮书
中国汽车社会发展报告（2017）
著(编)者：王俊秀　2017年12月出版 / 估价：89.00元
PSN B-2011-224-1/1

青年蓝皮书
中国青年发展报告（2017）No.3
著(编)者：廉思 等　2017年4月出版 / 估价：89.00元
PSN B-2013-333-1/1

青少年蓝皮书
中国未成年人互联网运用报告（2017）
著(编)者：李文革 沈洁 季为民
2017年11月出版 / 估价：89.00元
PSN B-2010-165-1/1

青少年体育蓝皮书
中国青少年体育发展报告（2017）
著(编)者：郭建军 杨桦　2017年9月出版 / 估价：89.00元
PSN B-2015-482-1/1

群众体育蓝皮书
中国群众体育发展报告（2017）
著(编)者：刘国永 杨桦　2017年12月出版 / 估价：89.00元
PSN B-2016-519-2/3

人权蓝皮书
中国人权事业发展报告 No.7（2017）
著(编)者：李君如　2017年9月出版 / 估价：98.00元
PSN B-2011-215-1/1

社会保障绿皮书
中国社会保障发展报告（2017）No.8
著(编)者：王延中　2017年1月出版 / 估价：98.00元
PSN G-2001-014-1/1

社会风险评估蓝皮书
风险评估与危机预警评估报告（2017）
著(编)者：唐钧　2017年8月出版 / 估价：85.00元
PSN B-2016-521-1/1

社会管理蓝皮书
中国社会管理创新报告 No.5
著(编)者：连玉明　2017年11月出版 / 估价：89.00元
PSN B-2012-300-1/1

社会蓝皮书
2017年中国社会形势分析与预测
著(编)者：李培林　陈光金　张翼
2016年12月出版 / 定价：89.00元
PSN B-1998-002-1/1

社会体制蓝皮书
中国社会体制改革报告No.5（2017）
著(编)者：龚维斌　2017年3月出版 / 定价：89.00元
PSN B-2013-330-1/1

社会心态蓝皮书
中国社会心态研究报告（2017）
著(编)者：王俊秀 杨宜音　2017年12月出版 / 估价：89.00元
PSN B-2011-199-1/1

社会组织蓝皮书
中国社会组织发展报告（2016~2017）
著(编)者：黄晓勇　2017年1月出版 / 定价：89.00元
PSN B-2008-118-1/2

社会组织蓝皮书
中国社会组织评估发展报告（2017）
著(编)者：徐家良 廖鸿　2017年12月出版 / 估价：89.00元
PSN B-2013-366-1/1

生态城市绿皮书
中国生态城市建设发展报告（2017）
著(编)者：刘举科 孙伟平 胡文臻
2017年9月出版 / 估价：118.00元
PSN G-2012-269-1/1

生态文明绿皮书
中国省域生态文明建设评价报告（ECI 2017）
著(编)者：严耕　2017年12月出版 / 估价：98.00元
PSN G-2010-170-1/1

土地整治蓝皮书
中国土地整治发展研究报告 No.4
著(编)者：国土资源部土地整治中心
2017年7月出版 / 估价：89.00元
PSN B-2014-401-1/1

土地政策蓝皮书
中国土地政策研究报告（2017）
著(编)者：高延利 李宪文
2017年12月出版 / 定价：89.00元
PSN B-2015-506-1/1

医改蓝皮书
中国医药卫生体制改革报告（2017）
著(编)者：文学国　房志武　2017年11月出版 / 估价：98.00元
PSN B-2014-432-1/1

医疗卫生绿皮书
中国医疗卫生发展报告 No.7（2017）
著(编)者：申宝忠 韩玉珍　2017年4月出版 / 估价：85.00元
PSN G-2004-033-1/1

应急管理蓝皮书
中国应急管理报告（2017）
著(编)者：宋英华　2017年9月出版 / 估价：98.00元
PSN B-2016-563-1/1

政治参与蓝皮书
中国政治参与报告（2017）
著(编)者：房宁　2017年9月出版 / 估价：118.00元
PSN B-2011-200-1/1

宗教蓝皮书
中国宗教报告（2016）
著(编)者：邱永辉　2017年4月出版 / 估价：89.00元
PSN B-2008-117-1/1

行业报告类

SUV蓝皮书
中国SUV市场发展报告（2016~2017）
著(编)者：靳军　2017年9月出版 / 估价：89.00元
PSN B-2016-572-1/1

保健蓝皮书
中国保健服务产业发展报告 No.2
著(编)者：中国保健协会 中共中央党校
2017年7月出版 / 估价：198.00元
PSN B-2012-272-3/3

保健蓝皮书
中国保健食品产业发展报告 No.2
著(编)者：中国保健协会
中国社会科学院食品药品产业发展与监管研究中心
2017年7月出版 / 估价：198.00元
PSN B-2012-271-2/3

保健蓝皮书
中国保健用品产业发展报告 No.2
著(编)者：中国保健协会
国务院国有资产监督管理委员会研究中心
2017年4月出版 / 估价：198.00元
PSN B-2012-270-1/3

保险蓝皮书
中国保险业竞争力报告（2017）
著(编)者：项俊波　2017年12月出版 / 估价：99.00元
PSN B-2013-311-1/1

冰雪蓝皮书
中国滑雪产业发展报告（2017）
著(编)者：孙承华 伍斌 魏庆华 张鸿俊
2017年8月出版 / 估价：89.00元
PSN B-2016-560-1/1

彩票蓝皮书
中国彩票发展报告（2017）
著(编)者：益彩基金　2017年4月出版 / 估价：98.00元
PSN B-2015-462-1/1

餐饮产业蓝皮书
中国餐饮产业发展报告（2017）
著(编)者：邢颖　2017年6月出版 / 估价：98.00元
PSN B-2009-151-1/1

测绘地理信息蓝皮书
新常态下的测绘地理信息研究报告（2017）
著(编)者：库热西・买合苏提
2017年12月出版 / 估价：118.00元
PSN B-2009-145-1/1

茶业蓝皮书
中国茶产业发展报告（2017）
著(编)者：杨江帆 李闽榕　2017年10月出版 / 估价：88.00元
PSN B-2010-164-1/1

产权市场蓝皮书
中国产权市场发展报告（2016~2017）
著(编)者：曹和平　2017年5月出版 / 估价：89.00元
PSN B-2009-147-1/1

产业安全蓝皮书
中国出版传媒产业安全报告（2016~2017）
著(编)者：北京印刷学院文化产业安全研究院
2017年4月出版 / 估价：89.00元
PSN B-2014-384-13/14

产业安全蓝皮书
中国文化产业安全报告（2017）
著(编)者：北京印刷学院文化产业安全研究院
2017年12月出版 / 估价：89.00元
PSN B-2014-378-12/14

产业安全蓝皮书
中国新媒体产业安全报告（2017）
著(编)者：北京印刷学院文化产业安全研究院
2017年12月出版 / 估价：89.00元
PSN B-2015-500-14/14

城投蓝皮书
中国城投行业发展报告（2017）
著(编)者：王晨艳　丁伯康　2017年11月出版 / 估价：300.00元
PSN B-2016-514-1/1

电子政务蓝皮书
中国电子政务发展报告（2016~2017）
著(编)者：李季 杜平　2017年7月出版 / 估价：89.00元
PSN B-2003-022-1/1

杜仲产业绿皮书
中国杜仲橡胶资源与产业发展报告（2016~2017）
著(编)者：杜红岩 胡文臻 俞锐
2017年4月出版 / 估价：85.00元
PSN G-2013-350-1/1

房地产蓝皮书
中国房地产发展报告 No.14（2017）
著(编)者：李春华 王业强　2017年5月出版 / 估价：89.00元
PSN B-2004-028-1/1

服务外包蓝皮书
中国服务外包产业发展报告（2017）
著(编)者：王晓红 刘德军
2017年6月出版 / 估价：89.00元
PSN B-2013-331-2/2

服务外包蓝皮书
中国服务外包竞争力报告（2017）
著(编)者：王力 刘春生 黄育华
2017年11月出版 / 估价：85.00元
PSN B-2011-216-1/2

工业和信息化蓝皮书
世界网络安全发展报告（2016~2017）
著(编)者：洪京一　2017年4月出版 / 估价：89.00元
PSN B-2015-452-5/5

工业和信息化蓝皮书
世界信息化发展报告（2016~2017）
著(编)者：洪京一　2017年4月出版 / 估价：89.00元
PSN B-2015-451-4/5

工业和信息化蓝皮书
世界信息技术产业发展报告（2016~2017）
著(编)者：洪京一　2017年4月出版 / 估价：89.00元
PSN B-2015-449-2/5

工业和信息化蓝皮书
移动互联网产业发展报告（2016~2017）
著(编)者：洪京一　2017年4月出版 / 估价：89.00元
PSN B-2015-448-1/5

工业和信息化蓝皮书
战略性新兴产业发展报告（2016~2017）
著(编)者：洪京一　2017年4月出版 / 估价：89.00元
PSN B-2015-450-3/5

工业设计蓝皮书
中国工业设计发展报告（2017）
著(编)者：王晓红 于炜 张立群
2017年9月出版 / 估价：138.00元
PSN B-2014-420-1/1

黄金市场蓝皮书
中国商业银行黄金业务发展报告（2016~2017）
著(编)者：平安银行　2017年4月出版 / 估价：98.00元
PSN B-2016-525-1/1

互联网金融蓝皮书
中国互联网金融发展报告（2017）
著(编)者：李东荣　2017年9月出版 / 估价：128.00元
PSN B-2014-374-1/1

互联网医疗蓝皮书
中国互联网医疗发展报告（2017）
著(编)者：宫晓东　2017年9月出版 / 估价：89.00元
PSN B-2016-568-1/1

会展蓝皮书
中外会展业动态评估年度报告（2017）
著(编)者：张敏　2017年4月出版 / 估价：88.00元
PSN B-2013-327-1/1

金融监管蓝皮书
中国金融监管报告（2017）
著(编)者：胡滨　2017年6月出版 / 估价：89.00元
PSN B-2012-281-1/1

金融蓝皮书
中国金融中心发展报告（2017）
著(编)者：王力 黄育华　2017年11月出版 / 估价：85.00元
PSN B-2011-186-6/6

建筑装饰蓝皮书
中国建筑装饰行业发展报告（2017）
著(编)者：刘晓一 葛道顺　2017年7月出版 / 估价：198.00元
PSN B-2016-554-1/1

客车蓝皮书
中国客车产业发展报告（2016~2017）
著(编)者：姚蔚　2017年10月出版 / 估价：85.00元
PSN B-2013-361-1/1

旅游安全蓝皮书
中国旅游安全报告（2017）
著(编)者：郑向敏 谢朝武　2017年5月出版 / 估价：128.00元
PSN B-2012-280-1/1

旅游绿皮书
2016～2017年中国旅游发展分析与预测
著(编)者：宋瑞　2017年2月出版 / 定价：89.00元
PSN G-2002-018-1/1

煤炭蓝皮书
中国煤炭工业发展报告（2017）
著(编)者：岳福斌　2017年12月出版 / 估价：85.00元
PSN B-2008-123-1/1

民营企业社会责任蓝皮书
中国民营企业社会责任报告（2017）
著(编)者：中华全国工商业联合会
2017年12月出版 / 估价：89.00元
PSN B-2015-510-1/1

民营医院蓝皮书
中国民营医院发展报告（2017）
著(编)者：庄一强　2017年10月出版 / 估价：85.00元
PSN B-2012-299-1/1

闽商蓝皮书
闽商发展报告（2017）
著(编)者：李闽榕 王日根 林琛
2017年12月出版 / 估价：89.00元
PSN B-2012-298-1/1

能源蓝皮书
中国能源发展报告（2017）
著(编)者：崔民选 王军生 陈义和
2017年10月出版 / 估价：98.00元
PSN B-2006-049-1/1

农产品流通蓝皮书
中国农产品流通产业发展报告（2017）
著(编)者：贾敬敦 张东科 张玉玺 张鹏毅 周伟
2017年4月出版 / 估价：89.00元
PSN B-2012-288-1/1

企业公益蓝皮书
中国企业公益研究报告（2017）
著(编)者：钟宏武 汪杰 顾一 黄晓娟 等
2017年12月出版 / 估价：89.00元
PSN B-2015-501-1/1

企业国际化蓝皮书
中国企业国际化报告（2017）
著(编)者：王辉耀　2017年11月出版 / 估价：98.00元
PSN B-2014-427-1/1

企业蓝皮书
中国企业绿色发展报告 No.2（2017）
著(编)者：李红玉 朱光辉　2017年8月出版 / 估价：89.00元
PSN B-2015-481-2/2

企业社会责任蓝皮书
中国企业社会责任研究报告（2017）
著(编)者：黄群慧 钟宏武 张蒽 翟利峰
2017年11月出版 / 估价：89.00元
PSN B-2009-149-1/1

企业社会责任蓝皮书
中资企业海外社会责任研究报告（2016~2017）
著(编)者：钟宏武 叶柳红 张蒽
2017年1月出版 / 定价：79.00元
PSN B-2017-603-2/2

汽车安全蓝皮书
中国汽车安全发展报告（2017）
著(编)者：中国汽车技术研究中心
2017年7月出版 / 估价：89.00元
PSN B-2014-385-1/1

汽车电子商务蓝皮书
中国汽车电子商务发展报告（2017）
著(编)者：中华全国工商业联合会汽车经销商商会
北京易观智库网络科技有限公司
2017年10月出版 / 估价：128.00元
PSN B-2015-485-1/1

汽车工业蓝皮书
中国汽车工业发展年度报告（2017）
著(编)者：中国汽车工业协会 中国汽车技术研究中心
丰田汽车（中国）投资有限公司
2017年4月出版 / 估价：128.00元
PSN B-2015-463-1/2

汽车工业蓝皮书
中国汽车零部件产业发展报告（2017）
著(编)者：中国汽车工业协会 中国汽车工程研究院
2017年10月出版 / 估价：98.00元
PSN B-2016-515-2/2

汽车蓝皮书
中国汽车产业发展报告（2017）
著(编)者：国务院发展研究中心产业经济研究部
中国汽车工程学会 大众汽车集团（中国）
2017年8月出版 / 估价：98.00元
PSN B-2008-124-1/1

人力资源蓝皮书
中国人力资源发展报告（2017）
著(编)者：余兴安 2017年11月出版 / 估价：89.00元
PSN B-2012-287-1/1

融资租赁蓝皮书
中国融资租赁业发展报告（2016～2017）
著(编)者：李光荣 王力 2017年8月出版 / 估价：89.00元
PSN B-2015-443-1/1

商会蓝皮书
中国商会发展报告No.5（2017）
著(编)者：王钦敏 2017年7月出版 / 估价：89.00元
PSN B-2008-125-1/1

输血服务蓝皮书
中国输血行业发展报告（2017）
著(编)者：朱永明 耿鸿武 2016年8月出版 / 估价：89.00元
PSN B-2016-583-1/1

社会责任管理蓝皮书
中国上市公司社会责任能力成熟度报告（2017）No.2
著(编)者：肖红军 王晓光 李伟阳
2017年12月出版 / 估价：98.00元
PSN B-2015-507-2/2

社会责任管理蓝皮书
中国企业公众透明度报告(2017)No.3
著(编)者：黄速建 熊梦 王晓光 肖红军
2017年4月出版 / 估价：98.00元
PSN B-2015-440-1/2

食品药品蓝皮书
食品药品安全与监管政策研究报告（2016～2017）
著(编)者：唐民皓 2017年6月出版 / 估价：89.00元
PSN B-2009-129-1/1

世界能源蓝皮书
世界能源发展报告（2017）
著(编)者：黄晓勇 2017年6月出版 / 估价：99.00元
PSN B-2013-349-1/1

水利风景区蓝皮书
中国水利风景区发展报告（2017）
著(编)者：谢婵才 兰思仁 2017年5月出版 / 估价：89.00元
PSN B-2015-480-1/1

碳市场蓝皮书
中国碳市场报告（2017）
著(编)者：定金彪 2017年11月出版 / 估价：89.00元
PSN B-2014-430-1/1

体育蓝皮书
中国体育产业发展报告（2017）
著(编)者：阮伟 钟秉枢 2017年12月出版 / 估价：89.00元
PSN B-2010-179-1/4

网络空间安全蓝皮书
中国网络空间安全发展报告（2017）
著(编)者：惠志斌 唐涛 2017年4月出版 / 估价：89.00元
PSN B-2015-466-1/1

西部金融蓝皮书
中国西部金融发展报告（2017）
著(编)者：李忠民 2017年8月出版 / 估价：85.00元
PSN B-2010-160-1/1

协会商会蓝皮书
中国行业协会商会发展报告（2017）
著(编)者：景朝阳 李勇 2017年4月出版 / 估价：99.00元
PSN B-2015-461-1/1

新能源汽车蓝皮书
中国新能源汽车产业发展报告（2017）
著(编)者：中国汽车技术研究中心
日产（中国）投资有限公司 东风汽车有限公司
2017年7月出版 / 估价：98.00元
PSN B-2013-347-1/1

新三板蓝皮书
中国新三板市场发展报告（2017）
著(编)者：王力 2017年6月出版 / 估价：89.00元
PSN B-2016-534-1/1

信托市场蓝皮书
中国信托业市场报告（2016～2017）
著(编)者：用益信托研究院
2017年1月出版 / 定价：198.00元
PSN B-2014-371-1/1

信息化蓝皮书
中国信息化形势分析与预测（2016~2017）
著(编)者：周宏仁 2017年8月出版 / 估价：98.00元
PSN B-2010-168-1/1

信用蓝皮书
中国信用发展报告（2017）
著(编)者：章政 田侃 2017年4月出版 / 估价：99.00元
PSN B-2013-328-1/1

休闲绿皮书
2017年中国休闲发展报告
著(编)者：宋瑞 2017年10月出版 / 估价：89.00元
PSN G-2010-158-1/1

休闲体育蓝皮书
中国休闲体育发展报告（2016～2017）
著(编)者：李相如 钟炳枢 2017年10月出版 / 估价：89.00元
PSN G-2016-516-1/1

养老金融蓝皮书
中国养老金融发展报告（2017）
著(编)者：董克用 姚余栋
2017年8月出版 / 估价：89.00元
PSN B-2016-584-1/1

药品流通蓝皮书
中国药品流通行业发展报告（2017）
著(编)者：佘鲁林 温再兴 2017年8月出版 / 估价：158.00元
PSN B-2014-429-1/1

医院蓝皮书
中国医院竞争力报告（2017）
著(编)者：庄一强 曾益新 2017年3月出版 / 定价：108.00元
PSN B-2016-529-1/1

邮轮绿皮书
中国邮轮产业发展报告（2017）
著(编)者：汪泓 2017年10月出版 / 估价：89.00元
PSN G-2014-419-1/1

智能养老蓝皮书
中国智能养老产业发展报告（2017）
著(编)者：朱勇 2017年10月出版 / 估价：89.00元
PSN B-2015-488-1/1

债券市场蓝皮书
中国债券市场发展报告（2016～2017）
著(编)者：杨农 2017年10月出版 / 估价：89.00元
PSN B-2016-573-1/1

中国节能汽车蓝皮书
中国节能汽车发展报告（2016~2017）
著(编)者：中国汽车工程研究院股份有限公司
2017年9月出版 / 估价：98.00元
PSN B-2016-566-1/1

中国上市公司蓝皮书
中国上市公司发展报告（2017）
著(编)者：张平 王宏淼
2017年10月出版 / 估价：98.00元
PSN B-2014-414-1/1

中国陶瓷产业蓝皮书
中国陶瓷产业发展报告（2017）
著(编)者：左和平 黄速建 2017年10月出版 / 估价：98.00元
PSN B-2016-574-1/1

中国总部经济蓝皮书
中国总部经济发展报告（2016～2017）
著(编)者：赵弘 2017年9月出版 / 估价：89.00元
PSN B-2005-036-1/1

中医文化蓝皮书
中国中医药文化传播发展报告（2017）
著(编)者：毛嘉陵 2017年7月出版 / 估价：89.00元
PSN B-2015-468-1/1

装备制造业蓝皮书
中国装备制造业发展报告（2017）
著(编)者：徐东华 2017年12月出版 / 估价：148.00元
PSN B-2015-505-1/1

资本市场蓝皮书
中国场外交易市场发展报告（2016～2017）
著(编)者：高峦 2017年4月出版 / 估价：89.00元
PSN B-2009-153-1/1

资产管理蓝皮书
中国资产管理行业发展报告（2017）
著(编)者：智信资产管理研究院
2017年6月出版 / 估价：89.00元
PSN B-2014-407-2/2

文化传媒类

传媒竞争力蓝皮书
中国传媒国际竞争力研究报告（2017）
著(编)者：李本乾 刘强
2017年11月出版 / 估价：148.00元
PSN B-2013-356-1/1

传媒蓝皮书
中国传媒产业发展报告（2017）
著(编)者：崔保国 2017年5月出版 / 估价：98.00元
PSN B-2005-035-1/1

传媒投资蓝皮书
中国传媒投资发展报告（2017）
著(编)者：张向东 谭云明
2017年6月出版 / 估价：128.00元
PSN B-2015-474-1/1

动漫蓝皮书
中国动漫产业发展报告（2017）
著(编)者：卢斌 郑玉明 牛兴侦
2017年9月出版 / 估价：89.00元
PSN B-2011-198-1/1

非物质文化遗产蓝皮书
中国非物质文化遗产发展报告（2017）
著(编)者：陈平 2017年5月出版 / 估价：98.00元
PSN B-2015-469-1/1

广电蓝皮书
中国广播电影电视发展报告（2017）
著(编)者：国家新闻出版广电总局发展研究中心
2017年7月出版 / 估价：98.00元
PSN B-2006-072-1/1

广告主蓝皮书
中国广告主营销传播趋势报告 No.9
著(编)者：黄升民 杜国清 邵华冬 等
2017年10月出版 / 估价：148.00元
PSN B-2005-041-1/1

国际传播蓝皮书
中国国际传播发展报告（2017）
著(编)者：胡正荣 李继东 姬德强
2017年11月出版 / 估价：89.00元
PSN B-2014-408-1/1

国家形象蓝皮书
中国国家形象传播报告（2016）
著(编)者：张昆 2017年3月出版 / 定价：98.00元
PSN B-2017-605-1/1

纪录片蓝皮书
中国纪录片发展报告（2017）
著(编)者：何苏六 2017年9月出版 / 估价：89.00元
PSN B-2011-222-1/1

科学传播蓝皮书
中国科学传播报告（2017）
著(编)者：詹正茂 2017年7月出版 / 估价：89.00元
PSN B-2008-120-1/1

两岸创意经济蓝皮书
两岸创意经济研究报告（2017）
著(编)者：罗昌智 林咏能
2017年10月出版 / 估价：98.00元
PSN B-2014-437-1/1

媒介与女性蓝皮书
中国媒介与女性发展报告(2016~2017)
著(编)者：刘利群 2017年9月出版 / 估价：118.00元
PSN B-2013-345-1/1

媒体融合蓝皮书
中国媒体融合发展报告（2017）
著(编)者：梅宁华 宋建武 2017年7月出版 / 估价：89.00元
PSN B-2015-479-1/1

全球传媒蓝皮书
全球传媒发展报告（2017）
著(编)者：胡正荣 李继东 唐晓芬
2017年11月出版 / 估价：89.00元
PSN B-2012-237-1/1

少数民族非遗蓝皮书
中国少数民族非物质文化遗产发展报告（2017）
著(编)者：肖远平（彝） 柴立（满）
2017年8月出版 / 估价：98.00元
PSN B-2015-467-1/1

视听新媒体蓝皮书
中国视听新媒体发展报告（2017）
著(编)者：国家新闻出版广电总局发展研究中心
2017年7月出版 / 估价：98.00元
PSN B-2011-184-1/1

文化创新蓝皮书
中国文化创新报告（2017）No.7
著(编)者：于平 傅才武 2017年7月出版 / 估价：98.00元
PSN B-2009-143-1/1

文化建设蓝皮书
中国文化发展报告（2016~2017）
著(编)者：江畅 孙伟平 戴茂堂
2017年6月出版 / 估价：116.00元
PSN B-2014-392-1/1

文化科技蓝皮书
文化科技创新发展报告（2017）
著(编)者：于平 李凤亮 2017年11月出版 / 估价：89.00元
PSN B-2013-342-1/1

文化蓝皮书
中国公共文化服务发展报告（2017）
著(编)者：刘新成 张永新 张旭
2017年12月出版 / 估价：98.00元
PSN B-2007-093-2/10

文化蓝皮书
中国公共文化投入增长测评报告（2017）
著(编)者：王亚南 2017年2月出版 / 定价：79.00元
PSN B-2014-435-10/10

文化蓝皮书
中国少数民族文化发展报告（2016~2017）
著(编)者：武翠英 张晓明 任乌晶
2017年9月出版 / 估价：89.00元
PSN B-2013-369-9/10

文化蓝皮书
中国文化产业发展报告（2016~2017）
著(编)者：张晓明 王家新 章建刚
2017年4月出版 / 估价：89.00元
PSN B-2002-019-1/10

文化蓝皮书
中国文化产业供需协调检测报告（2017）
著(编)者：王亚南　2017年2月出版 / 定价：79.00元
PSN B-2013-323-8/10

文化蓝皮书
中国文化消费需求景气评价报告（2017）
著(编)者：王亚南　2017年2月出版 / 定价：79.00元
PSN B-2011-236-4/10

文化品牌蓝皮书
中国文化品牌发展报告（2017）
著(编)者：欧阳友权　2017年5月出版 / 估价：98.00元
PSN B-2012-277-1/1

文化遗产蓝皮书
中国文化遗产事业发展报告（2017）
著(编)者：苏杨 张颖岚 王宇飞
2017年8月出版 / 估价：98.00元
PSN B-2008-119-1/1

文学蓝皮书
中国文情报告（2016~2017）
著(编)者：白烨　2017年5月出版 / 估价：49.00元
PSN B-2011-221-1/1

新媒体蓝皮书
中国新媒体发展报告No.8（2017）
著(编)者：唐绪军　2017年6月出版 / 估价：89.00元
PSN B-2010-169-1/1

新媒体社会责任蓝皮书
中国新媒体社会责任研究报告（2017）
著(编)者：钟瑛　2017年11月出版 / 估价：89.00元
PSN B-2014-423-1/1

移动互联网蓝皮书
中国移动互联网发展报告（2017）
著(编)者：官建文　2017年6月出版 / 估价：89.00元
PSN B-2012-282-1/1

舆情蓝皮书
中国社会舆情与危机管理报告（2017）
著(编)者：谢耘耕　2017年9月出版 / 估价：128.00元
PSN B-2011-235-1/1

影视蓝皮书
中国影视产业发展报告（2017）
著(编)者：司若　2017年4月出版 / 估价：138.00元
PSN B-2016-530-1/1

地方发展类

安徽经济蓝皮书
合芜蚌国家自主创新综合示范区研究报告（2016~2017）
著(编)者：黄家海 王开玉 蔡宪
2017年7月出版 / 估价：89.00元
PSN B-2014-383-1/1

安徽蓝皮书
安徽社会发展报告（2017）
著(编)者：程桦　2017年4月出版 / 估价：89.00元
PSN B-2013-325-1/1

澳门蓝皮书
澳门经济社会发展报告（2016~2017）
著(编)者：吴志良 郝雨凡　2017年6月出版 / 估价：98.00元
PSN B-2009-138-1/1

北京蓝皮书
北京公共服务发展报告（2016~2017）
著(编)者：施昌奎　2017年3月出版 / 定价：79.00元
PSN B-2008-103-7/8

北京蓝皮书
北京经济发展报告（2016~2017）
著(编)者：杨松　2017年6月出版 / 估价：89.00元
PSN B-2006-054-2/8

北京蓝皮书
北京社会发展报告（2016~2017）
著(编)者：李伟东　2017年6月出版 / 估价：89.00元
PSN B-2006-055-3/8

北京蓝皮书
北京社会治理发展报告（2016~2017）
著(编)者：殷星辰　2017年5月出版 / 估价：89.00元
PSN B-2014-391-8/8

北京蓝皮书
北京文化发展报告（2016~2017）
著(编)者：李建盛　2017年4月出版 / 估价：89.00元
PSN B-2007-082-4/8

北京律师绿皮书
北京律师发展报告No.3（2017）
著(编)者：王隽　2017年7月出版 / 估价：88.00元
PSN G-2012-301-1/1

北京旅游蓝皮书
北京旅游发展报告（2017）
著(编)者：北京旅游学会　2017年4月出版 / 估价：88.00元
PSN B-2011-217-1/1

北京人才蓝皮书
北京人才发展报告（2017）
著(编)者：于淼　2017年12月出版 / 估价：128.00元
PSN B-2011-201-1/1

北京社会心态蓝皮书
北京社会心态分析报告（2016～2017）
著(编)者：北京社会心理研究所
2017年8月出版 / 估价：89.00元
PSN B-2014-422-1/1

北京社会组织管理蓝皮书
北京社会组织发展与管理（2016～2017）
著(编)者：黄江松　2017年4月出版 / 估价：88.00元
PSN B-2015-446-1/1

北京体育蓝皮书
北京体育产业发展报告（2016～2017）
著(编)者：钟秉枢 陈杰 杨铁黎
2017年9月出版 / 估价：89.00元
PSN B-2015-475-1/1

北京养老产业蓝皮书
北京养老产业发展报告（2017）
著(编)者：周明明 冯喜良　2017年8月出版 / 估价：89.00元
PSN B-2015-465-1/1

滨海金融蓝皮书
滨海新区金融发展报告（2017）
著(编)者：王爱俭 张锐钢　2017年12月出版 / 估价：89.00元
PSN B-2014-424-1/1

城乡一体化蓝皮书
中国城乡一体化发展报告•北京卷（2016～2017）
著(编)者：张宝秀 黄序　2017年5月出版 / 估价：89.00元
PSN B-2012-258-2/2

创意城市蓝皮书
北京文化创意产业发展报告（2017）
著(编)者：张京成 王国华　2017年10月出版 / 估价：89.00元
PSN B-2012-263-1/7

创意城市蓝皮书
天津文化创意产业发展报告（2016～2017）
著(编)者：谢思全　2017年6月出版 / 估价：89.00元
PSN B-2016-537-7/7

创意城市蓝皮书
武汉文化创意产业发展报告（2017）
著(编)者：黄永林 陈汉桥　2017年9月出版 / 估价：99.00元
PSN B-2013-354-4/7

创意上海蓝皮书
上海文化创意产业发展报告（2016～2017）
著(编)者：王慧敏 王兴全　2017年8月出版 / 估价：89.00元
PSN B-2016-562-1/1

福建妇女发展蓝皮书
福建省妇女发展报告（2017）
著(编)者：刘群英　2017年11月出版 / 估价：88.00元
PSN B-2011-220-1/1

福建自贸区蓝皮书
中国（福建）自由贸易实验区发展报告（2016～2017）
著(编)者：黄茂兴　2017年4月出版 / 估价：108.00元
PSN B-2017-532-1/1

甘肃蓝皮书
甘肃经济发展分析与预测（2017）
著(编)者：安文华 罗哲　2017年1月出版 / 定价：79.00元
PSN B-2013-312-1/6

甘肃蓝皮书
甘肃社会发展分析与预测（2017）
著(编)者：安文华 包晓霞 谢增虎
2017年1月出版 / 定价：79.00元
PSN B-2013-313-2/6

甘肃蓝皮书
甘肃文化发展分析与预测（2017）
著(编)者：王俊莲　周小华　2017年1月出版 / 定价：79.00元
PSN B-2013-314-3/6

甘肃蓝皮书
甘肃县域和农村发展报告（2017）
著(编)者：朱智文 包东红 王建兵
2017年1月出版 / 定价：79.00元
PSN B-2013-316-5/6

甘肃蓝皮书
甘肃舆情分析与预测（2017）
著(编)者：陈双梅 张谦元　2017年1月出版 / 定价：79.00元
PSN B-2013-315-4/6

甘肃蓝皮书
甘肃商贸流通发展报告（2017）
著(编)者：张应华 王福生 王晓芳
2017年1月出版 / 定价：79.00元
PSN B-2016-523-6/6

广东蓝皮书
广东全面深化改革发展报告（2017）
著(编)者：周林生 涂成林　2017年12月出版 / 估价：89.00元
PSN B-2015-504-3/3

广东蓝皮书
广东社会工作发展报告（2017）
著(编)者：罗观翠　2017年6月出版 / 估价：89.00元
PSN B-2014-402-2/3

广东外经贸蓝皮书
广东对外经济贸易发展研究报告（2016~2017）
著(编)者：陈万灵　2017年8月出版 / 估价：98.00元
PSN B-2012-286-1/1

广西北部湾经济区蓝皮书
广西北部湾经济区开放开发报告（2017）
著(编)者：广西北部湾经济区规划建设管理委员会办公室
广西社会科学院广西北部湾发展研究院
2017年4月出版 / 估价：89.00元
PSN B-2010-181-1/1

巩义蓝皮书
巩义经济社会发展报告（2017）
著(编)者：丁同民 朱军　2017年4月出版 / 估价：58.00元
PSN B-2016-533-1/1

广州蓝皮书
2017年中国广州经济形势分析与预测
著(编)者：庾建设 陈浩钿 谢博能
2017年7月出版 / 估价：85.00元
PSN B-2011-185-9/14

广州蓝皮书
2017年中国广州社会形势分析与预测
著(编)者：张强 陈怡霓 杨秦 2017年6月出版 / 估价：85.00元
PSN B-2008-110-5/14

广州蓝皮书
广州城市国际化发展报告（2017）
著(编)者：朱名宏 2017年8月出版 / 估价：79.00元
PSN B-2012-246-11/14

广州蓝皮书
广州创新型城市发展报告（2017）
著(编)者：尹涛 2017年7月出版 / 估价：79.00元
PSN B-2012-247-12/14

广州蓝皮书
广州经济发展报告（2017）
著(编)者：朱名宏 2017年7月出版 / 估价：79.00元
PSN B-2005-040-1/14

广州蓝皮书
广州农村发展报告（2017）
著(编)者：朱名宏 2017年8月出版 / 估价：79.00元
PSN B-2010-167-8/14

广州蓝皮书
广州汽车产业发展报告（2017）
著(编)者：杨再高 冯兴亚 2017年7月出版 / 估价：79.00元
PSN B-2006-066-3/14

广州蓝皮书
广州青年发展报告（2016～2017）
著(编)者：徐柳 张强 2017年9月出版 / 估价：79.00元
PSN B-2013-352-13/14

广州蓝皮书
广州商贸业发展报告（2017）
著(编)者：李江涛 肖振宇 荀振英
2017年7月出版 / 估价：79.00元
PSN B-2012-245-10/14

广州蓝皮书
广州社会保障发展报告（2017）
著(编)者：蔡国萱 2017年8月出版 / 估价：79.00元
PSN B-2014-425-14/14

广州蓝皮书
广州文化创意产业发展报告（2017）
著(编)者：徐咏虹 2017年7月出版 / 估价：79.00元
PSN B-2008-111-6/14

广州蓝皮书
中国广州城市建设与管理发展报告（2017）
著(编)者：董皞 陈小钢 李江涛
2017年7月出版 / 估价：85.00元
PSN B-2007-087-4/14

广州蓝皮书
中国广州科技创新发展报告（2017）
著(编)者：邹采荣 马正勇 陈爽
2017年7月出版 / 估价：79.00元
PSN B-2006-065-2/14

广州蓝皮书
中国广州文化发展报告（2017）
著(编)者：徐俊忠 陆志强 顾涧清
2017年7月出版 / 估价：79.00元
PSN B-2009-134-7/14

贵阳蓝皮书
贵阳城市创新发展报告No.2（白云篇）
著(编)者：连玉明 2017年10月出版 / 估价：89.00元
PSN B-2015-491-3/10

贵阳蓝皮书
贵阳城市创新发展报告No.2（观山湖篇）
著(编)者：连玉明 2017年10月出版 / 估价：89.00元
PSN B-2011-235-1/1

贵阳蓝皮书
贵阳城市创新发展报告No.2（花溪篇）
著(编)者：连玉明 2017年10月出版 / 估价：89.00元
PSN B-2015-490-2/10

贵阳蓝皮书
贵阳城市创新发展报告No.2（开阳篇）
著(编)者：连玉明 2017年10月出版 / 估价：89.00元
PSN B-2015-492-4/10

贵阳蓝皮书
贵阳城市创新发展报告No.2（南明篇）
著(编)者：连玉明 2017年10月出版 / 估价：89.00元
PSN B-2015-496-8/10

贵阳蓝皮书
贵阳城市创新发展报告No.2（清镇篇）
著(编)者：连玉明 2017年10月出版 / 估价：89.00元
PSN B-2015-489-1/10

贵阳蓝皮书
贵阳城市创新发展报告No.2（乌当篇）
著(编)者：连玉明 2017年10月出版 / 估价：89.00元
PSN B-2015-495-7/10

贵阳蓝皮书
贵阳城市创新发展报告No.2（息烽篇）
著(编)者：连玉明 2017年10月出版 / 估价：89.00元
PSN B-2015-493-5/10

贵阳蓝皮书
贵阳城市创新发展报告No.2（修文篇）
著(编)者：连玉明 2017年10月出版 / 估价：89.00元
PSN B-2015-494-6/10

贵阳蓝皮书
贵阳城市创新发展报告No.2（云岩篇）
著(编)者：连玉明 2017年10月出版 / 估价：89.00元
PSN B-2015-498-10/10

贵州房地产蓝皮书
贵州房地产发展报告No.4（2017）
著(编)者：武廷方 2017年7月出版 / 估价：89.00元
PSN B-2014-426-1/1

贵州蓝皮书
贵州册亨经济社会发展报告(2017)
著(编)者：黄德林 2017年3月出版 / 估价：89.00元
PSN B-2016-526-8/9

贵州蓝皮书
贵安新区发展报告（2016~2017）
著(编)者：马长青 吴大华　2017年6月出版 / 估价：89.00元
PSN B-2015-459-4/9

贵州蓝皮书
贵州法治发展报告（2017）
著(编)者：吴大华　2017年5月出版 / 估价：89.00元
PSN B-2012-254-2/9

贵州蓝皮书
贵州国有企业社会责任发展报告（2016～2017）
著(编)者：郭丽 周航 万强
2017年12月出版 / 估价：89.00元
PSN B-2015-511-6/9

贵州蓝皮书
贵州民航业发展报告（2017）
著(编)者：申振东 吴大华　2017年10月出版 / 估价：89.00元
PSN B-2015-471-5/9

贵州蓝皮书
贵州民营经济发展报告（2017）
著(编)者：杨静 吴大华　2017年4月出版 / 估价：89.00元
PSN B-2016-531-9/9

贵州蓝皮书
贵州人才发展报告（2017）
著(编)者：于杰 吴大华　2017年9月出版 / 估价：89.00元
PSN B-2014-382-3/9

贵州蓝皮书
贵州社会发展报告（2017）
著(编)者：王兴骥　2017年6月出版 / 估价：89.00元
PSN B-2010-166-1/9

贵州蓝皮书
贵州国家级开放创新平台发展报告（2017）
著(编)者：申晓庆　吴大华　李泓
2017年6月出版 / 估价：89.00元
PSN B-2016-518-1/9

海淀蓝皮书
海淀区文化和科技融合发展报告（2017）
著(编)者：陈名杰 孟景伟　2017年5月出版 / 估价：85.00元
PSN B-2013-329-1/1

杭州都市圈蓝皮书
杭州都市圈发展报告（2017）
著(编)者：沈翔 戚建国　2017年5月出版 / 估价：128.00元
PSN B-2012-302-1/1

杭州蓝皮书
杭州妇女发展报告（2017）
著(编)者：魏颖　2017年6月出版 / 估价：89.00元
PSN B-2014-403-1/1

河北经济蓝皮书
河北省经济发展报告（2017）
著(编)者：马树强 金浩 张贵
2017年4月出版 / 估价：89.00元
PSN B-2014-380-1/1

河北蓝皮书
河北经济社会发展报告（2017）
著(编)者：郭金平　2017年1月出版 / 定价：79.00元
PSN B-2014-372-1/2

河北蓝皮书
京津冀协同发展报告（2017）
著(编)者：陈路　2017年1月出版 / 定价：79.00元
PSN B-2017-601-2/2

河北食品药品安全蓝皮书
河北食品药品安全研究报告（2017）
著(编)者：丁锦霞　2017年6月出版 / 估价：89.00元
PSN B-2015-473-1/1

河南经济蓝皮书
2017年河南经济形势分析与预测
著(编)者：王世炎　2017年3月出版 / 定价：79.00元
PSN B-2007-086-1/1

河南蓝皮书
2017年河南社会形势分析与预测
著(编)者：刘道兴 牛苏林　2017年4月出版 / 估价89.00元
PSN B-2005-043-1/8

河南蓝皮书
河南城市发展报告（2017）
著(编)者：张占仓 王建国　2017年5月出版 / 估价：89.00元
PSN B-2009-131-3/8

河南蓝皮书
河南法治发展报告（2017）
著(编)者：丁同民 张林海　2017年5月出版 / 估价：89.00元
PSN B-2014-376-6/8

河南蓝皮书
河南工业发展报告（2017）
著(编)者：张占仓 丁同民　2017年5月出版 / 估价：89.00元
PSN B-2013-317-5/8

河南蓝皮书
河南金融发展报告（2017）
著(编)者：河南省社会科学院
2017年6月出版 / 估价：89.00元
PSN B-2014-390-7/8

河南蓝皮书
河南经济发展报告（2017）
著(编)者：张占仓　完世伟　2017年4月出版 / 估价：89.00元
PSN B-2010-157-4/8

河南蓝皮书
河南农业农村发展报告（2017）
著(编)者：吴海峰　2017年4月出版 / 估价：89.00元
PSN B-2015-445-8/8

河南蓝皮书
河南文化发展报告（2017）
著(编)者：卫绍生　2017年4月出版 / 估价：88.00元
PSN B-2008-106-2/8

河南商务蓝皮书
河南商务发展报告（2017）
著(编)者：焦锦淼 穆荣国　2017年6月出版 / 估价：88.00元
PSN B-2014-399-1/1

黑龙江蓝皮书
黑龙江经济发展报告（2017）
著(编)者：朱宇　2017年1月出版 / 定价：79.00元
PSN B-2011-190-2/2

地方发展类

黑龙江蓝皮书
黑龙江社会发展报告（2017）
著(编)者：谢宝禄　2017年1月出版 / 定价：79.00元
PSN B-2011-189-1/2

湖北文化蓝皮书
湖北文化发展报告（2017）
著(编)者：吴成国　2017年10月出版 / 估价：95.00元
PSN B-2016-567-1/1

湖南城市蓝皮书
区域城市群整合
著(编)者：童中贤 韩未名
2017年12月出版 / 估价：89.00元
PSN B-2006-064-1/1

湖南蓝皮书
2017年湖南产业发展报告
著(编)者：梁志峰　2017年5月出版 / 估价：128.00元
PSN B-2011-207-2/8

湖南蓝皮书
2017年湖南电子政务发展报告
著(编)者：梁志峰　2017年5月出版 / 估价：128.00元
PSN B-2014-394-6/8

湖南蓝皮书
2017年湖南经济展望
著(编)者：梁志峰　2017年5月出版 / 估价：128.00元
PSN B-2011-206-1/8

湖南蓝皮书
2017年湖南两型社会与生态文明发展报告
著(编)者：梁志峰　2017年5月出版 / 估价：128.00元
PSN B-2011-208-3/8

湖南蓝皮书
2017年湖南社会发展报告
著(编)者：梁志峰　2017年5月出版 / 估价：128.00元
PSN B-2014-393-5/8

湖南蓝皮书
2017年湖南县域经济社会发展报告
著(编)者：梁志峰　2017年5月出版 / 估价：128.00元
PSN B-2014-395-7/8

湖南蓝皮书
湖南城乡一体化发展报告（2017）
著(编)者：陈文胜 王文强 陆福兴 邝奕轩
2017年6月出版 / 估价：89.00元
PSN B-2015-477-8/8

湖南县域绿皮书
湖南县域发展报告 No.3
著(编)者：袁准 周小毛 黎仁寅
2017年3月出版 / 定价：79.00元
PSN G-2012-274-1/1

沪港蓝皮书
沪港发展报告（2017）
著(编)者：尤安山　2017年9月出版 / 估价：89.00元
PSN B-2013-362-1/1

吉林蓝皮书
2017年吉林经济社会形势分析与预测
著(编)者：邵汉明　2016年12月出版 / 定价：79.00元
PSN B-2013-319-1/1

吉林省城市竞争力蓝皮书
吉林省城市竞争力报告（2016~2017）
著(编)者：崔岳春 张磊　2016年12月出版 / 定价：79.00元
PSN B-2015-513-1/1

济源蓝皮书
济源经济社会发展报告（2017）
著(编)者：喻新安　2017年4月出版 / 估价：89.00元
PSN B-2014-387-1/1

健康城市蓝皮书
北京健康城市建设研究报告（2017）
著(编)者：王鸿春　2017年8月出版 / 估价：89.00元
PSN B-2015-460-1/2

江苏法治蓝皮书
江苏法治发展报告 No.6（2017）
著(编)者：蔡道通 龚廷泰　2017年8月出版 / 估价：98.00元
PSN B-2012-290-1/1

江西蓝皮书
江西经济社会发展报告（2017）
著(编)者：张勇 姜玮 梁勇　2017年10月出版 / 估价：89.00元
PSN B-2015-484-1/2

江西蓝皮书
江西设区市发展报告（2017）
著(编)者：姜玮 梁勇　2017年10月出版 / 估价：79.00元
PSN B-2016-517-2/2

江西文化蓝皮书
江西文化产业发展报告（2017）
著(编)者：张圣才 汪春翔
2017年10月出版 / 估价：128.00元
PSN B-2015-499-1/1

街道蓝皮书
北京街道发展报告No.2（白纸坊篇）
著(编)者：连玉明　2017年8月出版 / 估价：98.00元
PSN B-2016-544-7/15

街道蓝皮书
北京街道发展报告No.2（椿树篇）
著(编)者：连玉明　2017年8月出版 / 估价：98.00元
PSN B-2016-548-11/15

街道蓝皮书
北京街道发展报告No.2（大栅栏篇）
著(编)者：连玉明　2017年8月出版 / 估价：98.00元
PSN B-2016-552-15/15

街道蓝皮书
北京街道发展报告No.2（德胜篇）
著(编)者：连玉明　2017年8月出版 / 估价：98.00元
PSN B-2016-551-14/15

街道蓝皮书
北京街道发展报告No.2（广安门内篇）
著(编)者：连玉明　2017年8月出版 / 估价：98.00元
PSN B-2016-540-3/15

街道蓝皮书
北京街道发展报告No.2（广安门外篇）
著(编)者：连玉明　2017年8月出版 / 估价：98.00元
PSN B-2016-547-10/15

街道蓝皮书
北京街道发展报告No.2（金融街篇）
著(编)者：连玉明　2017年8月出版 / 估价：98.00元
PSN B-2016-538-1/15

街道蓝皮书
北京街道发展报告No.2（牛街篇）
著(编)者：连玉明　2017年8月出版 / 估价：98.00元
PSN B-2016-545-8/15

街道蓝皮书
北京街道发展报告No.2（什刹海篇）
著(编)者：连玉明　2017年8月出版 / 估价：98.00元
PSN B-2016-546-9/15

街道蓝皮书
北京街道发展报告No.2（陶然亭篇）
著(编)者：连玉明　2017年8月出版 / 估价：98.00元
PSN B-2016-542-5/15

街道蓝皮书
北京街道发展报告No.2（天桥篇）
著(编)者：连玉明　2017年8月出版 / 估价：98.00元
PSN B-2016-549-12/15

街道蓝皮书
北京街道发展报告No.2（西长安街篇）
著(编)者：连玉明　2017年8月出版 / 估价：98.00元
PSN B-2016-543-6/15

街道蓝皮书
北京街道发展报告No.2（新街口篇）
著(编)者：连玉明　2017年8月出版 / 估价：98.00元
PSN B-2016-541-4/15

街道蓝皮书
北京街道发展报告No.2（月坛篇）
著(编)者：连玉明　2017年8月出版 / 估价：98.00元
PSN B-2016-539-2/15

街道蓝皮书
北京街道发展报告No.2（展览路篇）
著(编)者：连玉明　2017年8月出版 / 估价：98.00元
PSN B-2016-550-13/15

经济特区蓝皮书
中国经济特区发展报告（2017）
著(编)者：陶一桃　2017年12月出版 / 估价：98.00元
PSN B-2009-139-1/1

辽宁蓝皮书
2017年辽宁经济社会形势分析与预测
著(编)者：曹晓峰　梁启东
2017年4月出版 / 估价：79.00元
PSN B-2006-053-1/1

洛阳蓝皮书
洛阳文化发展报告（2017）
著(编)者：刘福兴 陈启明　2017年7月出版 / 估价：89.00元
PSN B-2015-476-1/1

南京蓝皮书
南京文化发展报告（2017）
著(编)者：徐宁　2017年10月出版 / 估价：89.00元
PSN B-2014-439-1/1

南宁蓝皮书
南宁法治发展报告（2017）
著(编)者：杨维超　2017年12月出版 / 估价：79.00元
PSN B-2015-509-1/3

南宁蓝皮书
南宁经济发展报告（2017）
著(编)者：胡建华　2017年9月出版 / 估价：79.00元
PSN B-2016-570-2/3

南宁蓝皮书
南宁社会发展报告（2017）
著(编)者：胡建华　2017年9月出版 / 估价：79.00元
PSN B-2016-571-3/3

内蒙古蓝皮书
内蒙古反腐倡廉建设报告 No.2
著(编)者：张志华 无极　2017年12月出版 / 估价：79.00元
PSN B-2013-365-1/1

浦东新区蓝皮书
上海浦东经济发展报告（2017）
著(编)者：沈开艳 周奇　2017年2月出版 / 定价：79.00元
PSN B-2011-225-1/1

青海蓝皮书
2017年青海经济社会形势分析与预测
著(编)者：陈玮　2016年12月出版 / 定价：79.00元
PSN B-2012-275-1/1

人口与健康蓝皮书
深圳人口与健康发展报告（2017）
著(编)者：陆杰华 罗乐宣 苏杨
2017年11月出版 / 估价：89.00元
PSN B-2011-228-1/1

山东蓝皮书
山东经济形势分析与预测（2017）
著(编)者：李广杰　2017年7月出版 / 估价：89.00元
PSN B-2014-404-1/4

山东蓝皮书
山东社会形势分析与预测（2017）
著(编)者：张华 唐洲雁　2017年6月出版 / 估价：89.00元
PSN B-2014-405-2/4

山东蓝皮书
山东文化发展报告（2017）
著(编)者：涂可国　2017年11月出版 / 估价：98.00元
PSN B-2014-406-3/4

山西蓝皮书
山西资源型经济转型发展报告（2017）
著(编)者：李志强　2017年7月出版 / 估价：89.00元
PSN B-2011-197-1/1

陕西蓝皮书
陕西经济发展报告（2017）
著(编)者：任宗哲 白宽犁 裴成荣
2017年1月出版 / 定价：69.00元
PSN B-2009-135-1/5

陕西蓝皮书
陕西社会发展报告（2017）
著(编)者：任宗哲 白宽犁 牛昉
2017年1月出版 / 定价：69.00元
PSN B-2009-136-2/5

陕西蓝皮书
陕西文化发展报告（2017）
著(编)者：任宗哲 白宽犁 王长寿
2017年1月出版 / 定价：69.00元
PSN B-2009-137-3/5

上海蓝皮书
上海传媒发展报告（2017）
著(编)者：强荧 焦雨虹 2017年2月出版 / 定价：79.00元
PSN B-2012-295-5/7

上海蓝皮书
上海法治发展报告（2017）
著(编)者：叶青 2017年6月出版 / 估价：89.00元
PSN B-2012-296-6/7

上海蓝皮书
上海经济发展报告（2017）
著(编)者：沈开艳 2017年2月出版 / 定价：79.00元
PSN B-2006-057-1/7

上海蓝皮书
上海社会发展报告（2017）
著(编)者：杨雄 周海旺 2017年2月出版 / 定价：79.00元
PSN B-2006-058-2/7

上海蓝皮书
上海文化发展报告（2017）
著(编)者：荣跃明 2017年2月出版 / 定价：79.00元
PSN B-2006-059-3/7

上海蓝皮书
上海文学发展报告（2017）
著(编)者：陈圣来 2017年6月出版 / 估价：89.00元
PSN B-2012-297-7/7

上海蓝皮书
上海资源环境发展报告（2017）
著(编)者：周冯琦 汤庆合
2017年2月出版 / 定价：79.00元
PSN B-2006-060-4/7

社会建设蓝皮书
2017年北京社会建设分析报告
著(编)者：宋贵伦 冯虹 2017年10月出版 / 估价：89.00元
PSN B-2010-173-1/1

深圳蓝皮书
深圳法治发展报告（2017）
著(编)者：张骁儒 2017年6月出版 / 估价：89.00元
PSN B-2015-470-6/7

深圳蓝皮书
深圳经济发展报告（2017）
著(编)者：张骁儒 2017年7月出版 / 估价：89.00元
PSN B-2008-112-3/7

深圳蓝皮书
深圳劳动关系发展报告（2017）
著(编)者：汤庭芬 2017年6月出版 / 估价：89.00元
PSN B-2007-097-2/7

深圳蓝皮书
深圳社会建设与发展报告（2017）
著(编)者：张骁儒 陈东平 2017年7月出版 / 估价：89.00元
PSN B-2008-113-4/7

深圳蓝皮书
深圳文化发展报告(2017)
著(编)者：张骁儒 2017年7月出版 / 估价：89.00元
PSN B-2016-555-7/7

丝绸之路蓝皮书
丝绸之路经济带发展报告（2017）
著(编)者：任宗哲 白宽犁 谷孟宾
2017年1月出版 / 定价：75.00元
PSN B-2014-410-1/1

法治蓝皮书
四川依法治省年度报告 No.3（2017）
著(编)者：李林 杨天宗 田禾
2017年3月出版 / 定价：118.00元
PSN B-2015-447-1/1

四川蓝皮书
2017年四川经济形势分析与预测
著(编)者：杨钢 2017年1月出版 / 定价：98.00元
PSN B-2007-098-2/7

四川蓝皮书
四川城镇化发展报告（2017）
著(编)者：侯水平 陈炜 2017年4月出版 / 估价：85.00元
PSN B-2015-456-7/7

四川蓝皮书
四川法治发展报告（2017）
著(编)者：郑泰安 2017年4月出版 / 估价：89.00元
PSN B-2015-441-5/7

四川蓝皮书
四川企业社会责任研究报告（2016～2017）
著(编)者：侯水平 盛毅 翟刚
2017年4月出版 / 估价：89.00元
PSN B-2014-386-4/7

四川蓝皮书
四川社会发展报告（2017）
著(编)者：李羚 2017年5月出版 / 估价：89.00元
PSN B-2008-127-3/7

四川蓝皮书
四川生态建设报告（2017）
著(编)者：李晟之 2017年4月出版 / 估价：85.00元
PSN B-2015-455-6/7

四川蓝皮书
四川文化产业发展报告（2017）
著(编)者：向宝云 张立伟
2017年4月出版 / 估价：89.00元
PSN B-2006-074-1/7

体育蓝皮书
上海体育产业发展报告（2016～2017）
著(编)者：张林 黄海燕
2017年10月出版 / 估价：89.00元
PSN B-2015-454-4/4

体育蓝皮书
长三角地区体育产业发展报告（2016～2017）
著(编)者：张林 2017年4月出版 / 估价：89.00元
PSN B-2015-453-3/4

天津金融蓝皮书
天津金融发展报告（2017）
著(编)者：王爱俭 孔德昌
2017年12月出版 / 估价：98.00元
PSN B-2014-418-1/1

图们江区域合作蓝皮书
图们江区域合作发展报告（2017）
著(编)者：李铁 2017年6月出版 / 估价：98.00元
PSN B-2015-464-1/1

温州蓝皮书
2017年温州经济社会形势分析与预测
著(编)者：潘忠强 王春光 金浩
2017年4月出版 / 估价：89.00元
PSN B-2008-105-1/1

西咸新区蓝皮书
西咸新区发展报告（2016~2017）
著(编)者：李扬 王军 2017年6月出版 / 估价：89.00元
PSN B-2016-535-1/1

扬州蓝皮书
扬州经济社会发展报告（2017）
著(编)者：丁纯 2017年12月出版 / 估价：98.00元
PSN B-2011-191-1/1

长株潭城市群蓝皮书
长株潭城市群发展报告（2017）
著(编)者：张萍 2017年12月出版 / 估价：89.00元
PSN B-2008-109-1/1

中医文化蓝皮书
北京中医文化传播发展报告（2017）
著(编)者：毛嘉陵 2017年5月出版 / 估价：79.00元
PSN B-2015-468-1/2

珠三角流通蓝皮书
珠三角商圈发展研究报告（2017）
著(编)者：王先庆 林至颖
2017年7月出版 / 估价：98.00元
PSN B-2012-292-1/1

遵义蓝皮书
遵义发展报告（2017）
著(编)者：曾征 龚永育 雍思强
2017年12月出版 / 估价：89.00元
PSN B-2014-433-1/1

国际问题类

“一带一路”跨境通道蓝皮书
“一带一路”跨境通道建设研究报告（2017）
著(编)者：郭业洲 2017年8月出版 / 估价：89.00元
PSN B-2016-558-1/1

“一带一路”蓝皮书
“一带一路”建设发展报告（2017）
著(编)者：孔丹 李永全 2017年7月出版 / 估价：89.00元
PSN B-2016-553-1/1

阿拉伯黄皮书
阿拉伯发展报告（2016～2017）
著(编)者：罗林 2017年11月出版 / 估价：89.00元
PSN Y-2014-381-1/1

北部湾蓝皮书
泛北部湾合作发展报告（2017）
著(编)者：吕余生 2017年12月出版 / 估价：85.00元
PSN B-2008-114-1/1

大湄公河次区域蓝皮书
大湄公河次区域合作发展报告（2017）
著(编)者：刘稚 2017年8月出版 / 估价：89.00元
PSN B-2011-196-1/1

大洋洲蓝皮书
大洋洲发展报告（2017）
著(编)者：喻常森 2017年10月出版 / 估价：89.00元
PSN B-2013-341-1/1

德国蓝皮书
德国发展报告（2017）
著(编)者：郑春荣　2017年6月出版 / 估价：89.00元
PSN B-2012-278-1/1

东盟黄皮书
东盟发展报告（2017）
著(编)者：杨晓强 庄国土
2017年4月出版 / 估价：89.00元
PSN Y-2012-303-1/1

东南亚蓝皮书
东南亚地区发展报告（2016~2017）
著(编)者：厦门大学东南亚研究中心　王勤
2017年12月出版 / 估价：89.00元
PSN B-2012-240-1/1

俄罗斯黄皮书
俄罗斯发展报告（2017）
著(编)者：李永全　2017年7月出版 / 估价：89.00元
PSN Y-2006-061-1/1

非洲黄皮书
非洲发展报告 No.19（2016~2017）
著(编)者：张宏明　2017年8月出版 / 估价：89.00元
PSN Y-2012-239-1/1

公共外交蓝皮书
中国公共外交发展报告（2017）
著(编)者：赵启正 雷蔚真
2017年4月出版 / 估价：89.00元
PSN B-2015-457-1/1

国际安全蓝皮书
中国国际安全研究报告(2017)
著(编)者：刘慧　2017年7月出版 / 估价：98.00元
PSN B-2016-522-1/1

国际形势黄皮书
全球政治与安全报告（2017）
著(编)者：张宇燕
2017年1月出版 / 定价：89.00元
PSN Y-2001-016-1/1

韩国蓝皮书
韩国发展报告（2017）
著(编)者：牛林杰 刘宝全
2017年11月出版 / 估价：89.00元
PSN B-2010-155-1/1

加拿大蓝皮书
加拿大发展报告（2017）
著(编)者：仲伟合　2017年9月出版 / 估价：89.00元
PSN B-2014-389-1/1

拉美黄皮书
拉丁美洲和加勒比发展报告（2016~2017）
著(编)者：吴白乙　2017年6月出版 / 估价：89.00元
PSN Y-1999-007-1/1

美国蓝皮书
美国研究报告（2017）
著(编)者：郑秉文 黄平　2017年6月出版 / 估价：89.00元
PSN B-2011-210-1/1

缅甸蓝皮书
缅甸国情报告（2017）
著(编)者：李晨阳　2017年12月出版 / 估价：86.00元
PSN B-2013-343-1/1

欧洲蓝皮书
欧洲发展报告（2016~2017）
著(编)者：黄平 周弘 江时学
2017年6月出版 / 估价：89.00元
PSN B-1999-009-1/1

葡语国家蓝皮书
葡语国家发展报告（2017）
著(编)者：王成安 张敏　2017年12月出版 / 估价：89.00元
PSN B-2015-503-1/2

葡语国家蓝皮书
中国与葡语国家关系发展报告·巴西（2017）
著(编)者：张曙光　2017年8月出版 / 估价：89.00元
PSN B-2016-564-2/2

日本经济蓝皮书
日本经济与中日经贸关系研究报告（2017）
著(编)者：张季风　2017年5月出版 / 估价：89.00元
PSN B-2008-102-1/1

日本蓝皮书
日本研究报告（2017）
著(编)者：杨伯江　2017年5月出版 / 估价：89.00元
PSN B-2002-020-1/1

上海合作组织黄皮书
上海合作组织发展报告（2017）
著(编)者：李进峰 吴宏伟 李少捷
2017年6月出版 / 估价：89.00元
PSN Y-2009-130-1/1

世界创新竞争力黄皮书
世界创新竞争力发展报告（2017）
著(编)者：李闽榕 李建平 赵新力
2017年4月出版 / 估价：148.00元
PSN Y-2013-318-1/1

泰国蓝皮书
泰国研究报告（2017）
著(编)者：庄国土 张禹东
2017年8月出版 / 估价：118.00元
PSN B-2016-557-1/1

土耳其蓝皮书
土耳其发展报告（2017）
著(编)者：郭长刚 刘义　2017年9月出版 / 估价：89.00元
PSN B-2014-412-1/1

亚太蓝皮书
亚太地区发展报告（2017）
著(编)者：李向阳　2017年4月出版 / 估价：89.00元
PSN B-2001-015-1/1

印度蓝皮书
印度国情报告（2017）
著(编)者：吕昭义　2017年12月出版 / 估价：89.00元
PSN B-2012-241-1/1

皮书起源

“皮书”起源于十七、十八世纪的英国，主要指官方或社会组织正式发表的重要文件或报告，多以“白皮书”命名。在中国，“皮书”这一概念被社会广泛接受，并被成功运作、发展成为一种全新的出版形态，则源于中国社会科学院社会科学文献出版社。

皮书定义

皮书是对中国与世界发展状况和热点问题进行年度监测，以专业的角度、专家的视野和实证研究方法，针对某一领域或区域现状与发展态势展开分析和预测，具备原创性、实证性、专业性、连续性、前沿性、时效性等特点的公开出版物，由一系列权威研究报告组成。

皮书作者

皮书系列的作者以中国社会科学院、著名高校、地方社会科学院的研究人员为主，多为国内一流研究机构的权威专家学者，他们的看法和观点代表了学界对中国与世界的现实和未来最高水平的解读与分析。

皮书荣誉

皮书系列已成为社会科学文献出版社的著名图书品牌和中国社会科学院的知名学术品牌。2016 年，皮书系列正式列入“十三五”国家重点出版规划项目；2012~2016 年，重点皮书列入中国社会科学院承担的国家哲学社会科学创新工程项目；2017 年，55 种院外皮书使用“中国社会科学院创新工程学术出版项目”标识。

印度洋地区蓝皮书
印度洋地区发展报告（2017）
著(编)者：汪戎　　2017年6月出版 / 估价：89.00元
PSN B-2013-334-1/1

英国蓝皮书
英国发展报告（2016~2017）
著(编)者：王展鹏　　2017年11月出版 / 估价：89.00元
PSN B-2015-486-1/1

越南蓝皮书
越南国情报告（2017）
著(编)者：谢林城
2017年12月出版 / 估价：89.00元
PSN B-2006-056-1/1

以色列蓝皮书
以色列发展报告（2017）
著(编)者：张倩红　　2017年8月出版 / 估价：89.00元
PSN B-2015-483-1/1

伊朗蓝皮书
伊朗发展报告（2017）
著(编)者：冀开远　　2017年10月出版 / 估价：89.00元
PSN B-2016-575-1/1

中东黄皮书
中东发展报告 No.19（2016~2017）
著(编)者：杨光　　2017年10月出版 / 估价：89.00元
PSN Y-1998-004-1/1

中亚黄皮书
中亚国家发展报告（2017）
著(编)者：孙力 吴宏伟　　2017年7月出版 / 估价：98.00元
PSN Y-2012-238-1/1

皮书序列号是社会科学文献出版社专门为识别皮书、管理皮书而设计的编号。皮书序列号是出版皮书的许可证号，是区别皮书与其他图书的重要标志。

它由一个前缀和四部分构成。这四部分之间用连字符“-”连接。前缀和这四部分之间空半个汉字（见示例）。

《国际人才蓝皮书：中国留学发展报告》序列号示例

从示例中可以看出，《国际人才蓝皮书：中国留学发展报告》的首次出版年份是2012年，是社科文献出版社出版的第244个皮书品种，是“国际人才蓝皮书”系列的第2个品种（共4个品种）。